3대가 풀어 쓴
한·일 역사
이야기

역사의
품격

배 준 호

책나무과무

· 일러두기 ·

이 책에서는 사람 · 지역(산 포함) · 시대 · 연호 · 대학 · 문화의 명칭을 제외한 사건 · 제도 · 직위 · 기관(절과 신사 포함) · 도서 저작 등의 호칭은 한자읽기(한자의 한글읽기) 방식으로 표기한다. 이 기준에 의하면 일본어읽기(일본어 요미가나의 한글읽기) 방식이 일반적인 분야는 대략적으로 포괄할 수 있다.

위 기준은 평균적인 고등학교 동아시아사 교과서가 채택하는 기준에 비해, 일본어읽기 방식 채택 수준이 다소 약하다. 독자 중 적지 않은 이들이, 고교 교과서 수준의 일본어읽기 표기에 익숙하지 않을지 모른다는 점을 고려한 것이다. 일부 교과서는 제도 · 직위 · 기관의 명칭까지 일본어읽기 방식으로 표기하는 등, 이 방식에 의한 표기를 확대해 가는 경향을 보이고 있다.

한자병기가 필요하다고 판단되는 곳에서는 작은 글자로 한자를 부기한다. 괄호 안 숫자는 저작물의 출간, 사건의 발생, 법제 제정 시기 등을 지칭한다.

천황은 왕이나 일왕, 황후는 왕후나 왕비, 황자는 왕자로, 천황제는 일왕제나 왕제, 대신은 장관으로 표기한다. 쇼와천황은 연호와 혼동되지 않을 부분에서는 쇼와로 줄여 적는다.

시제는 기본적으로 현재형으로 쓰되 이렇게 표현하는 것이 부자연스러운 경우에만 과거형을 사용한다. 또 3대 간의 대화이지만 표현은 공손체를 쓴다.

* 별도의 상 · 하본 책자에는 상세한 주석이 나와 있다.

이 책은 필자가 대학에서 강의해온 교양 일본사 책자의 내용 일부를 수정, 보완한 것이다. 일본이 우리와 얼마나 다른 나라인가를 설명하는 도입부의 '잘 몰라 당한 나라 일본' 부분이다. 동일 주제에 대한 한일 양국의 역사 비교인데, 관련 저작이 적어 도전 삼아 직접 써보았다.

비교 항목은 양국사에서 공통적으로 찾아볼 수 있는 주제인 견당사·무인정권·가도와 지리전문가·외척정치·문화와 문화유산·전쟁−전투사관·개국 전후 대응·근대화와 그 주역·근세 이후 학문의 변천과 발전, 왕과 정치체제의 열 가지다. 주제별로 유사점과 차이점을 찾아 정리하고, 차이점이 양국의 역사에서 점하는 의미와 파급효과를 집중적으로 조명한다.

서술하다 보니 우리보다 일본 측 관련 서술이 다소 많다. 배경에는 저작의 출발인 일본사 강의에서, 수강생의 이해를 돕기 위해 한국사의 관련 부분을 인용하여 일본사와 연관지어가며 설명한다는 사실이 있다. 당연히 뒤에 붙어있는 연표에서도 일본 관련 서술이 한국과 중국보다 좀더 상세하다. 제현의 양해를 구한다.

차이점에 주목하는 국가 간 비교에는 함정이 많다. 차이를 발생시키는 요인이 다양할 수 있기 때문이다. 지리적 위치와 자연 환경 등 외부적 요인이 달라 발생하는 차이가 있는가 하면, 민족의 구성과 국민성, 구성원의 지적 기반과 도덕 수준, 정치 체제와 지배 구조의 역사적 변천 등 해당국의 내부적 요인이 달라 발생하는 차이도 있다. 두 가지로 설명하기 힘든 복합적인 이유로 차이가 발생할 수도 있다. 이처럼 다양한 요인이 얽혀 나타난 현상을 풀어내는 작업이 용이하지는 않다는 점에서 필자의 작업은 시론에 불과할지 모른다.

제목이 책자의 내용과 부합하는 것인지 솔직히 걱정이다. "어떤 역사가 품격 있는 역사인가?" "어떤 역사가 실격의 역사인가?" 하고 수없이 자문해보기도 했다. 박근혜·최순실의 국정 농단, 촛불혁명에 의한 신 정권 발족 후 우리 사회의 화두가 되어 있는 적폐 청산, 인적 청산과도 연관되는 내용일 수 있다. 누적된 폐습과 구시대 인사를 청산하지 못하는 역사는 품격이 낮은 역사다? 아니 실격의 역사로까지 이어질 수도 있다? 고민 끝에 실격의 역사와 관련한 세 가지 기준을 제시하여, 독자 스스로 역사의 품격과 실격의 역사에 대해 생각해보도록 하고 있다.

다음은 책의 구상과 집필, 출판에 도움을 주신 분들이다.(존칭 생략) 십수 년 전부터 교양 일본사 강의를 하도록 배려해준 같은 과 하종문 교수, 일본 근대사에 대한 높은 관심으로 집필 동기를 부여해준 채수일 목사, 실격의 역사 기준을 함께 고민해준 사회학과 윤상철 교수, 초고를 읽고 도움말을 준 한국사학과 안병우·정해득 교수, 검독 단계에서 두 번이나 정독하며 글을 빛내준 현중 한규영 선생, 히토쓰바시대에서 일본사를 함께 자습한 1980년대 유학동기들, 엉뚱한 길을 걷는 필자의 등을 밀어준 조용래·이면우·최은봉·이강민·양기호·이진원·김종걸·전진호·이의규·김준섭·곽진오·김종식 교수, 토론으로 지적 지평을 넓혀준 허주병·정병석 동기, 수준 높은 역사 프로그램을 제작하는 KBS·SBS·NHK·TBS 방송관계자, 삽화를 그려준 만화가 곽원일, 어려운 가운데 출판을 허락해준 양옥매 대표가 그들이다.

끝으로 필자의 지적 욕구를 자극하면서 필생의 저작을 써보도록 권면해준 한승수 전 총리, 이시 히로미쓰 교수, 고 이계식 박사, 정영의·송대희·최광 원장에게 감사드린다. 여기저기 남아 있을 오류에 대한 모든 책임은 필자에게 있으며, 제현의 질타를 받아 수정, 보완할 수 있기를 희망한다.

2017년 늦가을
토성 탐사선 카시니와의 인연을 생각하며

차례

1부
—

역사의
품격을
생각한다

I. 등장 인물 소개와 학습 동기

🧑 Erin 안녕하세요. Erin입니다. 고교 2년생입니다. 역사에 대한 관심은 많지만 알고 있는 것은 별로 없습니다. 이번 일주일 동안 엄마, 할아버지와 대화 학습 형태로 한일 양국의 역사에 대해 배웁니다. 주제는 견당사·무인정권·가도와 지리전문가·외척정치·근대화와 그 주역·왕과 정치체제 등 양국에 공통되는 열 가지입니다. 유사점과 차이 점이 무엇이며, 차이점이 양국의 이후 역사에 어떻게 투영되는지를 고찰합니다. 이들 주제가 양국 역사의 품격에 미치는 영향은 자습 과제로 살펴봅니다.

👩 Mam Erin의 엄마입니다. 대학에서 법을 강의하면서 민간 차원의 한·중·일 교류 활동에 참여하고 있습니다. 유학과 취업 등으로 일본과 미국에서 오래 살았습니다. 그렇다 보니 역사에 관심을 가질 기회가 적었습니다. 하지만 Erin에게 올바른 역사인식을 심어 줘야 한다는 생각에 양국의 역사서와 TV 역사 프로그램 등을 통해

역사에 대한 내공을 쌓았습니다. 역사관 측면에선, 도쿄재판사관을 위시하여 서구권의 보편적인 역사 인식을 중시하지만 우리 민족사관의 가치와 소중함도 인지하고 있습니다.

🎩Grandpa　Erin의 할아버지입니다. 대학에서 일본학과 경제학을 강의하다 퇴직한 후, 일반인 대상의 교양 강의를 하며 틈틈이 책을 쓰고 있습니다. 일본과 일본인에 관심을 가진 지 40년이 넘습니다만 여전히 알고 있는 것보다 모르는 것이 더 많습니다. 민족사관 등에 기대어 한국사를 변호하고 싶은데 본의와 달리 그렇게 되지 않은 대목이 눈에 띌지 모릅니다. 지피지기知彼知己 전략의 소중함으로 변명을 대신코자 합니다. 역사의 품격에 대해 생각해볼 기회를 마련한 것은 참신한 기획으로 평가하고 싶습니다.

👧　이번 학습의 동기라고 할까요 계기라고 할까요. 왜 우리가 한일 양국의 역사를 공부하면서, 역사의 품격이라는 문제를 함께 생각해봐야 하는지를 설득력 있게 설명할 수 없을까요?

👦　근자의 상황이 시사적이죠. 얼마전까지 정치와 경제 권력의 정점에 있던 대통령과 최대 재벌의 총수가 권좌에서 밀려나, 직권남용, 뇌물수수등의 혐의로 강도 높게 사법처리되지 않습니까. 배경에는 공권력 남용과 정경유착 등의 적폐 청산과 정의 사회 구현에 대한 시민들의 열망이 있죠. 서민이 주축이 된 밑으로부터의 혁명은 우리의 긴 역사에서도 사례가 거의 없어요. 그런데 Erin이 현

장을 지켜보고 있는 거죠. 훗날 교과서 등에 한국사의 품격을 높인 기념비적 사건으로 언급될 가능성이 높죠.

👤 엄마가 든 사건은 우리 외에 주요국 국민에게도 큰 관심사였지요. 한국이 아시아에서 정치와 사회 경제를 가장 서구적으로 운영하여 성공했기 때문이죠. 우리는 역대 한반도 국가 중 국력이 가장 센 나라일지 몰라요. 전성기의 고구려, 나당전쟁을 이긴 통일 신라에 뒤지지 않겠죠. 북한까지 고려하면 말할 것 없고요. 중국인이 한국인과 일본인을 선망의 눈으로 바라보는 것은 오래 되지 않아요. 그래서 우리와 일본의 역사를 돌아보며 역사의 품격을 생각해 보는 것이 의미 있는 작업일 수 있죠.

👩 역사적 전환점이 될 시기의 우리 사회 현장 모습을 지켜본 이로서, 양국사를 돌아보는 것이 뜻있는 작업일 수 있다는 말로 이해하겠습니다. 대통령과 재벌 총수 건이 아니더라도, 잘 모르는 일본사를 배우고 이를 한국사와 비교해가며 이해도를 높이는 것은 필요한 일이 아닐까 하는 생각도 듭니다. 제가 질문하기 전에, 꽤 다른 길을 걸어온 양국사의 이면에 어떤 차이가 있는지, 그리고 이러한 차이가 양국인의 삶이나 역사의 품격과 어떻게 연관될 수 있을지에 대해, 두 분께서 짧막하게 얘기를 나눠 주시면 좋겠습니다.

👤 그렇게 할까요. 일상생활의 주제로 얘기를 시작하지요. 일본인들은 생활 속에서 전통문화를 즐기는 이들이 제법 많아요. 아

침부터 집 근처 절이나 신사에 들러 참배하거나 산보하는 이들이 적지 않죠. 음식점에서는 가무기가부키 배우나 후지산 풍경이 그려진 부세회우키요에 족자나 액자를 접할 수 있고요. 여름철에는 전국 각지에서 열리는 봉오도리 마쓰리가 인상적이지요. 북과 샤미센 소리, 우렁찬 구호와 장단소리, 흥겨운 민요 가락에 유카타와 축제복 차림의 참가자가 어우러지면서 활기가 느껴지죠.

🎩 우리와 좀 다른 모습이죠. 국내에서도 서울 시내 고궁이나 인사동, 북촌 등지에서 그러한 느낌을 받을 때가 있지만, 오가는 사람들의 복장이 현대풍이어서 역사와 전통에 푹 잠기기에는 부족한 면이 없지 않아요. 일본인들이 우리보다 옛 것을 잘 챙기고 일상생활에서 이를 즐기는 것은 부정하기 어렵겠지요. 서양인의 눈에도 그렇게 비치는 것 같아요.

👩 늘 아쉽게 생각되는 대목인데요. 『동방견문록』에도 일본 얘기는 잔뜩 나오는데 우리 얘기는 거의 없잖아요. 700년 전이면 고려나 가마쿠라막부나 거기서 거기 아닌가요. 여행기의 주인공인 마르코 폴로(이하 폴로)가 두 나라를 찾아간 것도 아닌데, 쿠빌라이 칸 주변과 이슬람 상인 등에게서 들은 말 중, 왜 일본 얘기가 그의 머릿속에 인상 깊게 남았느냐는 거죠. 우리 얘기도 재미나게 써주었더라면, 서양인이 좀더 일찍 우리에게 관심을 보이고 그간의 우리 역사가 다르게 전개됐을지도 모르는데요.

🎩 　다소 아쉽긴 하죠. 허풍쟁이 인상이 없지 않은 폴로지만, 그의 여행담을 글로 남긴 감옥 동료 루스티첼로가 왜 고려에 대해 물어보지 않은 건지 궁금하긴 해요. 여몽연합군의 두 번째 침략인 1281년 전투가 나오는데 고려군 얘기는 없어요. 일본에 대해서도 큰 황금 궁전, 붉은 진주, 몽골군 항복, 일본 무사가 지닌 기적의 돌, 식인 습관, 천 개의 팔을 지닌 신상 등 사실과 다른 얘기가 많죠. 칸과 대화할 기회가 많았을 폴로인데, 고려가 칸에게 흥미 있고 좋은 기억을 안겨준 나라가 아닌 모양이지요.

👤 　서양인이 일본의 존재를 처음 알게 된 계기가 『동방견문록』 (1298년)이라면, 제대로 알게 된 것은 포르투갈의 모험가 핀토가 『동방편력기』(1544년)를 낸 후라고 할 수 있겠지요. 우리가 『하멜 표류기』(1668년) 이후라면 일본보다 124년 늦은 셈이죠. 그런데 이러한 시차의 배경에 폴로외에 구로시오가 있다고 하는 이들이 있어요. 열도 남쪽을 흐르는 빠른 대 해류 덕분에 각국의 무역선이 동남아를 거쳐 일본에 쉽게 이를 수 있다는 이유 때문이죠. 아쉽게도 폴로와 구로시오 둘 모두 우리를 살짝 비켜가요.

🎩 　좋은 점을 지적해 주네요. 두 가지 등이 원인이 되어 우리의 서양 접촉이 늦어지는데, 선조들은 이같은 상황을 마이너스가 아닌 플러스 요인으로 받아들인 측면이 없지 않죠. 그래서 역사 발전이 늦어지고 끝내는 망국의 역사로 이어져요. 우물 안 개구리같이 지내면서 중국 외 세계와 담을 쌓고 지낸 거죠. 서양은 물론 일본

의 변화에까지 눈을 감고 귀를 막아요. 시각에 따라선, 폴로와 구로시오보다 이와 같은 은둔 자세가 우리를 향한 서양인의 발길을 막은 더 큰 이유라고 할 수 있겠지요.

👧 　개인들이 자신의 인생을 품위 있고 기품 있는 삶으로 만들고자 하듯이, 한 나라의 역사도 국민들에게 품격 있게 기억될 수 있다면 좋겠지요. 폴로는 지난 일이지만 구로시오 등 외부 여건상의 차이 중 많은 부분이 현재진행형이잖아요. 할아버지께선 우리 미래사의 품격을 높이려면 어떤 자세가 필요하다고 보세요?

👨 　답변하기 힘든 질문이네요. 짧게 말하면 "아픈 기억의 굴곡진 역사라도 피하지 말고 잊지 말자"라고 할까요. 역사의 기억을 퇴화시키려는 국민에게 밝은 미래가 있을까요. 잘못된 일을 덮고 감추려 하기보다 늦게라도 찾아 고쳐나가는 것이, 길게 보면 역사의 암전과 퇴보를 막고 수레바퀴를 앞으로 돌리는 길이 되겠지요. 감긴 눈을 뜨게 하고 막힌 귀를 뚫어주며 잠든 뇌를 깨울 에바다 Ephphatha, 우리에겐 여전히 필요한 것이지요.

👧 　전통문화, 마르코 폴로, 구로시오를 소재로 삼아 왜 역사의 품격에 대해 생각해볼 필요가 있는지 등, 이번 학습의 동기를 알기 쉽게 설명해 주신 것 같습니다. 이제부터 역사의 품격 문제에 대해 좀더 살펴보겠습니다.

Ⅱ. 역사의 품격이란?

역사는 과거와 현재의 끝없는 대화

역사란 무엇인가요? 학교 수업에서 배우는 역사는 사실의 기록이라고 봐야 하나요? 아니면 그와 다른 것인지요? 우리나라와 일본의 역사에 대해 여쭙고 싶은 부분이 많은데 우선 이 질문부터 드립니다.

역사가 늘 사실의 기록이라는 보장은 없어요. 불분명하거나 사실과 다르게 기록된 경우도 있어요. 고대 그리스인들은 역사 historía를 '과거 일의 조사로 얻은 지식이나 판단, 기록된 지식' 등으로 알고 있었어요. 오늘날에는 '역사가와 역사적 사실 간의 끊임없는 상호작용 과정, 과거와 현재의 끝없는 대화' 등으로 이해되고 있죠. 훗날 역사 서술이 잘못된 것으로 드러나 바꾼 사례가 제법 되지요. 역사는 과거의 관습과 교훈을 기록으로 남겨 미래로 잇는 작업인데 미래 세대에 적지 않은 도움을 주죠.

👩🏻 교과서에 서술된 역사도 많은 부분에서 역사적 사실과 다르다고 볼 수 있어요. 특히 주변국과 연관된 역사에서 그런 경향이 강하게 나타나죠. 우리 시각으로 역사를 바라보기 때문에 우리 측에 불리한 내용은 서술하지 않거나 완화하여 적지요. 국내 사안도 승자 시각으로 서술되어 사실이 왜곡되는 등, 균형 감각이 결여된 사례가 없지 않아요. 그래서 수십 년 단위로 보면 교과서 서술이 여러 곳에서 달라져요. 배경에는 기록과 유물·유적의 발견, 시대사조의 변화, 이념이 다른 세력의 집권 등이 있죠.

역사는 승자 관점에서 정리한 꾸며진 기록

👧🏻 엄마가 얘기하신 사례 중 대표적으로 어떤 것을 들 수 있을까요? 그리고 왜 이와 같은 터무니없는 역사 서술이 허용되고 또 바뀌는 것일까요? 교과서 서술을 바꾼다는 것은 작은 문제가 아닌 것 같은데요.

🧔🏻 역사는 성격상 사건 발생 후 일정 시간이 지난 다음에 서술되지요. 그래야 사건을 객관적으로 서술할 수 있다는 사가와 이해관계자들의 암묵적 양해가 있는 거죠. 그런데 해당 사건을 사서로 편찬할 무렵, 집필에 영향을 미칠 수 있는 이들은 당대의 권력자들

이죠. 문제는 이들이 사건 주역의 한 사람이거나 주역의 후손, 혹은 이들과 손이 닿는 사람일 가능성이 높다는 거죠. 이렇다 보니 역사가 사실의 기록이 아닌 승자 관점에서 정리한 꾸며진 기록이 되는 거죠. 동서고금을 막론하고 비슷해요.

🧑 역사가 왜곡되는 배경을 설명해 주시네요. 일본 사례로 쇼토쿠태자 사안을 들어보죠. 추부中部대 교수 오야마 세이이치는 1996년 이후 일련의 저작[1]에서 "역사상의 인물로 알려진 고대의 이상적인 지도자 쇼토쿠는 실존하지 않는다"고 논증해요. 『일본서기』에 서술된 그의 업적은 동시대 실권자인 소가노 우마코 등과 후대 인들의 업적을 집대성해 놓은 것이라는 거죠. 그의 주장에 대한 체계적인 반론이 거의 없어 학계 안팎에서는 사실로 인정되고 있는데, 교과서 서술은 아직 바뀌지 않고 있어요.

가공인물인 고대 지도자, 쇼토쿠

👩 쇼토쿠태자는 저도 들어본 것 같은데요. 일본의 고대사에서 신에 가까운 지도자로 추앙받는 이로 알고 있습니다. 그런데 오야마 교수는 어떤 증거를 찾았길래 1300년 이상 역사적 사실로 이해되어온 쇼토쿠의 존재를 부정하려고 한 것일까요.

🧑 오야마 교수도 고민이 컸겠지요. 섣불리 건드렸다간 학계나

일본 사회에서 매장될 수도 있는 위험한 주제이니까요. 그는 쇼토 쿠의 업적이 유일하게 서술된 『일본서기』에서 많은 모순점을 찾아 내요. "그 무렵 일본에서 사용되지 않는 황태자, 국사國司, 섭정 등 의 지위나 관직이 나오고, 문법에 맞지 않고 철자법이 틀린 곳들이 쇼토쿠 업적과 관련이 있다"는 것이 대표적이죠. 그는 『일본서기』 집필 완료 후, 한문법에 밝지 못한 특정인이 자의적으로 이곳저곳 손을 대 조작한 게 분명하다고 주장해요.

👩 오야마 지지자가 늘면서 주류 학설이 되고 있어요. 오야마 이전에 문제를 제기하는 학자 등이 있었지만 치밀하지 못해 동조자 가 적었지요. 근간에는 NHK(2013), BS-TBS(2016) 등을 통해 오야 마의 주장이 일반인에게까지 확산되고 있어요.[2] 핵심은 "쇼토쿠태 자는 가공인물이지만 모델이 된 인물은 있다. 그는 반구궁斑鳩宮을 기반으로 외교활동에 종사한 우마야토노오다. 그의 업적의 대부분 은 같은 시대 권력자인 소가노 우마코 등과 후대에 이루어진 성과 를 집대성한 것이다"라고 할 수 있을까요.

다이카개신은 꾸며진 고대판 메이지유신

👩 궁금한 점은 쇼토쿠 사안만 그렇게 서술되었을까 하는 거에 요. 쇼토쿠를 전후한 시기에도 왜곡된 서술이 없다는 보장이 있을 까요. 그리고 쇼토쿠 서술을 사실과 다르게 쓴 이로 특정 인물이

지목되고 있는지도 궁금합니다. 있다면 그는 왜 그러한 작업에 나섰을까요. 선조대 얘기가 사실과 다르게 서술됨으로써, 이후 일본인들은 대대손손 꾸며진 역사를 배우면서 자랐을 텐데요. 생각만 해도 무서운 일이네요.

🎩 기록을 바꿔 역사를 왜곡하려 하면 여러 군데를 손댔을지 모르죠. 실제로 모리 히로미치 교토산교대 교수 등 『일본서기』 연구자들은 쇼토쿠 사후 벌어진 다이카개신(646년)도 조작이라고 지적해요.[3] 다이카개신은 메이지유신에 버금가는 고대판 정치, 사회 개혁 조치인데요. 모리 등은 이 개혁을 700년을 전후하여 행해진 각종 개혁 조치를 50년 이상 앞당긴 조작으로 보아요. 쇼토쿠태자, 다이카개신 관련 역사가 개찬된 배경에는 당대의 권력자 후지와라노 후히토 등이 있다고 지목되지요.

👩 후지와라노 후히토는 일본에서 가장 오래된 역사서인 『고사기』와 『일본서기』 편찬을 주도한 권력자 중 한 사람이죠. 두 책의 편찬은 긴 준비 기간을 거쳐 712년과 720년에 각각 완료되는데요. 그는 『일본서기』 편찬이 완료된 720년에 61세로 죽어요. 그래서 죽기 직전 편찬이 완료된 사서에 손을 댄 것으로 추정되고 있죠. 왜곡에 나선 배경으로는, 그가 아버지 후지와라노 가마타리의 업적을 키우기 위해 아버지의 정적인 소가노 이루카 등 소가씨 4대의 업적을 폄하할 필요가 있었다는 점이 거론되죠.

교과서 서술 바뀌기까지 긴 시간 소요

지적하신 두 가지 사안에 대한 서술이 일본 교과서에서 언제 어떻게 바뀌는지요. 제가 엄마 나이 또래가 되기 전까지 바뀔까요? 아니면 그 이전일까요? 아니 영영 바뀌지 않거나 약간만 바뀔는지요. 가령 서술이 크게 바뀌어 그간 역사에서 제대로 평가받지 못한 소가씨 4대의 업적이 재조명되고, 이들이 고대 일본과 이후 일본에 미친 파급효과가 사실에 근접한 형태로 서술되는 날이 도래할까요. 패자가 역사에 그 이름과 공적을 남기기 쉽지 않다고 합니다만.

할아버지 생전에 큰 변화를 확인하기 힘들지 몰라요. 사실이 확인되고 교과서 서술이 바뀌기까지 30~40년 걸린다는 얘기도 있지요. 시간이 걸리더라도 제대로 평가받을 수 있다면 다행이죠. 승자에 의한 기록의 말살과 훼손으로 후대 사람들이 패자에 대한 진실을 알기 어려워요. 기록이 부족하여 재평가에 한계가 있죠. 쇼토쿠태자나 다이카개신 같은 사안은 확인된 공적의 주체를 바꾸는 문제라 그나마 다행이라고 할까요. 문제는 일본인 다수가 쇼토쿠 신앙이 망가지는 것을 원치 않는다는 거죠.

엄마도 할아버지와 생각이 같아요. 소가씨 4대가 백여 년간 이룬 업적에 쇼토쿠 사후 행해진 각종 개혁 조치까지를, 소가씨의 한때 동업자에 불과한 쇼토쿠의 업적으로 치켜세워 놓은 거죠. 일부 교과서가 소가씨와 쇼토쿠의 협치를 언급하기도 하지만 거의 드러나지 않아요. 문제는 양심적인 학자들의 치밀한 조사로, 쇼토쿠가 후대 권력자에 의해 사후 백년이 지난 다음 성군 같은 존재로 미화된 사실이 밝혀졌지만, 적지 않은 국민들이 쇼토쿠 전설을 수용할 수 있는 거짓말로 믿고 싶어 한다는 거죠.

일본 개국 주도한 에도막부 2인의 평가 낮아

언급하신 두 가지 사안은 꽤 오래전 얘기입니다. 좀더 오늘에 가까운 사례는 없을는지요. 사실 패자 그룹은 웬만한 사건이 발생할 때 늘 생겨나는 게 아닌가 싶습니다만.

예리한 지적이네요. 패자가 역사에 기록을 남기는 것은 낙타의 바늘구멍 통과만큼 힘들지 모르죠. 1850년대 이후 일본의 개국 과정에서 발생한 사례를 예로 들어볼까요. 당시 일본을 통치하던 에도막부는 거듭되는 서구의 개국 압력과 국내 웅번 세력의 변혁 요구에 직면하죠. 이때 막부 중추부에 있으면서 강한 반대를 물리치고 미일화친조약(1854년)의 체결을 밀어붙인 노중수좌 아베 마사히로, 또 4년 후 미일통상수호조약(1858년)을 체결한 대로 이이 나오스케 같은 이들을 들 수 있을까요.

할아버지가 거론한 두 사람은 국익을 해친 소수파 리더로 지목되어 강한 비판에 직면하죠. 실제로 이이 나오스케는 조약 체결 2년 후 출근길에 반대파에게 암살되어요. 훗날의 시각으로 보면 개국이 불가피하여, 국내 혼란을 최소화하면서 개국에 나서는 방안의 모색이 관건이던 시대지요. 실제로 두 사람이 너무 늦지 않은 시기에 미국 등 서구 국가와 조약을 맺어 근대 일본의 막을 열었다고 볼 수도 있어요. 하지만 당시는 물론 이후 교과서 등에서 이들의 결단을 평가하는 서술을 찾아보긴 쉽지 않죠.

아베와 이이는 패자 측 에도막부 인물

설명을 듣고 보니 의아하다는 생각이 드네요. 두 사람의 결단이 없어 일본의 개국이 실제보다 훨씬 늦어졌다면 어떤 사태가 발생했을지, 일본이 그간 걸어온 길과 얼마나 다른 길을 밟게 될지 상상이 안 되는데요. 왜 이들에 대한 평가가 인색할까요?

미국 등 서구 세력의 압력에 굴복하는 듯한 형태로 조약을 체결한 것에 대한 불만이라고 할까요, 아니면 일본이 필요성을 느껴 자주적으로 나서 체결한 조약이 아니라는 점 때문일까요. 당시의 일본이 서구권 국가에 비해 수십년 이상 뒤져 있어, 서둘러 바꾸어 이들을 따라잡지 못하면 식민지로 전락할 위험에 직면할 수 있었다는 역사적 사실을 염두에 두지 않는 거죠. 그래서 에도막부 말기의 지도자 두 사람이 보여준 국가적 위기 국면에서의 결단과 관련 대응에 대한 평가가 인색하다고 할 수 있죠.

👩 　할아버지의 지적이 주된 이유라는 데 동의해요. 덧붙여 얘기하면, 두 사람은 에도막부를 무너뜨리고 메이지시대를 연 승자인 사쓰마·조슈 번 입장에서는 구시대 인물이자 패자 측 지도자인 거죠. 결과적으로 보면 근대 일본의 지반을 다지는 일을 한 셈이지만, 패자 측 인물을 높이 평가하지 않는 그간의 관행을 따르는 거죠. 이들이 평가받는 곳은 출신지나 개국으로 뜬 지역인 요코하마, 고베 등이에요. 현지에선 '개국의 영걸'이라는 수식어가 붙기도 하지만 교과서에서는 어림없는 일이죠.

시대와 사관에 따라 달라지는 역사 해석

👩 　지금부터 우리나라와 일본의 역사를 돌이켜 보며 비슷한 점과 다른 점들을 확인하고 비교하는 작업을 할 텐데요. 이 과정에서 역사를 보는 시각과 자세 등 접근방식이 특별히 문제가 될 수 있는지요.

🎩 　역사는 과거를 오늘에 부단히 투영하여 대화하는 작업이라고 할 수 있어요. 그런데 사람마다 투영하고 대화하는 방식이 달라 혼란스러울 때가 적지 않죠. 쇼토쿠태자, 다이카개신, 개화기 개국 사안도 이런 작업의 대상이죠. 문제는 과거사를 투영하여 대화하

는 역사가나 연구자, 작가 등의 시각과 자세예요. 사관이라고도 하죠. 이해관계 없이 직시하느냐, 국익이나 학파 등 특정 집단의 이해 등을 반영한 시각으로 투영하고 대화하느냐에 따라, 역사적 사실에 대한 해석이 달라질 수 있기 때문이지요.

👩 　 일본 역사 중 적지 않은 부분이 우리와 연관되어 있어요. 한일관계사라고 하는 이 분야 논의 시에 비슷한 일이 생겨요. 역사적으로 유서 깊은 양국 간의 공식적인 외교 관계와 각종 교류의 실상을 정리하고, 그 배경과 역사적 의미를 분석하는 작업인데요. 20세기 전반부 35년간 우리는 일제의 식민지가 되는데, 굴욕적인 이 시대 역사를 조선 말기나 해방 후 의 역사와 연관지어 해석하는 문제가 과제로 남아 있어요. 이에 대해서는 서로 다른 사관에 입각한 다양한 해법이 제시되고 있지요.

이웃 나라 관련 역사, 공정한 서술 힘들어

👩 　 양국이 연관된 역사가 각각의 나라에서 어떻게 서술되고 있는지도 꽤 궁금하네요. 한일관계사라고 하셨는데요. 이 분야를 포함하여 역사를 공부하거나 조사, 연구하는 이들이 지녀야 할 바람직한 접근 자세와 마음가짐 같은 것을 얘기해 주실 수 있을는지요.

👤 　역사를 조사, 기록하고 연구하는 역사가나 역사학자에게 요구되는 자세나 마음가짐은, 일어난 사건의 실상과 그 인과관계를 정확히 파악하여 서술하는 것이지요. 시대의 주류 사관에 편승하거나 권력자의 입맛에 맞게 곡해하여 해석하는 것을 경계해야죠. 많은 사료를 보고 선입관과 편견을 배제하고 사안을 직시하여 조사한 대로 적어야겠지요. 하지만 이 말대로 하기 힘들 때가 있어요. 당대의 권력자 관련 사안이나 국민 일반의 감정을 건드릴 수 있는 경우지요. 한일관계사는 후자의 사례지요.

👩 　한일관계사 서술이 공정하지 못할 수 있다는 지적에 동의해요. 그래서 관계사 서술시 이해관계국 전문가들이 공동집필하는 작업이 시도되기도 해요. 독일과 프랑스 사례 등이 있죠. 선조가 겪은 고난과 치욕의 역사를 제대로 기록하고 교육하기 위해, 입장이 다를 수 있는 양국 전문가가 만나 수용 가능한 수준의 서술을 모색하는 거죠. 두 나라 시도는 성공적인 작업으로 평가될 수 있지만, 한일 양국의 시도는 참여자의 역사관 충돌 등으로 그 수준에 이르지 못해 지금도 자국인이 쓴 교과서로 가르치죠.

중국 관련 역사도 유사

👧 　이웃나라에는 중국도 있지요. 역사적으로 보면 육지로 이어진 중국과의 관계가 일본보다 훨씬 복잡하지 않나요? 싸움 횟수도

일본보다 월등히 많고요. 무엇보다 신경이 쓰이는 점은, 동북공정이라는 프로젝트를 통해 고구려 역사를 중국내 한 지방 민족의 역사로 간주하려는 것인데요. 역사의 일부 왜곡 수준을 넘어 역사를 통째로 빼앗아 가려는 시도 아닌가요? 한중관계사를 두 나라에서 어떻게 서술하고 있는지 궁금합니다.

중요한 내용을 지적하네요. 솔직히 걱정되는 부분이죠. 남북 분단 상태가 계속되고 있고, 우리 이상으로 이해관계가 크다고 할 수 있는 북측이 중국에 강력하게 항의하지 않고 있어요. 북측의 역사인식은 우리에게 결코 뒤지지 않지만 정치, 국방 등 다른 현안 문제로 대응이 소극적이죠. 이밖에 교과서 등 중국의 역사서 일부가 고려의 대 몽골 항복(1259년), 조선의 대 청 항복(1637년) 이후, 한반도를 몽골과 청의 영토로 표기하는 점도 고려와 조선이 이어진다고 보는 우리 및 일본과 다른 점이죠.

오랫동안 우리를 내려다봐왔던 중국이 우리의 국가 위상이 달라지자 전과 다른 모습을 보여준다고 할 수 있죠. 긴 역사에서 중국이 우리를 올려다본 적이 있었을까요. 미래의 통일 한국이 과거 조공·책봉체계라는 중화질서권의 속방이나 한국이 아닌 자주독립국으로, 자신들보다 잘 사는 나라일 수 있죠. 이런 한국과의 분쟁 시 우위를 점하기 위한 사전 포석의 일환일 수 있죠. 고조선사, 고구려사, 발해사를 자국의 지방정권사로 정리하면서, 유적 일부를 이미 자국의 세계문화유산으로 지정받았어요.

나라마다 수치스럽고 아픈 역사 있어

👧　두 분의 얘기를 들으면서 여러 가지 생각이 듭니다. 중국과의 치열한 전쟁 끝에 항복하여 치욕을 겪은 얘기는 수업에서 들어 조금은 알고 있어요. 그런데 일제강점기에 대해서는 학교에서 배운 것이 별로 없어요. 그 시절은 역사의 공백기 같다는 느낌이 들 때가 있어요. 그때도 고조, 증조 할아버지와 할머니 등 우리 선조들이 이 땅에서 살고 있었을 텐데요. 긴 우리의 역사에서 그 시기 역사를 제대로 조명하지 않는 것은, 올바른 접근이 아니라는 생각이 드는데요. 제가 잘못 생각하는 것일까요?

🎩　Erin처럼 생각하는 것이 자연스럽지 않나요? 부끄럽고 품격이 떨어지는 역사라고, 제대로 된 서술을 기피하고 후손들에게 가르치지 않는 것은 기성세대의 독단이나 아집일 수 있어요. 문제는 그렇게 생각하는 기성세대들이 그간 우리나라 역사 서술을 책임져 왔다는 사실이죠. 하지만 국민적 차원의 논의를 통해 역사 서술의 방향성을 바꿀 수 있어요. 쉽지 않겠지만요. 어느 나라나 민족이든 수치스럽고 아픈 역사의 시기와 장면이 있지만 이에 대한 접근 자세는 나라별로 꽤 달라요.

👩‍🦱　엄마도 중고교 시절에 중국과의 전쟁으로 겪은 처절함에 대해 배운 기억이 있죠. 하지만 일제강점기 시대는 별로 기억에 남아있지 않아요. 이 시기를 그린 소설과 드라마, 영화가 많지 않아 궁

금할 때가 많죠. 잊혀진시대 아니 잃어버린 시대같아요. 하지만 누가 어떤 잘못을 해 국권을 잃었는지, 양민의 삶 등 식민지 조선의 실상과 일제의 총독부 정책이 어떠했는지 등에 대한 객관적인 서술과 교육이 있어야 하겠죠. 기품 있는 역사만 기록하고 가르쳐선 비슷한 사태의 재발을 막을 수 없겠지요.

아픈 역사가 곧 실격의 역사는 아냐

🧑‍🦰   양국의 역사를 이야기하면서 부끄러워 상기하거나 후손들에게 가르치고 싶지 않은 역사의 시대나 장면에 적지 않게 부딪힐 것 같은데요. 이에 대해서는 어떻게 접근하는 것이 바람직할까요?

🧔   역사에는 이웃한 대국의 침략으로 나라를 잃거나 어려운 시기를 보낸 국가와 민족이 적지 않죠. 수치스럽고 아픈 역사지만 이런 역사를 모두 품격을 상실한 역사 즉 '실격의 역사'라고 할 수는 없겠죠. 하지만 지도자 그룹의 잘못된 정치나 정책으로 그렇게 되었다면 그렇게 부를 수 있겠죠. 또 후손들이 이런 역사가 부끄럽다고 제대로 조사하여 기록하고 가르치지 않거나, 의도적으로 특정 시대나 장면의 역사적 사실을 미화 분식하거나 조작하는 등의 왜곡도 '역사의 실격'에 해당하겠죠.

👩   실격은 영어로 disqualification, incapacitation이고 품격은

dignity, class인데, 이들 단어를 역사와 붙여 쓴 용례는 거의 없어요. 다만 정의를 내려 제한적인 범위에서 사용한다면 큰 무리는 없을 것 같네요. 언급이 없지만 할아버지께선 실격의 역사와 역사의 실격을 거의 같은 의미로 사용하는 것 같습니다. 그리고 정치·정책이 연관된 사안에서는 시대사조나 주류파 역사관이 달라질 경우, 실격으로 간주되지 않던 역사상의 특정 시대나 장면이 실격의 역사로 재구성될 수도 있겠지요.

남북한 현대사는 실격의 역사?

두 분이 설명하면서 역사를 품격, 실격 등의 용어와 연관지어 사용하시네요. 말씀하셨듯이 그러한 용례를 찾아보기 힘들다는 점을 고려하면 조심스럽게 써야할 것 같은데요. 품격의 역사다, 실격의 역사다라고 할 경우, 어떤 기준이나 상황을 염두에 두어야 할까요? 예를 들어 설명해 주실 수 있을까요?

우리 현대사를 품격 있는 역사라고 말할 수 있을까요? 해방 후 국토가 남북으로 잘려 미·소 군정기를 거쳐 독립하지만, 한국전쟁이라는 사상 최대의 내전을 3년간 치러요. 승패를 가리지 못한 채 휴전 상태로 60년 이상 대치하면서 심심치 않게 긴박한 상황도 연출하죠. 유일한 분단국으로 남아 있다는 부끄러운 측면도 있죠. 남에선 역대 대통령 중 명예롭게 물러나 노후를 편히 지내는 이들이 적고, 북에선 왕조형 공산체제가 3대째 세습하며 70년 이상 우리와 우방국을 상대로 도발을 일삼고 있죠.

🧑 '품격 있는 한국 현대사'라는 말이 어울리지 않는다고 이를 실격의 역사로 단정하기도 쉽지 않아요. 북이 심심치 않게 도발하는 등 안심할 수 없는 존재이긴 하지만, 같은 민족으로 최강 미국과 영원한 맞수 일본을 상대로 맞장을 뜨는 발언이나 행동을 해, 민족의 자존심을 세워줄 때도 있죠. 남도 경제성장으로 30여 년 만에 원조 받다 원조하는 나라로 바꾸고 민주주의까지 정착시켜, 미대통령이 양자를 달성했다며 치켜세워주는 나라가 되었어요. 남남북녀 아닌 남경북정南經北政이라는 말이 나올 법도 하죠.

실격의 역사 유형 세 가지

👩 한반도 국가 사례를 예로 들어 주셔서 이해에 도움이 됩니다. 이제 품격의 역사와 실격의 역사 구분 기준을 좀더 구체화하여 설명해 주실 수 있을까요?

🧑 실격의 역사 개념을 정의하면 이에 해당하지 않는 역사를 품격의 역사로 볼 수 있겠지요. 실격의 역사 유형을 크게 셋으로 나눠 보죠. 유형Ⅰ은 잘못된 정치·정책으로 국가적 비극이나 대실패를 초래한 역사적 시대나 장면(역사의 암전暗轉·퇴보), 유형Ⅱ는 각종 사

실에 대한 조사, 기록, 교육이 없거나 약한 역사적 시대나 장면(역사누락), 유형Ⅲ은 각종 사실이 미화 분식되거나 조작되어 왜곡된 역사적 시대나 장면(역사왜곡)으로 볼 수 있겠지요. 세 유형이 반드시 상호독립적일 필요는 없겠지요.

👩 앞에서 얘기한 내용을 세 가지로 명확히 구분해 주시네요. 그리고 각 유형이 상호독립일 필요가 없다는 것은 역사상의 특정 시대나 장면이 복수의 유형으로 구분될 수 있다는 의미겠죠. 가령 민족의 비극을 초래한 역사적 실패 장면은, 유형Ⅰ로 구분되면서 동시에 유형Ⅱ, Ⅲ의 대상이 될 수도 있다는 거죠. 역사가 현재와 과거의 끊임없는 대화로 정의되기도 하듯이 재해석은 언제든 가능해요. 물론 유형Ⅱ, Ⅲ에도 정도 차이는 있지만 해석이 달라져 재구성될 수 있는 역사적 시대나 장면이 없지 않겠죠.

기준에 따른 한·일 실격의 역사 예시

👧 할아버지가 실격의 역사를 세 유형으로 구분하고, 엄마가 유형별로 역사적 사실의 재해석을 통한 역사의 재구성 가능성에 대해 지적해 주셨습니다. 그런데 두 분의 설명이 짧아 잘 이해했는지 자신이 없습니다. 양국의 역사적 사례를 예로 들어 보충 설명해 주실 수 있을는지요.

우리 역사를 예로 들면, 유형Ⅰ로 대몽골 전쟁과 항복, 임진 전쟁, 병자전쟁과 대청 항복, 조선의 사화, 망국과 일제 강점을 들 수 있을까요. 외교와 내정의 잘못으로 몽골과 청의 속국이 되고, 국토가 황폐화하며 엄청난 인명 피해가 발생한 사건들이죠. 유형Ⅱ 에는 유형Ⅰ 사건의 일부가 포함되고 고조선, 백제, 고구려, 발해의 역사가 추가될 수 있겠지요. 유형 Ⅲ에는 유형Ⅰ 사건의 일부에『삼 국사기』(김부식)의 그릇된 역사관, 묘청과 홍경래 운동의 몰이해, 식 민사관에 따른 역사 해석 등이 추가되겠죠.

국가적 비극이 곧 실격의 역사는 아니라면서 다수가 유형Ⅰ 로 거론되네요. 이들 사안은 시대사조와 주류파 역사관이 바뀌어 도 달라지기 힘들지 모르지요. 일본 역사에서는 유형Ⅰ로 나당연합 군에 패한 백촌강전투(663년), 태평양전쟁과 패전 후 피점령, 유형Ⅱ 로 한반도와의 고대 교류, 왕위 쟁탈의 진신의 난(672년), 관동대지 진 조선인 대학살(1923년), 대소 패전의 노몽한 사건(1939년), 유형Ⅲ 으로 미화 분식된 쇼토쿠태자와 다이카개신, 그 반대인 세키가하 라 전투 서군 리더 이시다 미쓰나리를 들 수 있을까요.

역사의 품격 판단은 독자의 몫

이하의 주제별 검토 과정에서 실격의 역사에 해당하거나 이 에 근접한 사안이 나올 때, '실격의 역사'나 '역사의 실격' 같은 표현을 사용하나요? 역사의 품격 논의에 대한 기본적인 접근방식이 궁금합니다.

3부 '한국인이 기억해둘 일본인 70인'에서 예시적으로 사용하는 것 외에는 쓰지 않아요. 역사적 사실의 분식과 개찬 등의 왜곡이 있다, 역사적 사실에 대한 기록이 없거나 불충분하다, 부끄럽고 아픈 역사에 대한 직시와 성찰이 부족하다 등과 같이 서술하는 정도지요. 대신 후반부의 '함께 생각해봐요' 코너에서 해당 주제와 관련지어 역사의 품격을 돌아볼 수 있도록 하고 있어요. 시대사조와 개인의 역사관이 영향을 미칠 수 있는 사안이라 판단을 독자 몫으로 남겨놓는 거죠.

다른 역사와 낙후·저품격·실격의 역사 구별해야

양국을 비교하다 보면 주제별로 차이는 있지만, 우리 측이 낮거나 떨어지는 것처럼 서술하는 곳이 있어요. 전자에 대의명분·평화·외교 중시, 인내와 저력 등이 있다면, 후자에는 자주독립·자율성, 능동·적극성, 선제적·체계적 대응, 격식·볼품과 다양성, 평등·서민·실용 중시, 전문가 우대 등의 개념이나 특성이 있죠. 유념할 점은, 행간에서 이러한 느낌이 감지된다고 이를 시대별 우리 역사의 낙후나 저품격, 실격과 연관 짓는 것은 비약이라는 거죠. 상이하고 다름[4]을 격차와 혼동하면 안 되지요.[5]

장래의 인국 관계 구축 위해 과거사 직시 필요

이곳에서는 한일 관계를 포함하여 양국의 지난 역사가 주된 이슈입니다. 그런데 과거가 오늘이나 미래와 연관되어 있는 경우가 적지 않죠. 중국, 일본 등 인접국과의 가까운 장래 관계를 전망할 때, 어떤 마음가짐과 자세로 대응하는 것이 바람직할까요?

이들 국가에 대한 그간의 우리 측 대응과 양측의 반응을 제대로 알고 그때그때 상황에 맞게 접근하는 것이 필요하겠지요. 우리 지도자 중에는 지난날 중국, 일본과의 사이에 있었던 일을 제대로 파악하지 않거나, 때론 사실과 다르게 알고 접근한 적도 없지 않아요. 길고 복잡한 국가 차원의 교류에 대한 실상과 배경을 파악하고, 기록의 이면에 감추어진 사실에 대한 관심과 경과 추적 등의 지속적인 고찰로 역사를 직시하고 천착함으로써, 미래의 역사를 열어가려는 마음가짐이 필요하겠지요.

일본인의 사고와 행동 방식에는 독특한 점이 많아 앞으로도 늘 유념해야 해요. 우리와 다른 특성이 복합적으로 영향을 미쳐 나타나는 일본 지도부의 의사결정은, 전망은 물론이고 이해조차 힘들 수 있어요. 역사적으로 우리 선조들이 일본의 정치, 사회 정보를 입수하여 체계적으로 대응했다는 사실을 확인하기 어렵죠. 외교 분쟁이나 전쟁 시에도 뒤늦게 정보를 얻어요. 조선 중기의 임진전쟁, 개국 전후 대일 정책에서 갈팡질팡한 대원군, 해방 후 체결된 한일협정(1965년) 등이 상징적인 사례일 수 있죠.

향후 천년의 자연 대변화, 예상보다 클 수 있다

🧑 과거사에 대한 직시와 지속적 고찰이 미래 역사의 전개에 영향을 미칠 수 있다는 말씀이군요. 한·중·일 삼국을 둘러싸고 있는 정치, 군사, 경제적 상황이 전환기에 와 있다는 시각도 있습니다. 앞으로도 상황은 계속하여 바뀌어 가겠지요. 그런데 시야를 크게 넓혀 지구 차원의 환경 변화까지를 염두에 둘 때, 삼국의 관계 설정과 관련하여 어떠한 마음가짐이 필요할까요?

🎩 지리적인 위치로 한일 양국은 오랫동안 중국 중심의 질서체계인 중화질서의 영향권에 있었지요. 근대에 들어와 허약해진 중국이 이백 년의 시차를 두고 과거 청 시절의 영광을 되찾고 있어요. 양국은 신 질서체계에서 중국과 공존을 도모해야 할 상황이죠. 이러한 정치, 군사, 경제적 여건 변화에 덧붙여 지구촌 차원의 환경 변화가 우려되고 있어요. 머지않은 장래 빙기가 도래하고 일본 열도에 거대 칼데라 분화 등 자연재해가 발생하면 삼국은 신 국경 획정과 대규모 인구이동 등의 난제에 직면할 수 있죠.

🧑 자연의 대변화가 적었던 지난 2천 년과 비교할 수 없는 향후 천년이 전개될 수 있겠지요. 미 콜로라도대 화이트James White 교수는

북그린랜드 등에서 채취한 85만 년분의 얼음 기둥을 분석해, 10만 년의 빙기와 만여년의 간빙기 순환을 8회 확인하고 있어요. 빙기에는 한반도가 중국대륙의 동쪽 끝이 되고 남부에서 규슈 지역과 육지로 연결되죠. 대형 칼데라 분화는 일본에 큰 재앙을 불러올 수 있어요. 상황에 따라선 삼국 관계 설정에 지금까지와 전혀 다른 휴머니즘에 입각한 질서체계가 필요할지 모르죠.

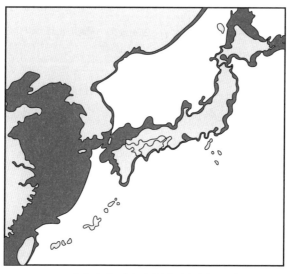

* 출처: 제 4세기 경신세 후기의 한반도와 일본(약 2만년전)
일본 제4기학회편 『일본의 제4기연구』, 1977.

열 가지 주제의 선정 배경, 현안은 제외

👩 　스케일이 큰 얘기이긴 하지만 설명을 듣고 보니 인류의 생존 차원에서 무시할 수 없는 사안 같습니다. 이제부터 우리나라와 일본의 역사에 대해 열 가지 주제를 공부하는데요. 어떻게 하여 열 가지가 선정되었는지 궁금합니다.

🧔 　두 나라의 역사를 비교할 때 고려해야 할 대상은 한둘이 아니지요. 방식에 따라 다르겠지만 얼른 생각해도 스무 개 혹은 그 이상의 주제를 생각할 수 있어요. 정치·군사와 연관이 높은 다음의 일곱 가지 즉 견당사·무인정권·외척정치·전쟁-전투 사관·개국 전후 대응·근대화와 그 주역·왕과 정치체제를 우선 선정해 보았어요. 덧붙여 이들과 연관이 없지 않지만 산업·문화와 연관이 좀 더 깊은 세 가지로 가도와 지리전문가·문화와 문화유산·근세 이후 학문의 변천과 발전을 택했어요.

👩 　할아버지가 정치·군사 분야에서 일곱 가지를 뽑은 것은 역사 논의 시 이 분야가 중요하다는 점을 고려한 것 같습니다. 뒤의 세 가지는 다음으로 비중이 큰 경제, 사회문화 분야와 연관이 있는 것이네요. 문제는 역사 공부에서 중요도가 여기서 거론하는 주제보다 떨어지지 않는데 선정되지 않은 주제가 없느냐는 점이겠지요. 엄마 생각으로는 중앙정부 관료 등 인재의 선발과 관리 체계, 지방 통치와 관련한 중앙집권·지방분권, 신분제도와 지배계층의 통제 관

리 등이 그러한 것이 아닐까 싶네요.

마음가짐, 아전인수식 해석 경계·양국인 시각의 접점 추구

엄마가 지적하신 세 가지와 경제, 사회문화와 연관된 주제에 대해서는 다음 기회에 여쭤보겠습니다. 아울러 최근 한일 간의 뜨거운 논쟁거리인 독도 영유권과 위안부 등의 과거사 청산 문제도 20세기 이후 발생한 주요 역사적 사안인데요. 아쉽지만 이번 학습에서는 다루지 않고 열 가지 주제부터 공부하겠습니다. 여기서 학습에 임하는 두 분의 마음가짐 내지 자세를 여쭙습니다.

마음가짐에 대한 얘기 전에 Erin이 언급한 현안에 대해 간단히 언급할게요. 현재진행형인 두 사안은 앞으로도 상당기간 해결되지 않을 수 있어요. 동북아의 변동적인 정세 외에 국민감정까지 개재되어 있기 때문이죠. 이번 학습의 성격상 두 사안은 일단락된 후 얘기해야 할 것 같아요. 마음가짐은 한국인 시각으로의 접근을 원칙으로 하되, 비교 고찰시 아전인수식의 해석을 피해 일본이 나은 점은 사실대로 평가하여, 타산지석과 미래세대에의 교훈으로 삼는 것을 강조하는 입장이라고 할까요.

현안에 대한 생각은 엄마도 할아버지와 같아요. 독도 문제는 우리 측이 쉬쉬하면서 조기 진정을 원하고, 위안부 문제는 일본 측이 그러한 입장이죠. 우리가 위안부 사안의 불씨를 계속 지펴대자 일본은 독도의 분쟁지역화에 열심이죠. 어느 것도 포기할 수 없는 우리와, 중국·한국의 대두로 자국의 이해가 침해되는 것을 경계하는 일본의 입장이 맞물려 있죠. 마음가짐은, 침략국 일본의 군국주의를 응징하는 도쿄재판사관 등 서구의 보편적인 역사 인식으로 접근하되 한국인 시각을 접목한 자세라고 할까요.

🧑 현안에 대한 짧지만 요점을 지적한 말씀이 기억에 남습니다. 마음가짐은 한국인의 시각을 강조하되 모든 사안을 그렇게 보지는 않겠다는 자세로 이해됩니다. 목적이 학습에 있다는 사실을 염두에 두신 것 같습니다. 아무쪼록 이번 공부로 양국의 역사와 또 역사가 무엇인지에 대해 저의 지식을 넓히고 역사관과 세계관을 새롭게 정립할 수 있으면 좋겠습니다.

🧑 그리고 주제별 학습의 구성은, 줄거리를 소개하는 도입부 대화, 본문 성격의 칼럼(칼럼은 발표문 형태로 요약, 정리되어 해설될 수 있음), 칼럼에 대한 감상과 남은 과제를 정리하는 마무리 대화의 순으로 이어집니다. 주제가 역사의 품격에 미치는 영향은 자습과제로 살펴봅니다. 끝으로 두 분께 부탁드립니다. 제가 이해할 수 있도록 가급적 쉬운 말로 설명해 주십시오. 감사합니다.

2부
—

주제별
한·일 비교

I. 견당사

첫 번째는 견당사에 대한 비교입니다. 618년 중국에서 수가 멸망하고 당이 들어선 지 얼마 안 된 619년, 고구려에서 사신이 찾아갑니다. 이후 2년이 지난 621년에 신라와 백제에서 차례로 사신들이 당을 방문합니다. 일본은 다소 늦은 630년에야 첫 사신을 보내고요. 당이 대국이므로 모두 조공 차원에서 파견된 사신일 것으로 생각됩니다. 한반도가 통일되기 이전의 견당사에서 가장 주목할 점은 어떤 것일까요?

견당사를 통한 대당 외교전략의 차이가 삼국의 운명을 갈라 놓은 점을 들 수 있지 않을까요? 지속적인 우호관계 유지에 성공한 신라가 당의 군사력을 등에 업고 그렇지 못한 백제와 고구려를 멸망시키니까요. 당 건국 후 25년이 지난 643년 이후 당과 삼국간의 거리가 조금씩 달라지죠. 신라와의 거리가 가까워지는 한편 고구려, 백제와는 멀어지기 시작해요. 645년에는 당 태종이 고구려에 처들어가 전쟁이 벌어지지만 고구려는 지지 않아요. 이때 양다리 외교를 전개한 백제는 당의 눈 밖에 나게 되고요.

🧑 일본(당시는 왜)도 삼국과 당의 관계에 큰 영향을 미쳐요. 전통적으로 백제와 유대 관계가 강한 일본이지만 신라의 능란한 외교로 이 무렵에는 신라와도 긴밀한 관계를 갖게 되죠. 그런데 고당전쟁(645년)을 치르면서 모습을 선보인 고구려-백제-일본, 신라-당의 연합 대결 구도가 651년, 당 고종이 고구려와 백제에 보낸 최후통첩 성격의 새서璽書로 명확해지죠. 신라의 외교 공세로 상황을 관망하던 일본은, 신라-당의 동맹관계를 확인한 후 백제 지원으로 방향을 틀어요. 전통적인 유대를 무시할 수 없었던 거죠.

👩 대결의 결과 신라-당 연합이 승리하면서 한반도와 일본 열도의 정치 질서가 크게 바뀌는 것은 이미 알고 있는 바와 같지요. 두 분 말씀은 대당 외교전에서의 승패가, 삼국의 운명은 물론이고 일본 내 정치세력의 부침에 큰 영향을 미친 것으로 이해하고자 합니다. 이후 나당전쟁에서 이긴 신라는 구고구려 땅에 들어선 발해 및 일본과 함께 전처럼 견당사를 보냅니다. 신라를 예로 들어 일본과 비교할 때, 양측 견당사의 다른 점이 어떤 것이며 견당사가 양측에 미친 영향 등이 궁금합니다.

🎩 가장 큰 차이점은 사절의 파견 횟수와 파견 사절의 중량감이 아닐까 싶네요. 한반도 국가는 육지로 연결되어 있고 바다를 이

용하더라도 가까워 접근이 쉬웠지요. 이에 비해 일본은 한반도를 거치거나 반도 인근 연안을 따라 접근하면 거리가 멀고, 동중국해를 질러 갈 경우에는 거센 풍랑에 직면할 수 있어 접근이 어려웠지요. 자연히 파견 횟수가 적을 수밖에 없어요. 또 멀고 힘든 길이다 보니 파견 사절에 최고위직 인사를 파견하기 힘들었겠죠. 신라의 견당사 중에는 나중에 왕이 된 이들도 있어요.

아쉽게도 국내에는 견당사 관련 기록이 많지 않아요. 견당사를 통해 우리가 어떤 문물을 받아들여 어느 분야가 어떻게 바뀌었는지 등을 확인하기가 쉽지 않아요. 신라가 파견한 견당사는 일본에 비해 횟수와 연인원 면에서 월등히 많지요. 그런데 이들이 돌아와 신라에 남긴 흔적을 확인하기 힘들어요. 이에 비해 일본에는 견당사로 누가 언제 파견되었는지, 파견된 이들이 돌아와 일본에서 어떤 활동을 하였는지, 중국에서 유입된 문물에 어떠한 것이 있었는지 등의 기록이 제법 소상하게 남아 있죠.

신라와 일본의 견당사 파견 목적이 다른가요? 왜 파견 횟수에서 이렇게 차이가 나지요? 그리고 당이 양국 견당사를 어떻게 대우했는지 궁금합니다. 이같은 대우가 신라와 일본의 관계에 어떤 영향을 미쳤는지요.

크게 보면 조공 사절단이라는 점에서 파견 목적은 비슷해요. 다만 지리적으로 가까운 신라보다 해로로 이동해야 하는 일본은 접근성이 떨어져 파견 횟수를 줄이고 규모를 키워 파견하는 경향을 보이죠. 대사, 부사 등의 공식 사절 외에 불교를 포함한 각 분야 유학생이 일행에 포함되어요. 당은 일본 측 사정을 고려하여 20년 1회 조공을 권해요. 현지에 남아 유학하거나 각종 기술, 지식의 습득에 힘쓴 이들은 다음 견당사편이나 신라 경유로 돌아가죠. 이들의 체제 비용 일부는 중국 측이 지원해요.

같은 조공이라도 신라와 일본 측이 느끼는 감도는 꽤 다르지요. 신라는 왕의 교체 시 당의 허락을 받아야 했지만 일본은 그렇지 않았으니까요. 일본은 견당사를 선진국인 당의 제도와 문물 및 인적 자원에 접근하는 기회로 여긴 측면이 신라보다 강하지요. 당은 내왕 빈도가 잦은 신라를 일본보다 상석에 배치하여 우대해요. 그런데 753년 일본 측 부사가 작심하고 이의를 제기하면서 기조가 바뀌죠. 이때의 쟁장爭長사건으로 신라와 일본의 외교 관계는 악화 일로를 걷다가 799년 끝내 국교 단절로 이어지죠.

견당사 파견 목적에서 양측이 보여준 가장 큰 차이점은 무엇인가요? 견당사가 양국의 정치 전개와 사회문화 발전에 지대한 영향을 미치나요?

가장 큰 차이점은 견당사 파견을 신라가 자국의 정치 질서를 유지하는 주요 방편의 하나로 접근한 반면, 일본은 동아시아 정세 파악과 앞선 당의 문물 유입을 위한 창구로 인식한 것이라고 할 수 있겠죠. 나당전쟁에서 승리한 신라는 지속적인 국력 쇠퇴로 당과의 관계 강화를 위한 매개체로 견당사를 활용해요. 이에 비해 일본은 백촌강전투(663년) 패배 후, 당과 신라를 위시한 주변국의 정세 파악, 앞선 당의 문물 특히 불교와 각종 법제, 기술 정보의 도입을 통한 사회 문화 발전에 교류의 목표를 맞추죠.

견당사 파견 기간은 신라가 일본보다 다소 길지만 견당사가 남긴 흔적은 일본보다 신라에서 컸다고 말하기 힘들지 몰라요. 신라 때 기록이 제대로 남아 있지 않아 실상을 파악하기 어렵지만, 파견된 대사, 부사 등의 면면에서 신라의 정치 역학을 반영한 인선이라는 것을 짐작할 수 있죠. 실제로 견당사는 신라의 국내 정치에 강한 영향을 미치지만 일본에서는 그렇지 못해요. 긴 안목으로 보면 교류의 파급효과는 정치 측면보다 해당국의 법제와 체제, 종교, 생활문화 측면에서 찾는 것이 타당할지 몰라요.

한·일의 견당사

우리의 삼국시대 후반부터 남북국 시대에 걸쳐 중국대륙에 들어선 왕조가 당(618–907년)이다. 수도는 장안(창안, 지금의 시안)이다. 당은 명(1368–1644년)과 더불어, 한족이 주류인 중국인들이 가장 자랑스럽게 여기는 왕조 중 하나다. 견당사는 고구려·신라·백제·일본·발해가 당과 조공 관계를 유지하기 위해 파견한 외교 사절을 지칭한다. 견당사는 이전 수(581–618년)에의 조공사절인 견수사가 모습을 바꾼 것이다.

삼국 중에선 신라의 견당사 기록이 상대적으로 많이 남아 있지만 가장 먼저 사신을 파견한 곳은 고구려다. 첫 사신의 파견이 619년 2월로 신라 621년 7월과 백제 621년 10월보다 2년 이상 앞선다. 육지로 국경을 접하고 있는 만큼 신 강국의 등장을 배려한 조치로 이해할 수 있다. 그런데 백제와 고구려는 나당연합군의 공격으로 660년과 668년에 망하기 때문에, 그간의 교류사가 빛을 발하지 못하고 역사 속에 묻힌 감이 없지 않다.

3국 견당사 외교전쟁 승자는 신라, 643년 이후

당이 고구려에 이어 백제와의 우호 관계를 청산하고 신라와 긴밀한 관계에 들어간 것은 652년 무렵이다. 첫 사신 이후 652년까지의 파견 횟수는 고구려 17회, 백제 19회, 신라 24회로 가장 먼 신라가 제일 많다. 652년 사신이 백제의 마지막이고 고구려도 사실상 마지막이다. 656년 18회(황태자 책봉 축하)가 있지만 1차 고당전쟁(645년)에 이은 국지전

중심의 제2 라운드 고당전쟁이 이 무렵 전개되기 때문이다. 645년 전쟁에서는 고구려가 이긴다.

이 무렵 백제 의자왕의 외교 전략에는 이해하기 힘든 점이 적지 않다. 선대 무왕이 20년간 14회의 사신을 보낸 반면 의자왕은 11년간 (642~652년) 5회뿐이다. 같은 기간의 신라 12회는 물론이고 당과 전쟁하는 등 관계가 악화된 고구려의 7회보다도 적다.

백제가 당과 소원해지기 시작할 무렵인 643년 경 신라는 반대로 당과의 유대 관계를 강화한다. 신라 사신은 파견 초기인 625년을 포함하여 당 태종 알현 시, 고구려와 백제의 견제 때문에 조공이 힘들다고 호소하는 등 약한 처지를 강조한다. 그러다가 642년과 643년에는 고구려와 백제의 공격으로 나라 상황이 위급하다면서 노골적으로 군사적 지원을 요구한다. 3국 사신을 접해온 당 태종 입장에서는, 군사적 충돌 등 이해관계가 없고 먼데도 자주 찾아오는 신라에 애정이 갈 것은 불보듯 뻔한 일이다.

'저자세+발품'의 신라 외교, 사대 or 전략?

당 태종은 644년 상리현장을 고구려에 사신으로 보내 실권자 연개소문에게 전한다. "신라는 우리에게 나라의 운명을 맡기고 조공을 빠뜨리지 않으니 너희들과 백제는 즉시 병사를 거두어야 한다. 또다시 신라를 공격한다면 내년에 반드시 병사를 내어 너희 나라를 칠 것이다." 이후 예고대로 645년 당이 고구려를 침략하여 고당전쟁이 벌어지지만 고구려는 지지 않는다.

　고구려와 완전히 등진 당은 사신 파견이 뜸해진 백제와도 거리를 둔다. 당 고종은 654년 찾아온 일본 측 견당사 다카무코노 구로마로(압사), 가와베노 마로(대사), 구스시 에니치(부사)에게 뜻밖의 얘기를 한다. 앞으로 신라와 백제가 싸울 경우 일본은 신라 편을 들라는 내용이다. 일본이 신라보다 백제와 더 가깝다는 사실을 고종이 모를 리 없었다. 그런데도 이같은 교시를 내리는 것에서, 일본 측 견당사는 당과 신라의 관계가 전보다 긴밀해진 반면 당과 백제의 관계는 꽤 소원해짐을 짐작했을 게 분명하다.

　백제는 652년의 사신 파견을 끝으로 당과의 외교 관계가 끊긴 후 660년에 나당연합군의 공격을 받아 멸망한다. 이에 비해 고구려는 멸망까지 당과 십여 년 이상 전쟁 한다. 645년의 1차 전쟁 승리 후 646년,

사죄 차원의 사신을 당에 파견하고 647년, 648년에도 조공하지만 당과의 껄끄러운 관계는 지속된다. 국지전이 전개되는 가운데 656년 마지막 사신을 보내고 이후 661-662년의 2차 전쟁을 견뎌낸다. 하지만 실권자인 연개소문이 666년 사망하고 세 아들의 분열로, 667-668년의 3차 전쟁 시 나당연합군의 공격을 받아 끝내 멸망한다.

고구려와 백제가 멸망한 후 견당사 파견국은 신라와 발해, 일본으로 바뀐다. 이하에서는 신라와 일본의 견당사에 초점을 맞춰 경과와 차이점을 위시한 특징을 살펴본다.

일본보다 10배 많은 신라의 견당사 파견

신라는 621년부터 당이 망하는 906년까지 192회 사절을 보낸다. 이름은 다양하나 근본은 하정이나 조공 사절이다. 당연히 왕을 세울 때 당에서 책봉했다. 신라에서 일본에 비해 열 배 가까운 사절단을 보낸다는 것은 그만큼 당과 가까운 사이라는 증거다. 당과 협력하여 백제와 고구려를 멸망시키고, 이후 서로 싸우는 시기도 있지만 전쟁 종료 후에는 기존 질서체계로 돌아가 장기에 걸쳐 원만한 관계를 지속한다. 구 고구려 영토에 들어선 발해도 신라에 버금갈 정도의 사절을 보낸다.

일본은 630년 조메이(34대) 시절 이누가미노 미타스키를 첫 사절로 파견한 후, 894년 스가와라노 미치자네에 의해 파견이 연기, 정지될 때까지 많아야 20회 정도다. 이중 5회는 당에 들어가지도 못한다. 사절의 지참 국서에서 일본은 자신들의 왕을 천황이라고 칭하기도 하나 당은 일본을 대등한 국가로 보지 않는다. 다만 이 무렵 일본은 왕을 세울 때 당으로부터 책봉받지 않는다. 이는 이전 나고쿠오, 야마대국 여왕 히미코, 왜의 다섯 왕이 중국 왕조의 신하로서 책봉받은 것과 대조된다.

견당사는 선진국인 당의 문화와 법제도, 행정조직, 불교경전, 각 분야 기술과 생활이기 등을 수입해오는 유용한 채널이다. 또 사절단과 더불어 건너간 유학생들이 당에 장기간 거주하면서 학문과 기술을 배우고 익혀, 삼국과 일본, 발해의 국가 기간 구축과 발전에 크게 기여한다. 이들은 중국 황제로부터 하사받은 보물 등 선물 일부를 중국 내 시장에서 팔아 번 돈으로 책자 등 필요한 물건을 사들여 귀국하기도 한다.

파견목적, 조공·지도자 양성(신라)
vs 지식·문물 습득(일본)

신라에서 견당사는 출세의 지름길에 다가갈 수 있는 지위지만, 여행 중 질병에 걸리거나 해난 사고를 만나 사망하거나 외교관계의 악화로 곤경에 처하거나 정치적 희생양이 된 이들도 없지 않다. 견당사 출신으로 왕에 오른 이에는 39대 소성왕인 김준옹, 그의 동생으로 41대 헌덕왕인 김언승, 47대 헌안왕인 김의정 등이 있다. 왕에 오르지 못해도 고위직에 오른 이들은 수없이 많다. 거의 매년 견당사가 있다 보니 활동 깨나 하는 신라 귀족 중에는 한두 번쯤 견당사로 중국을 다녀온 이들이 적지 않다.

견당사의 여로는 한반도의 남동쪽 경주에서 중국 장안에 이르는 과정으로, 험한 산을 넘고 바닷물을 건넌다는 '제산梯山항해'여서 결코 쉬운 길이 아니다. 육로로 서해안 당항진으로 온 후 서해북로나 서해남로 등의 해로를 이용하여 입당하는 경우가 일반적이다. 일부는 서남쪽 무주 회진(지금의 나주) 항구를 이용한다. 경주를 떠나 장안에 이르는 편도 2,570㎞의 길은 이동에만 85일 정도가 걸린다. 왕복 약 6개월이라는 문헌기록이 이를 입증한다.

신라 견당사 중 가장 널리 알려진 인물 중 한 사람이 김인문이다. 견당사를 7번이나 맡은 그는 신라 대당외교의 주역이자 군인으로 고구려, 백제와의 싸움에서도 공을 세웠다. 무열왕 김춘추의 둘째 아들이며 문무왕의 동생인 그는 당의 황제, 장군들과 친분이 두터워 친당파로 낙인찍힌다. 39세 때인 668년 당에 들어간 후 신라로 돌아갈 기회를 엿보고 있었으나 676년 10년째 지속되던 나당전쟁에서 신라가 승리하면서 기회를 놓치고 당에서 살다가 66세에 장안에서 생을 마감한다.

행차길의 상대적 안전도, 높은 신라 vs 낮은 일본

신라와 달리 일본 측 견당사는 대사, 부사 자리도 비중이 다소 떨어지는 인물에게 부여되고, 그나마 일부는 병을 핑계로 가기를 꺼려한다. 여행길이 위험하여 급이 높은 귀족에게 나서도록 권하기가 쉽지 않았을지 모른다. 뱃사공을 위시한 견당사 지원인력들은 높은 보수를 약속하고 공모한 이들이다. 위험수당을 챙겨줘야 사람을 확보할 수 있는 상황이었다.

2~4척의 배로 구성된 선단에 총 200~500여 명의 견당사 일행이 당 방문을 마치고 무사히 돌아올 확률은 60~70% 정도다. 전원이 무사

히 돌아올 때도 있지만 어떤 때는 대사, 부사를 위시한 책임자급 사절이 죽고 실무자급만 돌아오거나, 표류하다가 다쳐서 뿔뿔이 헤어져 돌아오는 경우도 있다.

630년에 파견된 1차 견당사가 돌아올 때 당 측은 고표인을 동반시킨다. 그런데 그는 일본에 들어와 책봉 등의 절차를 문제 삼으면서 조메이(34대)와 다투고, 당 태종의 얘기를 전하는 역할을 수행하지 않고 귀국해 버린다. 이후 뜸하게 지내다 23년 후인 653년에 2차 견당사를 파견한다.

660년 전후의 견당사는 정보 탐색과 외교 업무 주력

653년부터 669년까지 견당사가 6차례 파견된다. 한반도를 둘러싼 동북아 정세가 긴박하게 돌아가던 이 무렵의 사절단은, 정보 탐색을 겸한 외교사절 성격이 강하다. 659년의 4차 견당사는 2년이나 억류되어 있다가 661년 귀국한다. 이는 당에서 당-신라 연합군에 의한 백제 정벌 정보가 새는 것을 우려했기 때문이다.

660년 나당연합군에 의해 백제가 멸망한 후 왕족 등 일부는 일본으로 망명하여 백제 부흥을 도모한다. 야마토 조정은 대처 방안을 놓고 치열한 논쟁을 벌인 끝에 백제부흥군을 지원하여 당-신라군과 대결하기로 한다. 663년 나카노오에노오지(훗날의 덴지, 38대) 등은 대군을 이끌고 한반도로 건너가 백촌강 일대 등에서 나당연합군과 싸우나 패한다. 나카노오에노오지는 귀국하여 북규슈 일대 등 주요 거점에 침략에 대비한 방어 진지를 구축한다.

이후 견당사의 주된 목적은, 전후의 관계 개선과 당-신라 측의 일본 정벌에 대한 정보 입수와 이들 연합군에 의한 일본 정벌을 자제시키는 것이었다. 그런데 당-신라 관계가 대립과 갈등 관계로 발전하면서 연합군의 일본 침략 가능성이 낮아지자 사절단 파견은 한동안 없다.

8세기에 들어와 동아시아 정세가 안정되면서 견당사는 조공 외 문화 사절의 성격이 두드러진다. 당 측은 일본 사절을 조공사로 간주하여 20년 1회를 원칙으로 내세웠지만, 일본은 왕 교체 등을 이유로 좀더 자주 사절단을 보낸다. 사절단에 파견된 인사의 우두머리격인 대사와 부사 중 크게 이름이 알려진 이는 별로 없다. 20회 마지막 견당사의 대사로 내정되나 끝내 당에 들어가지 않은 스가와라노 미치자네 정도가 널리 알려진 인물이다. 오히려 유학생이나 수행원으로 파견된 이들 중 역사에 이름을 남기고 있는 이들이 더 많다. 특히 717년 9회 견당사에 포함된 유학생 겐보, 기비노 마키비, 아베노 나카마로 등이다.

귀국 후 활약 무대, 정치가(신라)
vs 종교지도자·관료(일본)

겐보는 긴 유학생활을 마치고 귀국할 때 많은 경전을 들고 온다. 기비노 마키비는 유학, 군사학, 의식은 물론 마법까지 배워 훗날 일본 조정의 신하 대상 교육 프로그램을 만들고, 752년에는 부사로 다시 견당사에 나선다. 귀국한 다음에는 왕의 측근으로 중용되어 신비한 능력의 소지자로 평가받으면서 다양한 방면에서 크게 활약한다. 아베는 당의 태학에서 수학하고 과거에 합격하여 황제 측근으로 근무한다. 주로 문학 분야의 고위직을 맡는 등 크게 활약하지만 일본에 돌아오지 못한다. 752년의 12차 견당사 때 당의 고승 간진이 일본에 들어와 율종을 전파한다.

이밖에 804년의 18차 견당사에는 사이초와 구카이가 유학생으로 참가하고, 838년의 19차 견당사에는 백제계 이민 후손인 엔닌이 동행한다. 이 무렵 유학생은 다음번 사절이 올 때까지 당에 머물면서 수학해야 하는데 돈이 떨어지면 당이 관비로 지원해 주었다. 그런데 당의 재정이 어려워지면서 관비지원이 5년으로 제약된다. 여건이 바뀌는 가운데 일부 유학생은 학업에 적응하지 못한다. 천태종을 일본에 전래한 사이초도 중국어 습득을 힘들어 했고, 그와 함께 나섰던 다치바나노 하야나리 역시 언어 습득의 어려움을 이유로 조기 귀국한다.

엔닌은 당 황제의 정책변경으로 불법체재자가 되는데, 장보고와 재당 신라인이 나서서 통행허가증 발급을 지원한다. 그는 오대산, 장안, 적산(산동반도) 등지를 거쳐 신라상인 김진의 무역선으로 하카타노쓰로 돌아온다. 이러한 귀국으로 일본 최초의 본격 여행기인 전 4권의 『입당구법순례행기』의 9년 6개월간의 얘기가 끝난다. 헤이안시대의 야마토 정권은 태정관부太政官符를 발포하고, 김진 등에게 충분한 보수를 지급토록 한다.

이후 당의 쇠퇴로 조공의 정치적 이유가 약해졌지만 당과 신라의 상선에 의한 문물교류는 활발해진다. 한편 유학환경의 악화, 일본 내 조선, 항해기술의 저하 등을 이유로 일본은 견당사 파견을 연기하다가 나중에는 사실상 폐지한다.

753년, 장안에서 벌어진 양측 사절단의 외교 전쟁

여기서 양국의 견당사와 관련하여 주목할 하나의 사건에 대해 살펴보자. 753년 1월 1일, 당나라 수도 장안의 대명궁에서 발생한 쟁장사건이다. 이는 현종의 신년 축하 사절단 하례식에서 양국 사신이 좌석 배치 문제를 놓고 언쟁을 벌인 사안이다. 당시 당은 늘 하던 대로 신라 사신을 동쪽 첫 번째에 배열시키고 두 번째로 사라센인 대식국, 그리고 서쪽 첫 번째에 티벳인 토번吐蕃, 두 번째로 일본 사신을 배치한다.

그런데 일본 견당사의 부사인 오토모노 고마로가 이의를 제기한다. "신라는 오랫동안 일본에 신하국의 예를 보여 왔다. 자리배치가 이럴 수 있는가" 갑작스런 일본 측의 항의에 의전 업무 책임자인 당의 오회실이 당황한 모습을 보인다. 하지만 그는 이내 일본 측 기세가 보통이 아니라고 판단하여 신라 측의 협조를 얻어 양측의 자리를 바꾸도록 한다.

당시 당에는 주변 여러 나라에서 조공 사신을 위시한 많은 사절이 파견되면서 외교 의전상의 갈등이 없지 않았다. 관례는 그때그때 신속히 또 원만하게 수습하여 넘기는 것으로, 이에 대한 명백한 기준이 있는 것도 아니었다. 굳이 찾는다면 의전 갈등이 더 큰 외교 갈등으로 번지는 것을 막는 것이다.

주목할 점은 이 사건이 지닌 의미가 가볍지 않다는 것이다. 신라의 한반도 통일 후 대 신라 외교 강화에 힘써온 일본 측이, 견신라사(일본→신라)로 대표되는 외교 사절의 필요성을 더 이상 느끼지 않고 외교 전략 수정의 신호탄으로 이 사건을 일으켰을 수 있기 때문이다. 시각에 따라선 이 사건을 사전에 짜인 견당사 임무의 하나로 간주할 수도 있다. 신라에 대한 자국의 우위를 중국과 여러 국가 사절이 모인 자리에서 인정케 하여 신라와의 외교 관계를 수정하는 계기로 삼으려고, 일본 대표단이 의도적으로 도발한 것으로 볼 수 있다는 것이다.

의전 상 갈등이 국교단절로

이 사건의 배경에는 신라가 통일 후 스스로의 위상이 높아졌다고 판단하여, 그간의 대일본 태도를 바꿔 일본과 대등한 국가로 처신한 사실이 있다. 신라는 734년의 대일본 사신을 통해 국명을 신라에서 왕성국王城国으로 바꾼 사실을 통보하고, 공물을 공조貢調아닌 토모土毛 로 표기한다. 일본에서는 이같은 신라 측 태도를 문제 삼아 사신을 도읍으로 안내하지 않고 규슈 다자이후에서 접대한다.

쟁장사건은 이같은 외교 갈등의 연장선상에서 발생한 것이다. 사건 후 신라가 일본 측에 한층 강한 자세를 보이면서 양국 관계는 급속히 냉각된다. 그해 일왕 고켄이 신라에 파견한 견신라 대사 오노노 다모리는 경덕왕을 만나지 못한다. 또 759년 일본에 파견된 신라 사신 김정권은 국서를 지참하지 않은 하급관리(17계중 11계)였다.

일본도 사건 후 26년간 신라에 사신을 보내지 않다가 779년에 사신을 보내는데, 이는 자국 견당사가 신라 경유로 돌아오는 것을 맞이하기 위함이었다. 김정권 파견에 분노한 일본은 당시의 실력자 후지와라노 나카마로가 중심이 되어, 발해와 연합하여 761년 경 신라 정벌계획을 세운다. 안록산·사사명의 난(755~763년)으로 당의 내정이 흐트러진 틈을 이용하려 한 것이다. 394척의 배와 군사 4만여 명을 동원하는 계획은 처음부터 실현가능성이 높지 않았고, 결국 나카마로가 고켄과 틀어지면서 철회된다. 이후에도 일본은 신라와 몇 차례 외교 갈등을 보이다가 799년 견신라사 파견을 공식적으로 중지한다. 국교 단절 후 파견된 사절의 주된 업무는 중국에 있는 일본 측 견당사의 안부 확인이다.

한일 국교 수복은 오백 년 후인 조선 초기에

여기서 신라와 일본이 상대방에 파견한 사절단의 횟수와 파견의 배경을 살펴보자. 신라가 일본에 보낸 신라사는 통일 후 923년까지 47회이고, 일본이 신라에 보낸 견신라사는 836년까지 28회다. 국교 단절 후에도 사절단이 오고 가긴 했다. 물론 급이 떨어졌음은 말할 것도 없다.

이처럼 사절단이 빈번하게 오고간 배경에는 당시 이 지역 일원의 정치 지형 변화가 있다. 신라가 삼국을 통일하고 당과의 싸움에서까지 승리하면서, 일본 측의 신라에 대한 외경심은 과거 어느 때보다 커진다. 일본은 신라의 침략 가능성에 대한 정보를 얻어 대비할 필요가 있었다. 신라도 통일 후 백제, 고구려 유민으로 한반도 정세가 불안한 가운데, 당과 일본의 연합군 결성에 대한 우려 때문에 일본과의 교린 강화에 나서 정보를 파악하고, 일본 측과 일정한 연결고리를 유지할 필요성을 느낀다.

한반도 문제에 중국, 일본의 이해가 얽히면서 고조된 긴장은

660~670년대의 한반도내 전쟁으로 해소된다. 이후 견당사, 견신라사, 신라사 등의 교류로 평화관계가 재구축되지만, 일본은 799년 예정한 견신라사 파견을 갑자기 정지하면서 신라와의 국교를 끊는다. 외교 관계가 있던 발해가 926년 멸망하면서, 한반도와 일본의 관계는 무로마치막부 3대 장군 아시카가 요시미쓰가 조선과 국교를 맺는 1404년까지, 오백 년 가깝게 단절된다. 배경에는 당 멸망 후 몽골 등장까지 쇠약해진 중국 왕조의 영향도 있다.

요시미쓰의 깨인 눈과 왜구가 국교 수복의 계기?

국교 단절기의 이 지역 최대 현안은 왜구 등 해적에 의한 약탈 등 치안 문제였다. 해적은 14세기 이전에는 신라, 고려 출신, 14세기 이후에는 일본 출신이 중심이다. 문제는 해적 문제를 귀찮게 여긴 일본 조정과 막부 정권이 한반도 국가와 거리를 둔 것이다. 이때도 양측 상인간 교류는 허용되고 몇 차례 사절이 오간다. 가령 1366년을 포함해 왜구 금압을 요구하는 고려 사절이 수차례 무로마치막부를 찾는다. 조정이 면담을 거부하자 2대 장군 아시카가 요시아키라는 정식 문서가 아닌 비공식 답서로 답한다.

이 시기에 대한 일본 측 연구자들의 일반적인 시각은 "일본국왕(아시카가 요시미쓰)과 조선국왕은 1404년, 대등한 선린관계로서의 국교를 튼다. 오백 년 만에 열린 정식 국교다. 양국이 명을 종주국으로 섬기고 책봉을 받아들여 동아시아 국제관계가 안정된다. 일본과 조선간의 교류는 전에 없을 정도로 활발해진다"로 요약된다.

👧 　일본 측 견당사 일행 중 일부가 다음번 견당사가 찾아올 때까지 당에 장기간 머물러 있었다는 사실이 인상적이네요. 그리고 일본 스님 엔닌을 신라인들이 지원하여 중국 내 자유로운 통행과 이후 귀국까지 지원해 주었다는 부분은, 닫힌 마음이 열리는 것 같은 훈훈한 얘기네요.

👨 　엔닌이 백제계 이민의 후손이라는 점이 고려되었을지 모르죠. 하지만 당시 신라와 일본의 국교가 단절된 상황이었는데, 신라인들이 나서서 엔닌을 적극 지원해준 사실은 눈여겨볼 대목이라고 할 수 있죠. 특히 그가 귀국하여 지은 『입당구법순례행기』가 일본에서 꽤 가치 있는 저작으로 주목받고 있어 더욱 그렇지요.

👩 　일본에서는 엔닌처럼 한반도와 중국에서 도래한 이들과 그 후손이 활약한 경우가 적지 않아요. 능력이 출중하면 출신에 관계없이 중용하는 관행이 오래전부터 있었던 거죠. 돌이켜 보면 예수가 살았던 야요이시대에 일본 지배층이 도래인 중심으로 확 바뀌어요. 그리고 660~670년대에 한반도에서 백제, 고구려 유민이 다수 넘어와 일본의 지원 하에 열도 각지에 정착하죠. 따라서 엔닌이 살던 시절에 일본 지배층 내에서 도래계에 대한 차별의식이 없거나 약했다고 볼 수 있죠.

👧 　당나라가 망한 10세기 초반 이후 양국의 대중국 관계는 어떤 모습을 보이나요? 견당사 보낼 때와 비슷한지요?

이 부분에서 한일 양측의 대응이 꽤 달라요. 한반도 국가는 당 이후 들어선 송·몽골(원)·명·청 등의 국가에 조공 관계를 유지해요. 대립하다가 침략 받고 저항하다가 패해 조공 관계를 맺거나 속국이 될 때도 있죠. 일본은 894년의 견당사 파견 중지 후 중국과의 무역 관계는 유지하지만 정치적으로 조공하지 않아요. 무로마치 시대 초반인 1375년, 3대 장군 아시카가 요시미쓰가 명에 조공 사신을 보내 홍무제 주원장으로부터 일본국왕으로 책봉된 일이 있어요. 하지만 한때의 일로 끝나고 지속되지 않죠.

일본은 한반도 국가보다 일찍 중국 영향권에서 벗어나요. 배경에는 바다를 통한 왕래가 위험한 반면 중국에서 얻을 것이 많지 않다는 인식이 있죠. 조공이 아니더라도 무역으로 중국의 산물과 중국 인근 지역 산물을 구할 수 있다는 점도 한 가지 이유가 되고요. 괘씸히 여긴 원 세조 쿠빌라이 칸이 1274년과 1281년에 여몽연합군을 편성하여 침략하지만 천운이 가세하여 격퇴해요. 이후 중국의 침략이 없었던 배경에는, 지리적 요인 외에 의외로 탄탄한 일본의 군사력에 대한 인식이 깔려 있다고 할 수 있죠.

함께 생각해봐요

1. 견당사가 양국 역사의 품격에 어떤 영향을 미칠까요? 플러스 측면과 마이너스 측면에서 각각 접근해 봅시다.

2. 우리 측의 잦은 견당사 파견이 우리 역사의 저품격 내지 싱격으로 해석될 수 있을까요? 왜 그렇게 생각하나요?

3. 양국의 견당사 역사에서 아래 '싱격의 역사' 유형에 해당하는 시대나 장면을 찾아볼 수 있을까요? 유형은 중복될 수 있습니다.

유형I: 잘못된 정치·정책으로 역사적 비극과 대실패 초래(역사 암전·퇴보)

유형II: 역사적 사실에 대한 조사, 기록, 교육이 없거나 약함(역사 누락)

유형III: 역사적 사실의 미화 분식과 조작(역사 왜곡)

Ⅱ. 무인정권

두 번째는 무인정권에 대한 비교입니다. 우리의 경우 고려시대 중반 이후 백 년에 걸쳐 무인정권의 시기가 있습니다. 보기에 따라선 1960년대 이후 30년에 걸친 시기도 무인정권 시기로 간주할 수 있을지 모르겠습니다. 이에 비해 일본은 12세기 중반 이후 7백여 년으로 무인정권 시대가 매우 깁니다. 기간의 차이도 있지만 무인정권의 구조와 특성에서 차이가 적지 않다고 들었습니다. 어떻게 다른지요?

역사를 보면 대부분의 나라에서는 무인이 권력을 잡으면 황제나 왕의 자리에 앉아 통치하죠. 이들은 자신의 신하로 문인과 무인을 고루 등용하여 이들과 함께 나라를 다스리죠. 고려시대 백 년의 무인정권도 무인 집정이 왕이 되지는 않지만, 그에 버금가는 권력을 행사하면서 측근 무인 외에 능력 있는 문인을 광범위하게 등용해요. 이에 비해 일본에서는 모든 주요 직위에 무인이 앉는 지배

구조를 구축한 점에서 구별되긴 해요. 서양의 중세 시대 통치 스타일이 이와 유사하지만 꼭 같지는 않죠.

🧑 고려시대 무인 집정은 최충헌 4대를 제외하면 집권체제를 안정시키지 못한 채 다음 집정에 권력을 넘기죠. 무인집권기가 백년에 달하지만 역사에 남겨진 교훈을 찾기가 쉽지 않아요. 집정들의 권력 기반이 허약해 정권 교체가 잦았다는 점 정도일까요. 일본에서는 16세기 후반의 오다 노부나가와 도요토미 히데요시의 집권이 30년 정도로 짧지만, 3차례 막부 정권이 연 670년을 지속하면서일본 사회와 역사에 지배계층인 무사의 기개와 엄격함, 무사도 등의 행동규범을 각인시켜 놓고 있지요.

👩 무인정권이 양국의 국민성과 후대 정권에의 영향 등의 형태로 남긴 흔적이 있는지요? 있다면 양국에서 어떻게 다른지요?

🧑 고려시대 무인정권이 우리의 국민성과 후대 정권에 남긴 긍정적인 흔적은 없어요. 오히려 반면교사 측면에서 교훈을 남기고 있죠. "저런 식의 무인정권이라면 없었던 것만 못하다, 바꾸려면 제대로 해야지 수시로 권력자가 교체되면서 어정쩡하게 끝났다"는 평가가 나올 수 있겠죠. 이에 비해 일본의 지배계층 무사들은 윤리강령 같은 법도를 제시하여 "무사란 이렇게 행동한다, 무사가 지켜야할 법도는 이런 것이다"는 점을 명확히 보여주죠. 기사도 정도는 아니지만 무사도가 회자되기도 해요.

우리에게는 없지만 일본에는 '무사도'라는 개념이 있어요. 일본에서도 1900년 이후 사용하기 시작하였으니 오래되진 않았어요. 무사의 행동 기준 내지 덕목에 유학의 가르침인 오상, 즉 인의예지신仁義礼智信이 있지만 절대적이지는 않아요. 서구의 기사도와 비교하면 검소 절약과 분수를 강조하는 점은 같지만, 기사도의 정의 중시에 비해 무사도는 자신의 명예와 의지를 중시하죠. 불리한 전투에서 기사도는 결사항전을 통한 장렬한 죽음을 강조하지만, 무사도는 자결 형태의 죽음을 높이 받들지요.

할아버지께서 일본의 무사들은 윤리강령 같은 법도를 지켜야 했다, 그리고 이 법도가 훗날 무사도라는 행동 규범으로 연관된다고 하셨는데요. 이것이 그렇게 중요한 의미를 지니는 것인가요?

우리는 고려, 조선시대를 거치면서 인민 모두에게 적용되는 법제가 있었지만 지배층인 양반에 한정하여 적용되는 법제나 행동 규범은 없어요. 조선의 경국대전, 속대전, 대전통편은 모두에게 적용되는 것이죠. 이에 비해 일본에는 가마쿠라막부 초반인 1232년, 무사에게만 적용되는 어성패식목이라는 법제가 제정되어요. 사사寺社와 공무 등 행정, 소송과 재판 등 사법, 가족 관련, 영지 보장과 소령 등의 토지를 포함한 51개조인데 험담, 폭력, 문서위조와 재판 중의 거짓말 등에 대한 처벌도 담겨 있어요.

어성패식목은 다음 무로마치막부에서도 그대로 적용되어

요. 에도막부는 1615년 무가제법도를 제정하여 무사 층을 통제하죠. 초기의 13개조가 19개조로 늘었다가 1683년 15개조로 줄어요. 참근교대, 축성과 성의 수리, 결혼, 집회 결사, 사적 다툼, 복장, 가마 이용, 양자, 사사 건립 규제 내용에 윤리 규범까지 들어 있어요. 학문과 무예를 닦고 충효에 진력하며 예의를 갖춤(1조), 선물과 결혼식의 검약과 개인적 사치 금지(9조), 급여 관련 토지의 청렴한 처리로 지방재정 안정과 교통망 유지(13조) 등이죠.

꽤 전문적인 내용이네요. 두 분의 말씀은 어성패식목, 무가제법도 등에 포함된 윤리 규범이, 일본의 지배층을 우리의 지배층과 다른 길로 인도하는 데 작지 않은 영향을 미쳤다는 것인가요? 다시 말해 우리는 그러한 법제나 법도가 없어 지배층인 양반의 타락을 막지 못했다는 말인가요?

시각에 따라선 그렇게 볼 수 있을지 모르지요. 우리의 경우 지배층을 규제하는 별도 법제가 없었으니까요. 조선시대에는 유학의 가르침이 위로 왕에서 아래로 농민에게까지 영향력을 미치죠. 하지만 가르침이 윤리적이고 추상적이며 법적 구속력이 없어 일본의 어성패식목 및 무가제법도와 비교할 바가 아니죠. 그 결과 조선에서는 양반층이 권력은 물론 부당한 방법으로 재물을 탐하는 사례가 많아 국고 재정이 허약해지는 한 이유가 되죠. 반면 일본의 무사들은 축재와는 거리가 먼 생활을 해요.

👧 할아버지 지적에 깊은 의미가 담겨 있네요. 지배층이 권력과 부를 함께 쥔 사회와 그렇지 않은 사회의 차이를 지적한 것이니까요. 일본에선 전통적으로 부는 넓은 땅을 소유한 부농이나 장사로 재산을 축적한 호상의 몫이죠. 이들은 축적한 부를 농민 등 서민층은 물론이고 대명과 기본하타모토 등 지배층에도 빌려줘요. 근대에 들어와선 구분된 정치권력과 경제 권력이 균형을 이루며 발전해가죠. 그런데 조선에서는 통합된 양 권력이 정치적 혼란기이자 변혁기인 근대 개화기에 적절히 대응하지 못하죠.

👩 고려 무인정권의 기반이 일본의 가마쿠라막부 무인정권에 비해 약했던 것과 관련하여, 어성패식목 등 무인 대상 법제의 유무 외에 다른 이유는 없을까요?

🎩 집권자와 집권 방식의 차이가 한 가지 이유로 거론될 수 있을까요. 가마쿠라막부를 연 미나모토노 요리토모는 명성 높은 겐씨源氏 무가 출신으로 전국적인 인지도를 토대로 각지의 군사로 구성된 수천, 수만의 대군을 이끌죠. 그는 여러 곳 전투에서 맞수 헤이씨平氏를 물리치고 일본 내 무가의 동량이 되죠. 반면 고려 무인정권의 집정은 수십, 수백 명의 지지 군사력에 의존한 쿠데타로 권력을 장악한 이들이 대부분이죠. 집권과정도 그렇고 인물의 그릇 면에서 무인의 동량이라고 보기 힘든 이가 많죠.

👧 무엇보다 집권방식에서의 차이가 크죠. 일본 최초의 무인정

권인 가마쿠라막부를 개설한 요리토모는 초기에 간토에서 소수 지지 세력으로 군사를 일으켜요. 서쪽 교토로 진군하면서 가세하는 군사가 늘어 대군을 형성하죠. 그의 군대는 집권세력인 헤이씨와 5년여에 걸친 긴 싸움에서 마침내 승리해요. 이후 조정은 그를 일본 내 무가의 우두머리로 인정하고 막부 개설을 허락하죠. 한편 고려 무인정권 집정의 집권과정은 대부분 쿠데타로 스케일이 작아요. 집권의 정당성을 인정받기 어려운 사례도 적지 않죠.

👩 그때까지 권력을 쥐고 있던 왕과 조정이 왜 정이대장군[6]과 막부에 권력을 넘겨주죠? 정이대장군은 어떠한 직책인가요?

🎩 솔직히 왕과 조정이 무인에게 권력을 넘겨주고 싶었을까요? 불가피하니까 그렇게 했겠지요. 그런데 요리토모의 가마쿠라막부가 등장하기 20년 전부터 왕과 조정은 이미 권력의 많은 부분을 다이라노 기요모리와 헤이씨에게 빼앗겨요. 호겐·헤이지의 난(1156-1159년)이 끝나면서 왕과 귀족 권력의 많은 부분이 무인에게 넘어 오죠. 그때까지 왕과 귀족의 보디가드 역할에 충실하던 무인들이 권력에 눈을 뜬 거죠. "더이상 정의롭지 않은 왕과 귀족의 싸움을 대신하는 개가 되지 않겠다"는 의식이 발동한 거예요.

👤 1159년 이후 다이라노 기요모리와 상왕인 고시라카와가 권력을 분점하다가, 기요모리의 힘이 세지면서 헤이씨정권의 성격을 띠죠. "헤이씨가 아니면 사람이 아니다"는 말이 나돌 정도로 무인

이 문인 귀족 위에 군림해요. 정이대장군은 본래 오랑캐를 정벌하는 장군으로, 나라시대 초기인 720년 최초로 문관인 다지히노 아가타모리가 임명되어 도호쿠 무쓰노쿠니의 에미시蝦夷 반란 진압에 나서죠. 하지만 요리토모의 정이대장군은 헤이씨정권을 대신하는 무인정권의 수반으로 성격이 완전히 다르죠.

두 분의 설명을 듣고 보니 요리토모의 정이대장군은 그때까지와 개념이 전혀 다른 직책이군요. 오랑캐를 토벌하는 한 때의 대장군에서, 세습해가며 대권을 행사하는 막부의 정이대장군이 된 거죠. 개념이 달라진 가마쿠라막부 개설 초기 상황에 대해 좀더 꼼꼼히 살펴봐야겠네요.

한 · 일의 무인정권

양국의 무인정권을 비교해보면 유사한 점도 있지만 다른 점이 적지 않다. 긴 무인정권기를 거친 일본이 여러 측면에서 한반도 국가와 다른 길을 걸으면서 양국의 역사와 국민성, 사람들의 행동 규범은 꽤 다른 모습을 보인다. 이하에서는 양국 무인정권(우리는 고려)의 유사점과 차이점을 비교해본다.

무인집권기, 짧은 우리(130년) vs 긴 일본(700년)

일본의 역사에는 12세기 후반 이후 세 차례의 막부시대가 있다. 가마쿠라(148년), 무로마치(235년), 에도(265년) 막부가 그것이다. 오다 노부나가와 도요토미 히데요시의 아즈치모모야마시대 30년(1573~1603년)을 추가하면 무인집권기는 680년 정도로 는다. 또 헤이안시대 말기 헤이씨 정권 20년(1160~1180년)까지를 포함하면 칠백 년에 걸쳐 무인이 사회 지배층으로 군림한 것으로 볼 수 있다.

무인이 오래 지배해온 나라답게 일본은 우리는 물론 중국, 인도 등 동양 각국과 여러 면에서 큰 차이점을 보인다. 당시는 물론이고 지금도 그 흔적과 영향이 곳곳에 강하게 남아 있다. 일본이 다시 문인 통치 체제로 바뀐 것은 1868년의 메이지유신 때다. 20세기 전반에 군인 즉 무인이 문인을 압도하는 군국주의 시기가 15년 정도 있지만, 태평양전쟁에서 패한 후 다시 문인통치가 이어지고 있다.

우리 역사에도 무인집권기가 있다. 고려시대 백 년과 20세기 후반의 군사정권 30년이 그것이다. 고려시대 무인집정자는 권신權臣이라는 용어로 표기되듯 명분상 왕의 신하다. 이에 비해 20세기의 실권자는 국가재건최고회의 의장, 국가보위비상대책위원회 위원장, 대통령 등으로 왕에 버금가는 최고지도자다.

고려시대 무인 11명이 권력을 잡은 시기는 1170년부터 1270년으로 왕실로는 의종(18대) 24년에서 원종(24대) 11년까지다. 이 시기의 왕은 권신들에 의해 멋대로 옹립되고 폐위되며 일부는 시해된다. 이 기간 중 최충헌과 그의 자손이 4대에 걸쳐 권좌에 앉아 있던 62년간(1196~1258년)이 전성기다. 이보다 앞선 초기 26년은 이의방, 정중부, 경대승, 이의민 등 4인, 후기 12년은 김준, 임연, 임유무 3인이 집정으로 군림한다.

한편 20세기의 권력자는 군인 출신으로 대권을 쥔 박정희, 전두환, 노태우 등 3인이다.

최씨 정권이 끝나면서 일단 왕정이 복구되나 왕실은 몽골에 투항한다. 왕이라는 배후를 상실한 무인정권은 이전 같은 권력을 행사하지 못한다. 몽골이 최충헌의 아들 최우가 집권하던 1231년 8월 1차 침입을 감행한다. 수도 개경이 함락되는 등 고전을 거듭하다 여몽 간 화의가 성립하여 몽골군은 이듬해 1월 회군한다. 고려 정부는 사태의 심각성을 인식하여 그해 6월부터 강화도 천도에 나선다. 이후 6차에 걸친 지속적인 몽골군의 공략에 갖은 고초를 겪으면서 항전해 오던 왕실이, 28년째인 1259년 투항하면서 고려는 몽골의 속국이 된다. 그해 4월 훗날의 원종(24대)인 태자가 몽골에 입조하기 위해 출발한다.

무인정권 발족이 1100년대 중후반으로 비슷

우선 유사점부터 살펴보자. 첫째, 무인정권의 발족 시기가 비슷하다. 우리가 1170년이고 일본은 1160년 무렵이다. 일본의 경우 헤이안시대 헤이씨정권의 발족을 시발점으로 본 것이다. 가마쿠라막부를 시발점으로 보면 1185년(혹은 1192년)으로 우리보다 늦다. 그런데 중앙과 지방을 무사들이 연계하여 지배한 막부 정권보다, 무사가 중앙의 지배세력으로 귀족화하여 전국을 통치한 헤이씨정권이 고려 무인정권과 비슷한 점이 많다. 이를 감안하면 일본의 경우 1160년경으로 보는 것이 더 타당하고 다수가 이를 지지한다. 당시 양국 간 교류가 없지 않지만 부정기적이고 교류수준 또한 결코 높지 않다는 점을 감안하면, 유사한 시기는 역사의 우연이라고 할 수도 있다.

무인정권 탄생 배경은 무인 차별에 대한 반발

둘째, 무인정권의 탄생 배경이 유사하다. 문인에 비해 오랫동안 차별적인 대우를 받아오던 무인들이 자신들의 권리와 이익 챙기기에 나서면서 결과적으로 권력을 장악한다. 고려는 초기인 6대 성종 대에 국가 운영의 큰 틀이 완성되는데 이때에 이미 무인 차별의 싹이 튼다. 인사에 과거제, 토지에 전시과를 도입하여 중앙집권적 관료제 국가를 추구하는데 무과 제도가 없다. 과거가 아닌 사병에서 발탁하는 특채나 세습으로 충원된 무인은 승진상한이 정3품 상장군으로 고위 관직에 올라갈 수 없고, 출정군의 사령관직도 문인이 맡는 경우가 많다.

헤이씨정권을 연 다이라노 기요모리도 무가인 헤이씨의 동량으로 여러 무가 문중의 우두머리에 불과하다. 당시의 무가는 왕과 중앙 유력 귀족의 권력을 군사력으로 뒷받침해주는 역할에 충실했다. 평상시 이들의 보디가드 역할을 하다가 갈등기의 세대결시에는 이들을 대리하여 전사로 변한다. 싸움에 이기더라도 무사가 중앙 유력 귀족이 되기는 거의 불가능하다. 고작 무공에 상응하는 은사로 토지를 받거나 관직, 품계가 올라갈 뿐이다. 왕과 귀족들의 타락과 부패가 일상화하고 무사의 힘이 커지면서 무사들 사이에 각성이 일어난다. "언제까지 이 못난이들의 개가 되어야 하는가?" 결국 1156년의 호겐의 난과 1159년의 헤이지의 난을 겪으면서 무사들은 더 이상 왕과 귀족의 시녀 역할을 하지 않는다.

권력 행사 형태가 무인-문인 협치로 유사

셋째, 무인들의 권력 행사 형태가 유사하다. 고려의 무인정권을 일본의 초기 무인정권으로 단명에 그친 헤이씨정권과 비교했을 때 그러하다. 그런데 장기간 이어지는 3대 막부 정권의 그것과 비교하면 얘기가 전혀 달라진다. 이에 대해서는 아래 차이점에서 설명한다.

고려시대 무인은 초기에 상당수가 문관의 최고 직위인 문하시중 등 재상의 자리에 앉아 권력을 행사한다. 이의방, 정중부, 이의민, 최충헌이 그렇다. 기왕의 관료체제를 크게 바꾸지 않고 최상위직에 무인 출신이 앉는 방식을 택한다. 이는 왕실 및 문인들과 권력을 나누는 것이 정권을 오래 유지할 수 있는 길임을 무인들이 깨달았기 때문이다. 따라서 이 시기 조정의 주요 관직에 문인이 적지 않게 포진하고 있고 지방에서도 유사한 양상을 띤다.

헤이씨정권도 기요모리와 그의 아들, 친인척이 태정대신, 내대신, 대납언, 참의 등 조정의 고관대직에 포진한다. 헤이씨의 귀족화라고 일컬어지기도 하는 이러한 상황은 헤이씨 일족에서 공경 16인과 전상인 殿上人 30여 인이 배출된 것에서 짐작할 수 있다. 그 무렵까지 최고 귀족으로 권력을 누려온 후지와라섭관가의 정치를 흉내 낸 것이다. 물론 헤이씨는 세습되지 않는 한 때의 군사귀족이었다는 점에서 한계를 지닌다.

한편 헤이씨가 고려의 무인집정들처럼 자신들의 인재풀로만 조정을 운영하지 않은 것도 주목할 점이다. 조정 내 핵심 자리는 헤이씨 일가가 차지하지만, 나머지 자리에 최유력 공가公家인 후지와라섭관가를 위시한 유력 공가의 인물을 포진시킨다. 겉으로 보면 헤이씨와 유력 공가가 협력, 조율하면서 조정을 운영하는 듯한 모습을 갖춘다.

실질적 통치권, 이원화된 고려 vs 일원화된 일본

다음은 차이점이다. 첫째, 통치권의 이원화 여부와 그 수준의 차이다. 고려에서는 무인이 조정위에 군림하던 시절에도 상황에 따라 왕이 일정 수준의 권력을 행사한다. 정도 차이는 있지만 이원적 통치구조라고 할 수 있다. 이에 비해 일본에서는 왕과 조정은 왕실 행사와 외교 등 일부 사안에 대해서만 발언권을 지닌다. 대신 막부 장군이 왕의 장군선하[7] 조치로 통치대권을 행사한다. 권력구조는 외형상 이원화되어 있는 듯 보이지만 실질적으로는 일원화되어 있다.

장기에 걸친 몽골과의 전쟁에 따른 인적, 물적 피해의 증대로 고려

의 무인시대의 종언이 앞당겨졌다고 볼 수도 있다. 하지만 상당수 무인
집정이 왕실과 권력을 나누어 통치해 온 권력구조가 종언을 앞당긴 이
유로서 더 직접적이고 설득력이 있다고 할 수 있다. 최씨 정권의 세습
기를 제외하면 하극상과 병사로 무인집정이 자주 바뀐다. 신흥 권력은
정당성 확보 과정에서 왕실 지분을 일정 부분 인정하지 않을 수 없었
다. 전쟁에 지쳐 왕실과 주변세력이 강화에 나선 것을 막지 못한 것도,
권력 분산에 따른 무인집정의 통치력 약화에서 그 이유를 찾아볼 수
있다.

한편 장군 등 일본의 막부 지도자는 통치하면서 왕과 조정의 눈치
를 볼 필요성이 거의 없다. 권력 세습이 조정에 의해 허용되면서 하극
상에 직면할 위험도 낮다. 가마쿠라막부나 무로마치막부가 때로 하극
상으로 위기 국면에 처하기도 하지만 막부가 일정한 권력과 권위를 지
닐 수 있는 것은, 조정이 막부의 존립 의의를 부정하지 않기 때문이다.

고려의 무인시대가 일본에 비해 조기 종료된 데는 첫째 이유 외에
도 다음에 서술한 차이점 모두가 영향을 미쳤다고 볼 수 있다. 다만 첫
째가 다소 큰 영향을 미쳤다고 할 수 있다.

통치기구 재구축과
최고지도자 무인 신분 지속 (고려 x 일본 o)

둘째, 정치, 행정 등 통치기구 개설방식과 무인 신분의 유지 여부다.
고려는 기왕의 조정 기구에 추가하거나 보충하는 방식으로 조직을 개
설한다. 집정에 따라 중방(이의방-이의민), 도방(경대승), 교정도감(최충헌-임유

무), 정방(죄우-임유무) 등이 개설되는데 대부분 집정의 뜻에 따른 임시방편의 초법적 권력기구다. 하지만 기능과 존립 의의 면에서 문제점이 있어 2성 6부의 중앙 관제에 비해 수명이 짧다.

반면 막부는 기왕의 중앙 통치기구인 조정과 전혀 다른 대체적인 조직을 새로 만든다. 헤이씨정권이 귀족 중심의 조정에 들어가 단명으로 끝나 이행정권의 성격을 띠고만 시행착오를 반복하지 않기 위해서다.

장군이 통치대권을 왕으로부터 위임받으면서 조정 조직은 대폭 축소되고 막부 조직이 주요 기능을 넘겨받는다. 헤이씨정권기 조직이 일부 참조되지만 대부분 새로 만들어진다. 지방 조직도 기존의 국사를 두고 유력 어가인을 신설한 수호, 지두 자리에 앉힌다. 시간이 지나면서 수호와 지두의 실권이 강해지는 한편, 조정에서 임명하는 국사의 존재감은 점차 약해진다. 여기에 막부가 왕과 귀족의 안마당인 교토에서 5백km 떨어진 동쪽 간토 가마쿠라에 개설되면서 물리적인 거리감이 더해진다. 막부는 조정을 의식하지 않고 독자적인 통치에 나선다.

다음은 무인집정의 신분 관련이다. 위에서 고려 무인집정이 초기에 문하시중 등 문인 신분으로 통치하고 헤이씨정권의 지도자도 고위 관직의 문인 귀족으로 통치한다고 서술한 바 있다. 하지만 헤이씨정권 이후 무인 지도자는 관직을 받더라도 무인 신분을 유지하여 조정과 거리를 두고 통치한다.

무인사회의 동량 존재 여부(고려 x 일본 o)

셋째, 무인사회의 동량棟梁 존재 여부다. 고려의 무인사회에는 무인의 동량이라고 일컬을 만한 인물이 없다. 중앙의 무인세력을 결집시키고 지방 무인들과 끈끈한 연결고리를 지닌 무인사회의 기둥 같은 존재가 없다. 백 명이 채 안 되는 사병 세력으로 무인 집정과 측근을 암살하고 권력을 빼앗을 수 있을 만큼, 집정의 위치가 불안하고 세력기반이 굳건하지 못하다. 게다가 조선시대에 쓰인 고려사 등의 사서는 대부분의 무인집정을 역적으로 서술한다.

일본에서는 수백 혹은 수천의 군사를 이끌고 적과 싸워 승리한 무인이 조정과 무인사회 모두가 인정하는 당대의 동량으로 부각된다. 이들의 후계자도 많은 경우에 동량으로 인정받아 무인정권을 세습한다. 헤이씨정권을 연 다이라노 기요모리, 이 정권을 종식시킨 미나모토노 요리토모, 무로마치막부를 연 아시카가 다카우지, 이 막부를 무너뜨리고 센고쿠시대를 종식시킨 오다 노부나가와 도요토미 히데요시, 에도막부를 연 도쿠가와 이에야스 등이 당대의 동량이다. 이들을 역적으로 서술한 사서는 거의 없다.

동량은 중앙의 무인을 휘하에 두고 지방의 유력 무인과도 주종관계를 맺어 지배체계를 구축한다. 중앙집권 체제인 고려와 달리 분권체제인 일본에서는, 동량에 충성스러운 지방 무인이 많아 중앙의 불만세력이 동량인 장군(혹은 집권)의 암살로 권력을 잡기 힘들다.

막부의 장군과 지방의 국國 영주인 대명(혹은 어가인)은 주군과 가신의 관계지만, 영주는 막부의 간섭을 최소화하면서 영지를 독자적으로 통치한다. 장군을 도와 전투에서 기여하면 영지를 은상으로 받는다. 영주는 영민을 수탈하고 착취하기보다 보호하고 지원하여 산출을 늘리고 군사력을 키운다. 그런 까닭에 유사시 군사로 동원될 영민이 영주에게 충성심을 보인다.

권력층 인적 구성, 문무 혼재(고려) vs 무인 순혈(일본)

넷째, 권력층 인적구성의 차이다. 고려에서는 중앙의 조정과 지방 요직에 무인 못지않게 문인이 많이 포진한다. 초기 무인정권에 대한 불신과 낮은 지지의 배경으로 문인 박대가 지적되면서, 경대승과 최충헌 등의 무인집정은 문인 우대책을 펼친다.

일본은 막부는 물론이고 지방 요직에 이르기까지 지배층의 절대 다수가 무인이다. 문인이 활약하는 분야는 제한적이고 숫자도 많지 않다. 가마쿠라막부 발족 초기 상대적으로 문인 출신의 활약이 두드러진다. 막부의 개설과 안정에 이들 그룹의 도움이 필요했기 때문이다. 헤이안시대 조정의 관인이나 공가 출신 문인이 유력 무인의 측근 원로로서 핵심적 역할을 수행한 사례가 있다.

이후 문인은 무인 지도자를 대신하여 공문서를 작성하는 우필右筆이나, 외교 및 정치자문 역할에 머문 경우가 일반적이다. 시간이 지나면서 승려나 학자 출신이 이러한 역할을 수행하는 사례도 나타난다.

지배층 인적구성의 차이는 이들 그룹의 결속력에 영향을 미칠 수 있다. 문인과의 공존 추구로 무인 간 연계와 결속이 약한 고려에서는 중앙의 유력 무인 간 갈등이 정변을 유발하여 집정 세력이 자주 바뀐다.

지배층 무인 통제하는 행동규범과 법제(고려 x 일본 o)

다섯째, 무인사회의 규율과 질서 등 행동규범을 정한 법제, 규정의 유무다. 고려의 무인집정은 무인사회가 지켜야 할 규율과 질서, 도덕규범을 규정한 법제와 규정을 마련하지 못한다. 단기간에 무인집정이 바뀌는데 이를 합리화할 원칙과 기준도 찾아보기 힘들다. '권한을 자기 마음대로 전횡하는 등 권력의 농단으로 민심과 여론이 이반되어서' '임금을 죽이고 폐위시키는 등 패륜적인 정치를 전개해서' 등의 이유로, 기왕의 무인집정을 제거하고 정권을 장악한 신흥 세력의 등장이 반복될 뿐이다. 무인의 도덕규범이나 추구해야 할 가치 등을 규정하고 이를 지키도록 유도하는 노력이 없다.

고구려처럼 상무尚武에 입각한 국가 건설 등의 비전이 없고, 무인이 추구할 길과 무인의 법도에 대한 기본적인 인식도 없다. 무인시대의 도래로 군사력이 전보다 강해지지도 않고 무인들의 의식이 달라지지도 않는다. 몽골의 침공 시 무인정권 지도자는 선두에서 싸우지 않고 대부분 농민으로 구성된 군사가 몽골군과 필사적으로 싸운다.

일본에서는 가마쿠라막부 3대 집권 호조 야스토키가 1232년 어성패식목이라는 법률을 제정하여, 무인 관련 행정, 재산, 죄형, 사법, 민사 관련 사항을 규정한다. 무인이 지켜야 할 규율과 행동규범 조항도 있다. 이후 시대에 따라 약간씩 바뀌지만 무인이 지켜야 할 법제의 표본으로 간주된다. 여기에는 수호 업무(3,4조), 지두 처분(5조), 영지 규정(7조-장군이 지급한 영지 보장, 8조-20년 실효 지배 토지의 영지 간주, 48조-소령 매매 금지 등), 반역자 처리(9조), 관위 관직(39조), 재판 관련(6조, 29~31조) 등이 규정되어 있다.

에도막부에서는 2대 장군 도쿠가와 히데타다가 1615년 무가제법도라는 법제를 제정하여 무가 대상의 기본법으로 삼는다. 초기에는 무가의 서약서 3개조에 10개 조항을 덧붙여 13개조인데, 이후 수차례 개정되어 8대 장군 도쿠가와 요시무네가 제정한 15개조 교호령(1717년)이 마지막 버전이다. 내용은 텐나령(1683년)과 동일하다.

15개조 교호령은 어성패식목에 비해 무인의 의무와 책임, 각종 금기와 규제사항을 강화했다. 학문과 무술의 연마, 주군과 부모에의 충효, 분수에 맞는 인마와 병구 운용, 경건하고 검약한 의식주와 참근, 위법자와 타지역민 보호 지원 금지, 축성 제한, 결혼 허가제, 신분에 따른 의장과 어가 차등, 대형 선박 건조 금지, 막부 법제의 전국 통용, 공무원의 뇌물금지와 공평 처사, 투명한 급여 관리 등이다.

근대 이후 글로벌 표준이 된 문민 통제

끝으로 무인집권 시대 후 양국 역사를 고찰함으로써 무인집권이 지니는 시대적, 역사적 의미에 대해 정리한다. 첫째, 중앙집권 체제가 지속한 한국 내 무인의 지위는 문인에 비해 여전히 낮다. 이는 문약한 사회로 이어져 임진전쟁과 일제에 의한 국권 피탈의 굴욕적인 역사로 점철된다. 조선시대에 명목상 무인 지위가 문인에 근접하지만 현실에서는 문인 우위 사회가 지속한다. 무인의 지위 개선은 한국전쟁에서의 활약과 사관학교 출신 군인의 대통령 당선, 이들의 주도에 의한 경제 발전과 국력 신장이 달성된 현대 이후라고 할 수 있다.

둘째, 분권체제하의 무인정권이 장기간 지속한 일본은 여몽연합군의 침략은 물리치나 조선 침략에는 실패한다. 메이지유신에 따른 왕정복고로 무인정권이 종료되자, 무인은 정책관료로 변신하여 근대 국가 일본의 부국강병과 식산흥업 정책을 주도한다. 이를 토대로 국력이 약해진 조선을 병합하는 등, 무인정권 종료 후의 변신이 국가의 변혁과 발전에 긍정적인 방향으로 작용한다. 그런데 입헌군주제를 내세운 대일본제국 헌법이 군부에 대한 총리 등 문민 통제civil control를 허용치 않아, 대륙 진출에 눈이 먼 군부강경파의 발호를 막지 못한다. 청, 러시아와의 전쟁 승리가 오판을 유도하여 미국, 영국 등과 개전하나 철저히 패하고, 영토는 메이지유신 이전 상태로 돌아간다.

셋째, 역사적으로 문약했던 한국은 일제강점기와 한국전쟁을 거쳐 국력을 크게 키운다. 분단체제로 인해 사상 최강의 무인세력을 유지하지만 문민 통제 하에 문무 간 차별을 해소하고 있다. 일본은 태평양전쟁의 패배로 신헌법에 상징 일왕과 문민 통제, 전쟁 포기를 담으면서, 헤이안시대의 섭관정치 시절과 비견될 만큼 무인 위상이 약해진다. 그렇지만 군사력은 절대적으로나 상대적으로 또 역사적으로도 결코 약하지 않다.

고려에서는 11명의 권신 중 세습이 이뤄진 최씨 4대를 제외하면 성이 다른 무인들이 쉽게 권력을 잡고 또 쉽게 내주네요. 체계를 잡아 권력을 안정시킨 일본의 막부정권과 크게 대조되는 것 같습니다. 그래서 조기에 왕정으로 되돌아가고 말았는지 모르겠습니다만. 이들 무인집권자 대부분이 생존 시 왕을 쥐고 흔들었으면서도 훗날 편찬된 사서에 역적 신하로 기록된다는 것도 기억에 남습니다.

오늘의 관점에서 보면 고려시대 백 년의 무인정권이 남긴 것보다 1960년대 이후 30년 군사정권의 흔적이 훨씬 강하게 남아 있어요. 우리 사회 각 분야에 침투한 군대문화의 유산이 하나둘이 아니지요. 대표적 건배사인 '위하여'를 필두로, (파워포인트 이전) 차트를 이용한 프레젠테이션과 -함, -임 같은 문장의 간략한 표현, 엄격한 상명하복의 조직문화, 속전속결의 빨리빨리 문화 등이 그것이죠. 장기간의 독재로 민주화가 늦어졌지만, 이러한 것들이 이 시기의 근대화와 선진국 따라잡기에 기여한 측면이 없지 않죠.

왕이 요리토모에게 통치대권을 넘겨준 배경은 다소 불명확해요. 그가 권력을 잡기 전인 1160년부터 20년간은 기요모리와 그의 친족이 지배하는 헤이씨정권이죠. 이때 상왕은 일정한 권력을 지니지만 왕은 권한이 거의 없었어요. 그런데 헤이씨 멸망 시 상왕의 권력도 함께 약화되죠. 이때를 놓칠세라 요리토모가 조정을 압박해 '장군선하'라는 형태로 통치대권을 넘겨받아요. 무력으로 전

영토를 장악하자 조정이 그의 요구를 거부하기 힘들었겠죠. 차원이 확 다른 정이대장군이 탄생한 거죠.

👩 임진전쟁을 일으켜 우리 국토를 황폐화시키고 인민 다수를 희생시킨 도요토미 정권도 무인정권 아닌가요? 칼럼에서는 그의 조선 침략이 실패했다고 간단히 서술하고 있는데요. 무인정권 측면에서 도요토미 정권의 성격과 위상은 어떻게 설명할 수 있을까요.

🎩 도요토미 정권은 아즈치모모야마시대에 들어선 과도기 정권이죠. 무로마치막부와 에도막부를 잇는 시기로 일본사에 미친 영향이 적지 않죠. 기독교와 총포 등 서양의 종교와 신문물의 유입, 교역의 활성화로 경제력과 군사력이 강해지죠. 지도자들은 지구의로 세계가 둥글고 일본이 작은 섬나라임을 알게 되어요. 지구의를 보면서 대륙 진출의 꿈을 키우던 노부나가의 못다한 꿈은 히데요시에게 전수되죠. 임진전쟁 후 들어선 에도막부가 도요토미 정권에 대한 역사적 평가를 의도적으로 폄하한 거죠.

👩‍🦱 히데요시가 죽고 아들 도요토미 히데요리가 이에야스에게 권력을 빼앗겨요. 에도막부는 도요토미 정권의 실패를 반면교사 삼아 통치술을 바꾸죠. 무사가 지배하지만 칼과 총포 같은 무력이 아닌 법제와 윤리, 도덕에 의거해 통치하는 시스템을 도입해요. 강항이 전수한 유학의 가르침이 유용하게 활용되죠. 도요토미 정권은 노부나가가 내건 천하포무天下布武의 이념 하에 전국 통일을 이뤄

요. 하지만 이에야스는 이와 전혀 다른 평화 이념을 제시하여 260년 이상 지속하는 태평한 에도시대를 열죠.

함께 생각할 거리들

1. 무인정권이 양국 역사의 품격에 어떤 영향을 미칠까요?

2. 다음의 주장에 대해 긍정하는 입장 혹은 부정하는 입장에서 토론해 봅시다.

가 무인정권이 체계적이지 못하고 기간이 짧아, 조선 왕조 오백 년 동안 긴 문약 사회를 여는 빌미를 제공한다. 그리고 끝내 망국으로 이어져 우리 역사의 품격이 크게 떨어진다.

나 긴 무인정권과 무사도가 일본 역사와 일본(인)의 품격을 높인다.

다 양국의 무인정권 역사에서 아래 '싱격의 역사' 유형에 해당하는 시대나 장면을 찾아볼 수 있을까요? 유형은 중복될 수 있습니다.

유형 I: 잘못된 정치·정책으로 역사적 비극과 대실패 초래 (역사 암전·퇴보)

유형 II: 역사적 사실에 대한 조사, 기록, 교육이 없거나 약함 (역사 누락)

유형 III: 역사적 사실의 미화 분식과 조작 (역사 왜곡)

Ⅲ. 가도와 지리전문가

세 번째는 가도와 지리전문가에 대한 비교입니다. 앞의 두 주제에 비해 무게감이 떨어지는 것 같습니다만 담고 있는 내용이 주는 시사점은 적지 않을 것 같은데요. 여기서 가도는 길을 가리키며 지리전문가는 지도전문가와 같은 뜻으로 사용하겠습니다. 지도에는 각 지역의 위치와 명칭, 이들 지역을 잇는 길인 가도가 나와 있습니다. 이렇게 보면 지도와 가도는 자연스럽게 연결되는 주제인 것 같은데요. 먼저 가도에 대해 여쭙겠습니다. 조선의 가도가 일본 가도와 다른 점이 무엇인지요?

조선 후기인 1800년 무렵에는 서울인 한성 내 일부를 제외하고, 전국의 가도에 도로라고 할 만한 길이 없습니다. 반면 일본에는 5가도로 불리는 도카이도·닛코가도·오슈가도·나카센도·고슈가도 등, 수도인 에도를 중심으로 동남·북·동북·북서·서쪽 방향에 도로가 정비되어 있었죠. 이 가도를 이용하여 대명 등의 행렬은 물론이고 상인 등 서민들이 다수 오갔어요. 가도 폭은, 조선의 길이 짐을 진 말 두 필이 간신히 교차할 정도라면 일본 가도는 수레 두 대가 교차할 정도였으니 더 넓죠.

🧑 역사적으로 일본은 외부 침략보다 국내 세력 간 대립과 싸움이 훨씬 많아요. 외부 침략은 여진족 침략인 도이의 입구(1019년) 등 해적의 침략을 제외하면 1200년대 후반 두 차례의 여몽연합군과 2차 세계대전 때 미군에 받은 공격이 거의 전부죠. 외부 세력이 국가적 위협 요인으로 인식되지 않다 보니 도로가 사람과 물자의 이동에 편리하도록 개설되고 정비되죠. 잘 닦여진 도로는 전투나 전쟁 시 아군에게 도움을 줄 수 있지만 역으로 기능할 때도 있죠. 하지만 이 때문에 도로 정비에 소홀했던 적은 없어요.

👩 얘기를 정리하면 도로다운 도로가 있는 일본과 그렇지 못한 조선이네요. 도대체 조선의 도로가 어땠길래 이같은 말을 듣게 된 건가요?

🎩 조선의 수도는 지금의 서울이지요. 고려 충렬왕 때인 1308년부터 '한양'이라고 부르다 조선 태조 4년인 1395년부터 한성으로 바꿔 불러요. 이름이 바뀐 후에도 익숙한 한양이 꽤 오랫동안 사용되죠. 수도인 한성과 전국 팔도를 잇는 간선도가 있었을 법 하죠? 그런데 그런 길이 없어요. 조선 초기에는 길다운 길이 있었다고 하는데 1600년을 전후한 시기에 큰 전란을 겪으면서 차츰 없어져요.

그래서 1880년대 조선을 찾아온 외국인들이 가장 놀란 것 중 하나가 한성의 형편없는 길이었다는 기록이 많죠.

여행가이자 모험가인 영국인 이사벨라 비숍의 글에서 실상을 알 수 있어요. 그녀는 1894년 겨울부터 2년 반 사이에 네 차례 조선을 답사하고 1897년 11월 고국에 돌아가 책을 내요. "서울 시민들은 미로 같은 골목길에 있는 단층집에서 살고 있다. 대부분의 골목길이 짐을 실은 두 마리 소가 지나가기 어려울 만큼 좁다. 더 정확히 말하면 사람이 짐을 실은 소 한 마리를 끌고 지나갈 수 있는 정도" "골목길은 두 사람이 간신히 통행할 수 있는 정도"라고 서술하고 있어요.[8]

듣기 거북할 정도의 얘기네요. 하지만 실제 본 모습이 그러했던 것이니 어찌할 수 없죠. 궁금한 것은 왜 조선 지도자들이 서울의 도로나 주요 간선도로를 그 같은 상태로 방치한 것일까요? 돈과 품을 들여 도로를 닦지 않은 데 무언가 이유가 있을 법도 한데요.

조선 초기만 해도 수도 한양과 전국을 잇는 도로망이 없지 않아요. 가도라고 할 만한 것이 북쪽으로 2, 동쪽으로 2, 남쪽으로 4, 서쪽으로 2 등 10개 정도 있었다고 해요. 최종 목적지는 북쪽의 1로가 의주, 2로가 함흥을 거쳐 두만강 하구 서수라西水羅, 3로는 강릉을 거쳐 평해(지금의 경북 울진), 4로는 대구를 거쳐 부산, 7로는 정읍·해남을 거쳐 제주, 9로는 강화, 10로는 충주를 거쳐 안동·봉화 등이죠. 그런데 조선 중기 임진·병자 전쟁 등 큰 전란을 겪으면서 관리가 소홀해져 더 나빠진 거죠.

🧑 　도로를 닦고 유지하기 위해 인부를 부리고 돈을 써야 하는 것은 그때도 마찬가지죠. 일선 공무원과 양반층의 살림은 그렇지 않았다고 하지만 정부는 살림이 늘 빠듯했어요. 조세 행정이 부패했기 때문이죠. 여기서 도로 정비가 소홀해진 이유로 정부의 재원 부족과 정부의 의도적인 도로 정비 방치를 들 수 있어요. 잘 닦인 도로는 상업과 유통업을 발달시키고 관원의 이동 등 교통과 우편 업무에 편익을 안겨주지만, 다른 한편으로 외적의 침략 등 예상되는 국방상의 불이익을 키울 수 있다고 본 거지요.

👩 　듣고 보니 수긍이 가기도 하지만 잘한 일일까 하는 생각도 듭니다. 역사를 돌아보면 주변국의 침략은 백 년에 한두 번 있을까 말까 하는 사건이라는 것을 알았을 텐데요. 물론 1600년을 전후한 40여 년 사이에 큰 전란이 수 차례 있었다는 점은 알고 있습니다. 그런데 이러한 결론은 조선 지도자들이 충분히 논의하여 내린 것인가요?

👨 　그런 것은 아닌 것 같아요. 『조선왕조실록』 등을 살펴봐도 드러내놓고 '가도를 넓히지 말자' '산악 지역 통행을 불편하게 두자' '교통과 상업, 유통보다 국방상의 이익을 앞세워야 한다' 등 가도와 국방을 연결시켜 얘기하는 것을 확인하기가 쉽지 않아요. 하지만

1600년 전후 큰 전란을 겪으면서 어전회의나 지도자급 모임에서는 수레 통행이 편리한 가도 정비, 가도폭 확장, 가도 신설 등의 얘기가 자제되는 듯해요. 이심전심으로 이동이 불편해야 국가의 안녕이 확보될 수 있다는 믿음이 형성된 것일까요?

👤 할아버지 지적이 사실일지 몰라요. 군사력을 닦아 자주국방력을 키우고 상업을 발달시켜 백성의 삶을 개선한다는 적극적인 생각보다, 잠재적 적인 중국, 일본군의 수도 공략을 잠시라도 늦추는 것이 우선이라는 소극적인 단견이 지도자들의 머릿속을 지배하고 있었죠. 그래서 군사력 강화, 상업과 농업의 생산성 증대를 위한 도로 정비와 수레 도입 주장이 거부되거나 형식적으로 수용될 뿐이죠. 숙종대 윤휴와 이유, 정조대 홍양호의 간언, 정조 본인과 구득로의 언급에서 이를 확인할 수 있죠.

👤 두 분의 설명으로 조선시대의 가도 정비가 매우 낙후된 수준이었으며, 배경에 외부 침략과 큰 전란으로 심한 고초를 겪었던 조선의 역사적 특수성이 깔려 있다는 것도 어느 정도 이해할 수 있을 것 같습니다. 이어서 지리전문가에 대한 질문입니다. 우리가 대동여지도의 김정호를 기억하고 있듯이 일본에서는 지도 하면 이노 다다타카를 든다고 해요. 그런데 두 사람에 대한 평가는 생전은 물론 사후에도 한동안 꽤 달랐다고 하죠. 왜 그렇게 되었는지요?

👤 지도의 소중함에 대한 지도층의 이해, 이에 입각한 국가 차

원의 지도 전문가 대우라는 관행이나 제도적 기반이 갖추어져 있느냐 않느냐의 차이겠지요. 많고 정확한 지리정보를 담고 있는 지도는 국가 자산이라고 할 수 있죠. 그런데 이러한 지도가 적의 침략 시 국가에 불리하게 작용할 수 있다는 부정적 측면을 강조해 세밀한 지도 작성을 자제해온 곳이 우리였죠. 반면 일본은 양질의 지도 생산을 중앙정부와 지방정부가 후원하고 전문가를 대우해 주면서 후진 양성에 힘쓰도록 배려까지 해주죠.

👩 관의 지원이 약해 사비를 털어가며 지도 완성에 힘쓴 김정호지만 생전은 물론 사후에도 한동안 평가받지 못해요 그가 주목받기 시작한 것은 사후 60년이 경과할 무렵인 1925년이죠. 그해 최남선이 설립한 고전간행단체인 조선광문회가 남대문밖 약현(지금의 중구 만리동)에 그의 기념비 건립을 추진하고, 10월 8일과 9일에는 최남선이 동아일보에 '고산자를 회懷함'이라는 기고문을 싣죠. 이 글을 토대로 조선총독부가 1934년 보통학교『조선어독본』에 '김정호 전기'를 실으면서 일반에 널리 알려지게 되죠.

👩 김정호에 대해서는 저도 교과서 등을 통해 배운 바 있는데요. 교과서 내용에 한동안 잘못된 사실이 담겨 있어 훗날 바꿨다는 얘기를 들었습니다. 지금의 교과서는 사실을 그대로 반영하고 있는지 궁금합니다. 왜 잘못된 사실이 오랫동안 교과서에 실리게 되었을까요?

최남선의 기고문(1925년)과 이를 토대로 한 조선총독부『조선어독본』(1934년)에 사실과 다른 내용이 들어있는데, 60년 가깝게 시정되지 않은 거죠. 그동안 김정호를 조사, 연구한 사람이 많지 않고, 일부 연구지의 조사로 새롭게 확인된 사실마저 관변 전문가나 정부 당국자가 인정해 주지 않았기 때문이지요. 1993년에 옥사설이 제외되는 등 일부 서술이 바뀌지만 여전히『조선어독본』의 '숨은 소영웅'조 서술이 기조를 이루고 있어요. 추가적인 조사 연구로 앞으로 교과서 서술이 바뀔 수 있겠지요.

최남선의 글과 달리『조선어독본』의 서술에서는 악의가 감지되죠. 최남선에선 정부나 유력자의 도움 없이 혼자 힘으로 지도를 만들고 백두산을 7회 등정했다는 것 등이 사실이 아니죠.『조선어독본』에는 최남선에 나오는 국가의 지시와 지원으로 지도를 만든 이노와의 비교가 없어요. 대신 국가의 무관심 속에 세 번의 팔도답사와 백두산 8회 등정이라는 영웅적 활동 외에, 앞선 제작된 조선 지도의 폄하, 대원군의 지도판 압수, 김정호 부녀 체포와 이들의 옥중 사망 등 사실과 다른 내용이 있죠.

김정호 얘기는 현재진행형 같은 느낌이 드네요. 앞으로도 관심을 갖고 지켜봐야 할 것 같네요. 김정호가 살아 있을 때 힘 있는 권력자들로부터 제대로 지원받지 못했는데, 배경에는 지도에 대한 조선 지도층의 약한 인식 내지 잘못된 판단이 있지 않았을까 싶기도 합니다. 앞에서 할아버지의 설명이 있었습니다만 조선시대 지도자들은 왜 지도가 지니는 여러 특성 중 부정적 측면을 강조했을까요?

🎩　가도 얘기 때 나오긴 했습니다만 중국 등 주변국의 잦은 침략이 배경에 있겠지요. 고려 때는 거란과 몽골, 조선에선 일본과 청의 침략이 있었죠. 이때마다 온 나라가 유린당하는 피해를 보았고 몽골과 청에 항복하여 속국이 되는 쓸쓸한 경험도 있어요. 1600년을 전후한 40여년 사이에 일본과 청에 호되게 당한 경험이 무엇보다 컸겠지요. 서울 등 특정 지역의 위치, 지역 간 거리와 가도, 이동시간, 산물 등의 정보는 교통과 상업에 유용하지만, 그 이상으로 군사 이동 등의 국가 전략에 중요하지요.

👩　조선은 농업에 비해 상업을 천시하는 정책을 펼치지요. 따라서 전국을 떠돌아다니며 장사하는 이들에게 도움이 될 수 있는 지도 작성에 소극적이었어요. 지도자들은 지도에 담긴 정보가 외적과 상인에게 도움이 될 수 있다는 사실을 실제 이상으로 부풀려, 지도 제작의 의미를 과소평가하거나 폄하하는 경향이 없지 않았어요. 지도가 성격상 각지의 지형과 지역을 잇는 가도, 물산 등의 정보를 담는 것이기 때문에, 이를 집대성한 김정호가 냉대 받았다는 사실은 당시에는 당연한 것인지 몰라요.

👧　두 분의 설명을 듣고 보니 안타까운 생각이 듭니다. 도로가 제대로 정비되어 있지 않던 1960년대까지와 정비되기 시작한 그 이

후를 비교해보면, 도로가 국가 경제와 삶의 질에 얼마나 중요한지 실감할 수 있을 것 같은데요. 당시에는 서울 가는 길을 포함하여 전국의 모든 길이 그처럼 협소했으니, 지금의 자동차격인 수레로 이동한 사람은 없었겠네요.

🎩 전혀 없지는 않았겠죠. 하지만 길이 좁고 험악하여 수레를 이용하더라도 안락한 느낌이 들지 않았을 거예요. 개국 후 국내에 거주하는 외국인 중 일부가 수레가 딸린 마차로 이동하기도 해요. 하지만 국내인사들은 대부분 가마나 말을 이용해요. 마차가 달릴 수 있을 만큼 도로 상태가 좋지 않았기 때문이죠. 곳곳에 패인 웅덩이가 많아 수레가 제대로 달리기 힘들었다고 봐야겠지요.

👩 한성 시내가 이 정도였으니 다른 곳은 어떠했겠어요. 간선도로와 가도 정비라는 근대 국가의 전제조건을 갖추지 못한 거죠. 조선 말기 국내에 진출한 외국인 자본가 등 민간을 중심으로 도로·철도·전기 통신 등의 기본 인프라가 정비되기 시작해요. 이를 통해 도로망·철도망·통신망 등이 국내에 깔리기 시작하지만, 제대로 된 망이 구축되기까지는 꽤 오랜 시간이 걸리지요.

한 · 일의 가도와 지리전문가

조선 후기인 1800년 무렵, 한일 양국의 도로 사정은 어떠했을까? 양국 모두 개국 이전의 근세이고 서양의 문물이 유입되기 전이라, 도로 사정은 거기서 거기지 않을까 하고 생각하는 이들이 있을지 모르겠다. 결론부터 얘기하면 양국의 도로사정은 매우 큰 차이를 보인다.

주요지 잇는 가도, 일본에 있고 조선에 없다?

조선에는 수도 한성과 전국 각지를 잇는 간선도로라고 할 만한 가도街道가 없었다. 한성을 벗어나면 폭 2~3m의 좁고 울퉁불퉁하고 웅덩이가 많은 길이 끝없이 이어진다. 도로 폭은 마부가 짐을 진 말을 끌고 가는 데 지장이 없을 정도로, 건너편에서 오는 마부와 교행하려면 조심하여 말을 끌어야 한다. 평지에서 이 정도이니 산악지대 등 고지대의 도로 사정은 말할 수 없이 열악하였다. 한성 시내도 중심부 일부 간선도로만 오늘날의 대로 수준으로 넓고 나머지 대부분의 길은 골목길 수준으로 좁았다.

"서울에는 세 개의 넓은 길이 있다. 하나는 동대문으로부터 서대문에 이르는 시내를 가로지르는 길이고, 다른 하나는 이 대로에서 남대문으로 이어지는 길이며, 세 번째는 95야드의 넓은 길로 도심부에서 경복궁으로 이어지는 것으로 언제고 거추장스런 장애물 없이 관리되는 유일한 길이다"는 비숍의 글에 소개된 이 대로가 당시 조선에서 가장 넓은 길이다.

세 번째 길은 지금의 세종로를 지칭하는데 그동안 실제로 그 정도 넓이인지는 확실하지 않았다. 도로 폭을 이보다 좁게 보는 자료가 있었기 때문이다. 사실 도로 폭은 길가에 들어선 가건물을 제외하느냐 포함하느냐에 따라 달라질 수 있다. 당시 한성의 대로변에는 예외 없이 가건물이 도로를 잠식하고 있었다. 하지만 비숍의 서술은 이후 사진 자료 등에 의해 사실로 확인된다.

한성과 전국의 주요 도시를 잇는 가도가 없었다는 것은 꽤 충격적인 사실이다. 조선 초기에는 간선도로라고 할 만한 도로가 있었다는 기록도 있다. 하지만 1600년을 전후하여 임진·병자 전쟁 등의 큰 전란을 겪으면서 가도에 대한 인식이 달라진다. 가도를 정비하는 것이 국방 전략 면에서 이롭지 않을 수 있다고 생각한 것이다. 그래서인지 이후 인력과 재정을 투입하여 가도를 정비하려는 노력이 약해지고, 그 결과 조선 후기의 도로 사정은 한층 악화된다.

수레, 찾아보기 힘든 조선 vs 널린 일본

도로와 연관이 있는 장치가 수레다. 지금의 자동차격인 수레는 당시에도 전투와 작업의 생산성을 높여주는 장치였다. 중국에서는 평지는 물론이고 산악지대에서도 사용되는 등 널리 보급되지만, 조선에서는 수레가 거의 사용되지 않는다. 산악 지형이 많고 수레를 이끌 국내산 우마가 중국산 우마만큼 건장하지 못하다는 것이 주된 이유다.

그런데 이러한 상식에 이의를 제기하면서 수레 사용을 건의하는 상소가 여러 차례 올라온다. 『조선왕조실록』에 따르면, 산악지역 전투나 중국 사신 행차에 수레를 사용할 수 있도록 해달라는 건의는 받아들여지지 않지만 평지에서 활용하자는 건의는 받아들여질 때가 많다. 건의자에는 대사헌, 호조판서, 우찬성, 관찰사 등 고위 공직자가 포함되어 있다. 문제는 상소문을 검토하는 자리에 왕이 있고 왕이 수레 보급의 필요성을 인지하여 그렇게 하라고 지시하지만, 이들 지시가 일선에까지 전달되어 실행되지 않았다는 점이다. 지시를 한 정조가 말년에 이러한 사실을 한탄하는 내용이 실록에 수록되어 있다.[9] 결과적으로 조선 말기까지 수레 보급은 건의로 끝나고 만다.

왜 이렇게 되었는가에 대해서는 아무런 언급이 없다. 짐작컨대 배경에 나쁜 도로 사정이 있지 않나 싶다. 서해안 일대와 같이 평지가 많은 곳이더라도, 도로를 제대로 정비해야 수레를 사용하여 생산성을 높일 수 있었을 터이다. 그런데 도로가 좁고 곳곳이 패여 있고 웅덩이가 많다면, 아무리 어전회의를 거친 결정이라 하더라도 현실에서 적용하기 어려웠을 것이다. 결과적으로 조선은 열악한 가도와 낮은 수레 보급률로 인해, 생산성이 중국과 일본에 크게 뒤떨어지는 경제가 된다.

가도와 수레, 두 가지 만으로 생산성 차이 커

조선과 달리 일본의 주요 간선도로 사정은 일찍부터 꽤 양호했다. 7세기 중반 이후 통일 정권이 들어서고 율령제가 도입되면서 정권 중심부 지역 일대의 도로가 정비되고, 주요 지방으로 가는 요충지에 역마, 전마伝馬를 두는 역제가 시행되며 숙박시설 등이 마련된다. 이때부터 지금의 간사이 지역 일대와 각 지역을 연결하는 도로가 단계적으로 정비된다. 이후 일본에 불교가 보급되면서 전국 각지에 절이 건립되고, 이들 절에 참배하기 위해 먼 곳에서 찾아오는 이들을 위해 도로망이 추가적으로 확장된다.

12세기말에 들어선 무인정권이 본거지를 간토의 가마쿠라에 잡으면서 간토와 간사이 지역을 잇는 도로망이 정비되어 일본의 기간 도로망이 구축되고, 이후 센고쿠시대를 거치면서 병사와 군수물자 수송을 위한 도로망이 추가로 정비된다.

도로망이 획기적으로 정비되는 계기가 된 것은, 17세기 초에 들어선 에도막부가 영주들에게 강요한 에도에의 참근교대다. 영주와 가신단, 이들의 지원 인력 등 대량 인원이 주기적으로 또 여러 날에 걸쳐 에도와 영지를 오가면서, 5개 가도 등 주요 도로망이 구축되고 각지에 숙박 시설이 들어선다. 이를 관리하는 고위 관료까지 임명된다.

참근교대, 대명의 주기적 거주지 이동이 가도 정비 가속화

가도 이용자에는 참근교대로 이동하는 영주와 가신, 지원 인력 외에 일반 서민들도 있다. 이들은 전국의 가도를 따라 유명 절과 신사, 신궁에 참배한다. 일본을 건국했다는 아마테라스 오미카미 등을 모시는 미에현 소재 이세신궁 참배가 특히 유명하며, 이 신궁에 오기 위한 가도가 이세가도다. 이밖에 일본의 유명 가도에는 교京가도, 나라가도·가마쿠라가도·사이고쿠가도·구마노고도·다카노가도·곤피라가도·이이다가도 등이 있다.

이상에서 살펴보았듯이 일본에는 일찍부터 전국을 잇는 도로망이 구축되기 시작하였다. 그리고 시간이 흐르고 인구가 늘면서 각 지와 주요 사찰 명소 등을 잇는 도로가 새로 만들어지고 기존간선 도로가 넓혀진다. 이때 말과 수레 등이 이동하기 편리하도록 개수되는 것은 말할 것도 없다. 특히 17세기 초에 들어선 에도막부에서 가도가 체계적으로 정비된다. 이는 조선이 비슷한 시기부터 도로 정비를 사실상 포기하는 것과 달리, 일본에서는 이 시기에 도로가 대대적으로 정비되어 근대에 이르는 간선도로망이 구축된다.

잘 닦인 가도, 안보 위협(조선) vs 물산 진흥 기회(일본)

한 가지 주목할 점은, 일본은 조선에 비해 외적의 침략은 많지 않았지만 국내 세력 간 다툼과 전투는 오히려 더 잦고 그 기간도 길었다는 사실이다. 그럼에도 불구하고 전국 각지의 센고쿠 영주들의 인식은, 닦여진 도로를 영지 안보의 위협 요인으로 인식하기보다, 세력 확장과 물산 진흥의 기회로 인식하는 등, 가도 정비와 그에 따른 교통 편익 증대를 긍정적인 자세로 보는 경향이 강하다.

가도의 개설과 정비에 대한 양국 지도층의 이러한 인식 차이는, 가도를 포함한 각종 지리 정보를 담고 있는 지도의 작성과 활용에 대한 정책 대응의 차이로 나타난다.

대동여지도의 김정호를 모르는 사람은 별로 없을 것이다. 그가 150여 년 전 서민 신분으로 놀라운 정보를 지닌 지도를 펴냈다는 사실을 위인전이나 교과서를 통해 배웠기 때문이다. 그런데 그의 삶에 대해서는 잘 알려지지 않았다. 수원 소재 지도박물관에 그의 동상이 서있고 지도 관련 내용이 서술되어 있지만 그의 인생에 대한 얘기는 거의 없다. 서민의 삶을 기록한 유재건의 『이향견문록』의 '김고산정호'에 김정호가 만든 지도가 훌륭했다는 내용이 소개되는 정도다.

황해도 해주(봉산 혹은 토산)에서 농사꾼(혹은 장인)의 아들로 태어난 김정호는 지도제작에 관심이 많아, 세종대 이후 간행된 관찬 지도와 가장지도 등 각종 지리자료를 두루 섭렵하면서 지도작성의 기본 지식을 습득한다. 아울러 기존의 지도를 취합하여 정리하면서 모호하거나 부족하다고 생각되는 정보가 있으면 자비를 들여 현장을 찾아가 확인하는 작업을 반복한다. 알아주는 이가 별로 없던 시절, 그는 인내심이 필요한 지도 제작을 30여 년간 지속한다.

알아주지 않아도 30년간 묵묵히 일한 김정호

이러한 노력이 성과를 내어 그가 펴낸 지도는 상·하권의 청구도(1834년), 수선전도(1840년대, 서울지도), 22첩의 대동여지도, 32권 15책의 대동지지 등이며, 대동여지도는 조선 지도제작 기법을 집대성한 작품으로 평가받고 있다.

이 과정에서 그가 겪은 고초와 들인 정성은 말로 표현하기 힘들 것이다. 그런데 아쉽게도 생전 업적을 제대로 평가받지 못해 관이나 유력자의 지원을 얻지 못한다. 수요가 없고 돈이 안 되는 지도 제작에 정열을 쏟아 전국 각지를 떠돌아다니다 보니 가정을 챙기기 힘들었을 것은 뻔하다.

부인과 사별 후 딸과 한양의 남촌 만리재(지금의 중구 중림동) 등지에서 살았다고 하는데 말년의 정보가 없다. 실학자 최한기와 가깝게 지내면서 지도제작에 필요한 정보를 얻고 지도에 관심이 많은 전 병조판서 신헌 등에게 지도 제작에 필요한 이런 저런 도움을 받는다. 하지만 이들의 지원은 관 보유 지도 등 자료에 대한 접근 지원 등으로, 금전적 지원은 크지 않았을 것으로 추정된다.

아이러니하게도 그를 평가해준 곳은 훗날의 일본이다. 일제가 청일전쟁 시의 군사 전략과 이후 경부선 부설에 따른 토지측량 작업을 통해 대동여지도의 정확성을 확인하기 때문이다. 청일전쟁 시 육군이 군사지도로 활용한 대동여지도는 일본 국회도서관에 보관되어 있다. 나아가 일제는 1934년 초등학교 『조선어독본』에 그의 전기를 소개하여, 조선 학생들이 훌륭한 선조에 대해 배울 수 있는 기회를 제공한다. 하지만 토대가 된 최남선의 동아일보 기고문(1925.10.8~9.)을 꽤 많이 각색하여 사실을 왜곡한다. 그럼에도 불구하고 우리가 김정호를 널리 알게 된 것은 이때의 교과서 수록 이후라고 해도 틀리지 않을 것이다.

김정호를 오늘의 김정호로 만들어준 곳은 조선총독부?

『조선어독본』은 김정호를 숨은 조선의 소영웅으로 묘사하지만 사실 왜곡이 적지 않다. 교과서 발간 후 60년이 지난 1993년 이후 왜곡된 사실이 하나씩 바로 잡혀가고 있다. 그런데 진실을 밝혀 우리 역사의 격을 높이는 작업이 전문 지리학자가 아닌 고지도연구가 이우형 등에 의해 주도된 것은 주목할 점이다.

이우형은 1970년대부터 개인적인 관심에서 시작한 김정호와 조선 지도 실태 조사를 통해 몇 가지 사실을 밝혀낸다. 김정호 이전 세종대부터 꽤 상세한 지도가 제작되어 있었고, 김정호는 팔도를 일일이 답사하여 지도를 만들기보다 그때까지 만들어진 지도를 참조하였으며, 대동여지노는 몰수되어 소각되지 않았고, 그가 범죄자로 잡혀 감옥에서 죽은 일도 없다는 것 등이다.

이러한 주장의 근거로 이우형은 (1) 지도 제작을 후원한 최한기와 신헌이 처벌받지 않았다. (2) 최한기와 신헌의 기록에 의하면 김정호는 자신들이 제공한 정보를 포함하여 지도 작성에 필요한 정보를 오랫동안 광범위하게 수집, 비교한 후 지도 작성에 나섰다. (3) 1995년 12월 국립중앙박물관에서 발견된 대동여지도 목판 11장이 그가 직접 관각한 원작으로 판명되었다 등을 든다. 이우형 등 뜻있는 이들의 노력으로 1993년 개정판 초등학교 5학년 국어교과서는 김정호 옥사설을 빼는 등 일부 수정된다. 하지만 여전히 『조선어독본』의 골격이 유지되고 있어 불확실한 사실에 대한 철저한 재검토를 통해 추가적인 진실 밝히기가 요망되고 있다.

생전에 후대 받고 전설로 인정된 이노

김정호가 생전에 냉대를 받은 것과 달리, 놀랄 정도로 정교한 일본 전도를 펴낸 이노 다다타카는 생전에 재능을 인정받는 것은 물론 사후에도 높게 평가받는다. 그는 중앙정부인 막부는 물론 지방정부인 번으로부터 재정과 인력을 지원받는다.

옛 가즈사노쿠니(지금의 치바현 산부군 구주쿠리마치)에서 김정호보다 59년 먼저 태어난 그는 양조장을 운영하는 진보神保가였는데, 17세 때 시모사 노쿠니(지금의 치바현 가토리시 사하라)에서 양조, 임대, 수운 등의 업종에 종사하는 이노가에 데릴사위로 들어간다. 처는 4살 위의 미치로 재혼이었다. 이노는 서민들의 중간 우두머리격인 명주, 촌방후견으로 일하면서 상인으로서 성공한다. 45세 때인 1790년에는 장남에게 가업을 물려주고 은퇴한다.

이후 천문학과 천체 관측에 몰두하다가 49세 때 정식 은퇴하고, 50세 때 에도에 나가 31세의 막부 천문담당관 다카하시 요시토키의 제자가 된다. 다카하시는 이노가 19살이 더 많고 별의 움직임을 측정하는 일을 하여 추보推歩선생으로 부른다.

1800년 막부가 다카하시에게 홋카이도 지역의 측량을 허용하자, 실무자인 이노가 5월부터 1차 측량에 나서 12월 하순에 지도를 제작하여 제출한다. 홋카이도 일부의 지도지만 평판이 좋아 1801년 4월, 이즈반도 동쪽의 혼슈 동해안 지역에 대한 2차 측량을 요구받는다. 이 때부터는 수당도 오르고 인력도 지원받는다. 1802년 6월부터 시작한 3차 측량 때는 수당과 인력 지원이 더 강화되어 자비를 부담하지 않는다.

이노는 지구의 위도와 경도 1도의 거리 계산에 관심이 많아 측량 때마다 계측한다. 그런데 이 작업을 다카하시가 납득하지 못해 둘 사이에 마찰이 인다. 그런데 다카하시는 훗날 입수한 서구 서적에 기록된 위도의 측량결과가 이노의 그것과 별 차이가 없음을 확인하고 이노를 한층 더 신뢰한다.

　　1804년에는 4차까지의 측량을 토대로 일본 동반부 연해지도를 완성하여, 그해 9월의 에도성 전시에서 11대 장군 도쿠가와 이에나리로부터 칭찬받는다. 이후 측량과 지도제작에 가속도가 붙는다. 71세인 1816년까지 17년에 걸쳐 총 10차에 걸친 측량을 토대로, 1821년 7월 마침내 대일본연해여지전도를 완성하여 에도성에서 전시한다. 특기할 점은 이 지도 완성 전까지 그의 죽음은 비밀에 붙여지고 공식적인 장례가 3년 후 치러진다는 사실이다. 유언에 따라 유골은 스승 다카하시 요시토키 부자가 묻힌 도쿄 우에노 원공사源空寺 경내에 묻힌다. 사후 65년이 지난 1883년, 평민 출신인 그에게 꽤 높은 관직인 정4위가 추서된다.

김정호와 이노의 대우 격차, 가도 인식 차이로 설명?

돌이켜 보면 김정호와 이노가 생전에 받은 대우의 차이는, 당시 양국 지도층이 느끼던 가도의 필요성과 유용성, 각종 지리 정보가 망라된 지도의 중요성 등에 대한 인식의 차이만큼이나 컸는지 모른다. 이후 근대화 바람이 불면서, 조선에서도 가도와 지리 정보에 대한 인식이 대폭 개선되고 가도가 대대적으로 정비된다. 이 무렵의 지배층과 관료들은 확 달라진 가도 정책으로 적지 않은 충격을 받았을지 모른다. 하지만 김정호에 대한 재평가는 20세기 전반까지 기다리지 않으면 안되었다.

앞에 설명해주신 가도에 대한 한일 양국 지도자들의 인식 차이가 수레의 사용 여부, 나아가 지도의 작성과 지리전문가에 대한 평가에 차이를 가져온다는 얘기로 들리네요. 가도·수레·지도가 별개 사안처럼 보이지만 얘기를 듣고 보니 서로 긴밀히 얽혀 있는 것으로 이해됩니다. 가도는 오늘날로 치면 고속도로·국도·철도 같은 핵심 인프라에 해당하는 것인데, 두 나라에서 이처럼 다른 방식으로 접근하였고, 이것이 개국과 근대화 과정에서 큰 차이를 가져왔을 것은 쉽게 짐작할 수 있겠네요.

할아버지도 그동안 지리전문가의 대우가 왜 달랐을까 깊게 생각해보지 못했어요. 그런데 여러 사람과 토론하는 과정에서 배경에 대해 생각해 보게 되었지요. 조선 지도자들이 생각이 짧고 미래를 내다보는 눈이 없어서 그런 것인가, 아니면 다른 절박한 이유가 있었는가 하고요. 임진·병자 전쟁 후 안보 전략이 우선이라는 암묵적 합의가 지배층의 머릿속에 자리 잡아 도로 정비와 개수, 이를 통한 지역 개발과 물산 진흥을 포기하거나 뒤로 미룬 것이 현명한 선택이었는지에 대해선 논란이 지속되겠지요.

결과론이지만 1600년 전후의 40여 년을 제외하면 평화로운 조선이었지요. '구더기 무서워 장 못 담그랴'는 속담이 있죠. 전란을 구더기 같은 작은 위험이라고 할 순 없겠지만, 어쩌다 발생하는 전쟁 때문에 가도 정비와 지역 개발을 포기한 것은 잘못된 선택이 아닐까요. 정비된 가도는 아군의 방어 전략에 유용하게 사용될 수도 있어요. 물론 잘못 사용하면 사람을 다치게 하는 칼처럼 전쟁 시의 역기능도 있죠. 사람에도 그런 이들이 적지 않지만 이를 두려워하여 인재를 등용하지 않는다면 보통 문제가 아니죠.

오늘날의 자동차격인 수레에 관한 얘기도 흥미 있게 들었습니다. 뜻있는 이들이 수레 보급을 건의하고 왕이 그렇게 하라고 허락하는데도 끝내 보급되지 않았잖아요. 정조가 임기 말년에 이러한 현실을 한탄하며 내뱉은 말이 실록에 수록되어 있는 것 같은데요. 이 문제는 어떻게 봐야 할까요.

고정관념, 힘든 의식개혁, 복지부동으로 풀어볼 수 있지 않을까요. '평지가 많은 중국 동부와 달리 우리는 산이 많아 수레 사용에 부적합하다' '수레를 끌 우마가 중국 우마처럼 건장하지 못하다'가 많은 이들의 고정된 관념이라면, '평지에서라면 사용가능' '품종 개량을 포함한 목축 기술 개량으로 중국산을 능가하는 우마 생산 가능' 같은 깨인 의식을 가진 이들은 별로 없었던 거죠. 왕명이라도 일선 관원이 수족처럼 움직여줘야 효과를 낼 터인데 가도 사정, 재정 사정, 장인 부족 등을 이유로 손을 놓은 거죠.

크게 보면 행정전달체계의 문제인 거죠. 왕이나 조정에서 정한 사항이 제대로 실현되려면, 중간 관료를 거쳐 일선 관원에 이르기까지 지시가 흐트러짐 없이 전달되어야 해요. 그런데 조선의 행정전달체계에선 말단부 관원의 부정부패가 아주 심했죠. 이들은 엄격한 세정의 집행으로 나라 살림을 살찌우기보다 상인이나 무역상, 지역 유지 등과 결탁하여 자신의 배를 살찌우는 데 혈안이 되어 있었어요. 지배계층인 양반층도 다수가 부패하여 이들과 한통속이 되어 나라 살림을 축내는 네 일소하지요.

지리전문가 두 분에 대한 설명도 흥미롭네요. 일본의 이노다다타카는 특이한 수준을 넘어 '무서운 사람'이라는 생각까지 들게 합니다. 사업이 궤도에 오른 45세에 은퇴하여, 천문학과 관측을 배우고자 자기보다 19살이나 어린 스승을 찾아가고 바닥생활부터 시작했다는 부분에서 많은 것을 느낍니다. 또 관에서 재정과 인력을 지원해주었다는 점이 우리와 꽤 다른 것 같습니다. 재주와 능력 있는 사람이 사회와 관에서 평가받는 시스템이, 일본에서는 일찍부터 갖추어져 있었다는 사실을 짐작할 수 있겠네요.

제대로 보았네요. 일본에서는 지도를 포함하여 칼, 도자기, 서화, 축성, 사원 건축, 춤 등 각 분야 최고 장인에 대한 사회적 평가가 높았어요. 우리와 아주 다른 모습이죠. 그 결과 전통 공예와 예능, 수공업 분야에서 대를 이어 전문가들이 배출되죠. 1861년 일본 연안을 측정하려던 영국 측량함대 악타이온Actaeon호 선장 워드는, 이노의 지도를 보고 연안 측량을 포기하고 이를 토대로 일본연해도를 마련해요. 이노의 지도는 영국 등 서양인에게 일본인의 잠재력을 알려주는 계기가 된 사건의 하나이지요.

🙂　이노의 얘기를 듣다보면 꼼꼼한 일본인의 원형을 보는 듯한 기분이 드네요. 또 정부를 위시한 주변의 폭넓은 지원을 받아 대작을 남긴 이노에 비해, 정부 지원 없이 소수 주변 인사의 지원과 스스로의 힘으로 대작을 남긴 김정호가 대견하게 여겨지기도 하고요. 하지만 재주와 능력이 있는 자를 알아주는 나라와 그렇지 않은 나라가 이후 어떠한 길을 걸었는가는, 양국 역사가 여실히 보여주지요. 150년 이전의 일이긴 하지만 반성하고 배워야 할 점이 무엇일지 돌이켜보는 자세가 필요하지 않을까 싶네요.

함께 생각해봅시다

1. 가도와 가도 정책이 양국 역사의 품격에 어떤 영향을 미칠까요?

2. 김정호와 이노 다다타카의 업적이 양국 역사의 품격에 어떤 영향을 미칠까요?

3. 생전 김정호와 이노에 대한 대우는 꽤 차이가 있습니다. 이같은 차이가 양국 역사의 품격과 연관이 있을까요?

4. 양국의 가도와 지리전문가 관련 역사에서 아래 '실격의 역사' 유형에 해당하는 시대나 장면을 찾아볼 수 있을까요? 유형은 중복될 수 있습니다.

유형I: 잘못된 정치·정책으로 역사적 비극과 대실패 초래 (역사 암전·퇴보)

유형II: 역사적 사실에 대한 조사, 기록, 교육이 없거나 약함 (역사 누락)

유형III: 역사적 사실의 미화 분식과 조작 (역사 왜곡)

Ⅳ. 외척정치

네 번째는 외척정치에 대한 비교입니다. 외척이라는 말은 엄마 쪽 친인척을 가리키는 말 같은데요. 외척이 정치하면 뭐가 문제가 있나요. 왜 이것이 주제로 선정되었는지 궁금합니다. 그리고 크게 보아 두 나라 정치가 어떻게 다른지도 궁금합니다.

외척 개념은 조금 달라요. 엄마 쪽 외에 아내 쪽 친인척도 포함되죠. 가령 Erin이 시집가면 할아버지와 엄마 등 Erin네 가족이 외척이 되죠. 여기에 Erin 남편의 엄마나 할머니 쪽 친인척도 외척에 들어가요. 범위가 좀더 넓지요. 그리고 Erin의 말대로 외척정치 자체에 문제가 있는 것은 아니에요. 능력도 없는 이들이 외척이라는 이유로 높은 지위에 앉아, 정치를 농단하면서 능력자들의 정치 참여를 막고 국가와 국민의 이익보다 자기 가문과 특정인의 이익을 우선시하는 것이 문제죠.

👩 할아버지 말씀대로 외척정치 자체가 나쁘거나 문제가 있는 것은 아니겠죠. 그런데 과거 역사를 보면 외척이 정치에 참여하여 나쁜 일을 많이 했어요. 그래서 사가들이 외척정치를 비판하고 이를 경계하라는 글을 남겼죠. 여기서 이 주제를 다루는 것도 이같은 문제의식에 따른 것이에요. 역사적 의미가 있는 외척정치가 한일 양국에서 언제 어떠한 형태로 전개되었는지, 유사점과 차이점은 무엇인지, 그리고 외척정치가 두 나라 역사에 어떠한 흔적을 남겼는지에 대해 살펴보려는 거죠.

👩 그렇군요. 두 나라의 외척정치가 다른 점이 많겠지만 어떤 점이 가장 다른지, 그리고 그것이 훗날 양국 역사에 어떻게 영향을 미치는지 궁금합니다.

🎩 가장 큰 차이점은 외척정치의 절정기가 언제였는지가 아닐까요. 외척정치는 정도차가 있어서 그렇지 과거는 물론이고 오늘날에도 있어요. 필리핀의 독재자였던 페르디난드 마르코스 전 대통령의 부인인 이멜다 마르코스, 그녀의 남동생 벤자민 로무알데즈와 그의 자녀들의 발호가 한 예지요. 근대화 시점에 곳곳에서 외척이 날뛴 필리핀은 여전히 개발도상국이죠. 1000년대 중세에 절정기를 보인 일본과 달리, 1800년대 근대 진입기에 절정을 보인 조선은 만회의 기회를 얻지 못한 채 쇠망의 길로 치닫죠.

👩 외척정치 기간을 따져보면 일본이 우리보다 훨씬 길어요. 우

리는 조선시대 백 년을 포함하여 총 200~250년 정도로 추정해 볼 수 있어요. 그런데 일본은 절정에 달한 헤이안시대 이백 년을 포함하여 합계 550년에 이르지요. 특정 씨족에 의해 왕, 장군 등 최고 지도자와의 정략결혼이 성립하면 이후 그 관계가 지속하는 것도 일본의 특징이죠. 또 하나 다른 점은 우리는 고대, 중세에 단속적으로 행해지다 근대로 향하는 시점에 심해지는 데 비해, 일본은 11세기의 중세를 피크로 약화되어 간다는 것이죠.

👧 알기 쉬운 설명이네요. 그렇다면 무엇이 이같은 차이점을 가져왔을까요? 양국의 역사 발전 과정이나 수렴청정제도 등 제도상의 차이가 있어서 그렇게 된 것인가요?

🎩 기간의 차이와 관련하여 우리의 수렴청정과 일본의 섭정 방식의 차이를 주목할 필요가 있지 않을까요. 수렴청정하는 대비나 대왕대비는 왕실식구로서 딸인 공주를 왕에게 시집보낼 수 없는 등, 수렴청정기를 임의로 늘리기 어려워요. 반면 섭정은 자신의 또 다른 딸을 통해 원자(왕세자에 책봉되지 않은 맏아들)를 보면 다시 섭정할 수 있죠. 부자가 대를 이어 섭정할 수도 있고요. 이러한 점이 반영되어 일본의 외척정치 기간이 길어진 거죠. 일본내 섭정제의 뿌리는 섭정이 잦았던 백제라고 할 수 있지요.

👩 할아버지 설명이 설득력이 있네요. 외척정치가 길어지면 그 폐해에 대한 인식이 확산되죠. 그래서 일부 뜻 있는 왕은 어린 아

들에게 왕위를 물려주고 상왕으로서 뒤에서 조종하면서 권력을 행사하죠. 전직 왕이므로 정치적 책임이 약하고 도의적 책임 정도가 있죠. 외척인 귀족 공가와 상왕 세력 간 갈등이 증폭되면서 양측은 각각의 지지 무사에게 대리전쟁을 시키죠. 그런데 귀족의 수호천사 역할에 충실하던 무사들이 권력에 눈을 뜨면서 무인정권이 발족해요. 이로 인해 외척정치는 그 형태가 바뀌고 약화되죠.

👩 　 엄마는 양국의 외척정치가 다른 모습으로 나타난 것을 역사 전개 과정의 차이로 설명하시려는 건가요? 설명이 짧아 관련 내용을 제대로 이해하지 못했습니다.

👩‍🦱 　 외척정치에 대항하려는 왕실(상왕 포함)의 대응이 일본의 통치형태를 문인지배에서 무인지배로 바꾼다는 것이지요. 무인은 본래 개발영주로, 각 지역의 황무지를 개간하여 소유농지로 만들고 농민을 받아들여 일정 규모의 영지를 지니고 있어요. 그런데 왕실이나 공가 귀족 같은 권위가 없다 보니 이들의 보디가드나 감시견역할을 자청해요. 때로는 이들을 대신하여 싸움까지 해요. 중요한 것은 무인정권에선 문인정권과 달리 최고지도자의 배우자 및 그 친인척의 무게감이 약하다는 사실이죠.

🧑 　 엄마 얘기는 "방만한 외척정치가 장기간 행해진 다음에 규율과 법도를 강조하는 무인정권이 들어섰기 때문에, 전에 보던 방만한 외척정치의 재현을 예방할 수 있었다"는 것으로 이해되네요.

12세기 말 발족한 가마쿠라막부의 3대 집권 호조 야스토키가 어성패식목(1232년)이라는 무인 대상의 법도를 제정해요. 행정, 재산, 죄형, 민사 관련 사항 외에 무인이 지켜야 할 규율과 행동규범 조항도 있죠. 이 무렵에는 외척도 대부분이 무인으로 과거 같은 전횡과 발호를 찾아보기 힘들지요.

한 · 일의 외척정치

외척은 왕의 조모와 모, 비의 일족을 지칭하며 이들 인사가 권력을 잡고 정치를 주도하는 형태가 외척정치다. 외척 이외에 내척까지를 포함하여 왕의 근친들이 권력을 휘두르는 것을 척리戚里정치라고 하며, 사가들은 이같은 정치 형태에 따른 폐해를 경계해 왔다. 우리나라를 포함하여 세계 많은 나라의 역사에서 외척정치의 흔적을 찾아볼 수 있다. 오늘날에도 대통령 부인과 그 친척들이 이면에서 정사를 주무르는 등 국정을 농단하는 사태가 드러나 일부는 재판에 회부되기도 한다.

외척정치, 근대 직전까지 짧게(조선) vs 근세 이전 길게(일본)

조선은 기본적으로 왕 중심의 중앙집권형 통치체제를 장기간 지속해 왔기 때문에 어린 왕이 즉위하면 섭정이나 수렴청정이 행해진다. 대부분 왕실 여성에 의한 수렴청정이었는데 이 시기에 단속적으로 외척정치가 이루어진다. 수렴청정이 끝나 왕이 친정을 펼치는 시기에도 외척들이 힘을 행사하는 사례가 적지 않다. 이러한 기간까지를 포함하면 조선시대의 외척정치는 통틀어 100년 안팎으로 추정된다. 여기에 삼국시대 이후 고려 후반 무인 정권기와 원나라 간섭기를 포함한 고려시대까지, 단속적으로 행해진 이런 저런 유형의 외척정치 기간을 추가적으로 고려하면 그 기간은 대략 200~250년 정도이다.

한편 일본의 외척정치 기간은 총 550년 정도로 월등히 길다. 왕 중심의 중앙집권형 통치기인 12세기말 헤이안시대까지의 삼백 년 이상,

그리고 가마쿠라막부의 백삼십년과 무로마치막부의 백 년에 걸쳐 외척정치가 행해진 것으로 볼 수 있기 때문이다. 이후에도 권력자인 장군이나 왕의 외척들이 권력을 행사한 적이 없지 않지만, 외척정치로 구분하여 논할 수 있는 시기는 오닌의 난이 끝난 1477년까지라고 할 수 있다. 헤이안시대까지의 긴 외척정치는 개략적으로 고훈·아스카시대 백 년, 나라시대 삼십 년, 헤이안시대 이백 년의 합계 삼백삼십 년 정도로 추정해 볼 수 있다.

이하에서는 외척정치에 대해 조선 사례, 일본 사례, 양자의 비교 순으로 서술한다. 먼저 조선의 외척정치에 대해 살펴본다. 조선시대 오백 년 사이에는 6명의 왕후가 7차례 수렴청정한다. 시초는 7대 세조의 정비인 정희왕후가 8대 예종과 9대 성종의 즉위 후 수렴청정한 사례다. 18세로 즉위한 예종 재위기간(15개월) 중의 수렴청정은 형식적이어서 이를 수렴청정 사례로 보지 않기도 한다. 세조가 죽기 전 한명회, 신숙주, 구치관 등 조정 원로 중신으로 왕을 보필하는 원상院相제를 만들어, 이들로 하여금 국정을 운영하도록 하였기 때문이다.

수렴청정 중심의 우리, 전 기간은 200~250년?

이렇게 보면 12살에 즉위한 성종에 대한 정희왕후의 수렴청정이 실질적인 시초라고 할 수 있다. 이때의 수렴청정은 성종이 18세 되던 때 중지되고 성종의 친정이 시작된다. 배경에는 성종이 성인이 된 것 외에 정희왕후 인척인 파평윤씨들의 전횡이 조정에서 문제가 된 사실이 있다.

이후 수렴청정은 13대 명종대 문정왕후(중종비, 명종모후), 14대 선조대 인순왕후(명종비), 19대 숙종대 명성왕후(현종비, 숙종모후), 23대 순조대 정순왕후(영조비), 24대 헌종과 25대 철종대 순원왕후(순조비)로 이어진다. 이들이 수렴청정한 기간은 합쳐서 50여년에 달한다. 숙종대까지가 20년 남짓인데 순조 이후 60년 사이에 28년간 수렴청정이 행해진다. 이 시기에는 왕의 친정기에도 이들 친척들에 의한 외척정치가 기승을 부린다.

왕후의 비호나 두둔 하에 권력을 휘두른 이들을 살펴보자. 성종대의 한명회와 파평윤씨, 명종대의 윤원로·윤원형·윤지임·정난정·이량·심통원, 숙종대의 민유중·김우명·김만기, 순조대의 김조순·김좌근, 헌종대의 조만영, 철종대의 김좌근·김문근·김병기 등이 대표적이다. 위에 거론되지 않았으나 고종대에 들어서도 지난 60년간 지속한 외척정치의 폐단이 일소되지 못하고, 고종비 명성황후 일가인 민겸호·민태호·민규호 등 여흥민씨에 의한 정치 농단이 극성을 부린다. 권력의 실세가 고종을 양자로 받아들여 권좌에 앉힌 신정왕후(익종비, 헌종모후)와 그의 정치적 파트너 흥선대원군, 여흥민씨로 이어지면서 고종이 정치력을 발휘할 수 있는 여지가 좁기 때문이다.

조선시대에 위세를 떨친 외척 세력 외에도 고구려, 신라, 고려시대에도 수렴청정기를 포함하여 단속적으로 국정을 혼란시키거나 농단한 외척들이 적지 않았을 것이다.

안동김씨·풍양조씨·여흥민씨의
1800년대 외척정치가 문제

외척정치 자체가 문제시될 것은 없는지 모른다. 능력 있는 외척이 정치에 참여하여 왕이나 주변 신하, 혹은 내척들보다 더 나은 정치를 펼칠 수도 있기 때문이다. 문제는 능력도 없는 이들이 외척이라는 이유로 힘 있는 지위에 앉아 정치를 농단하면서 능력자들의 정치 참여를 막고, 국가와 민중의 이익보다 자기 가문과 특정 개인의 이익을 우선시하는 것이다.

조선의 외척들은 힘 있는 기구인 비변사와 이조를 장악하여 군사 지휘권과 인사권 등 왕과 조정의 주요 권한을 독점한다. 그 결과 왕이 나이가 들어 독자적인 정치를 펼치려고 해도 이들의 벽에 막혀 제 뜻을 이루지 못하고, 결국에는 이들에 의지하거나 결탁하여 간신히 정치 생명을 이어갔다.

헌종·철종 대(1800년대 중반) 세도정치 30년이 치명타

외척정치 기간 중 특히 문제가 되는 시기는 헌종과 철종대의 '세도정치' 30년(1834–1863년)이다. 이 시기는 중국, 일본 등 주변 동아시아권에서 구 봉건체제가 붕괴되면서 신체제 발족을 준비하는 전환기이고, 서구권에서는 시민혁명, 산업혁명, 국내 통일 등을 거쳐 국가 체제의 재정비와 국력 신장 후 식민지를 얻기 위해 세계로 진출하던 시기다. 이전보다 약육강식의 정치 패턴이 노골화된 시기로 잡아먹히지 않기 위해서는 스스로 일어설 수 있는 나라로 탈바꿈해야 했다.

그런데 이처럼 중요한 시기에 조선 지도층은 개국 이래의 쇄국정책을 고집하여 해외 정보를 차단하고, 내부 변혁을 통해 스스로 바뀌는 모습을 보여주지 못한다. 대신 집권층 세력은 전과 마찬가지로 국가와 민중의 입장에선 아무런 실익이 없는 내부 권력투쟁에 함몰되어 시간을 허비한다. 이 무렵은 개국 직전기로 힘센 주변국이 세력다툼의 장에 핵심 플레이어로 등장하기 때문에, 국내 인사들이 똘똘 뭉쳐 대응해도 스스로 문제를 해결하기 어려운 상황이었다. 그런데도 그렇게 하지 못했다.

다음은 일본의 외척정치를 살펴보자. 기록에 의하면 일본은 우리의 삼국시대에 해당하는 시기부터 외척정치가 있다. 우리도 삼국시대에 외척의 전횡 사례가 없지 않지만, 일본에서 전개된 사례만큼 장기에 걸쳐 체계적으로 행해진 왕실의 정략결혼과 외척정치 기록은 찾아보기 힘들다.

첫째는 고훈시대 후반부터 아스카시대 중반까지 이어진 소가씨 4대의 외척정치다. 소가씨는 소가노 이나메, 소가노 우마코, 소가노 에미시, 소가노 이루카로 내려오면서 대대로 대신 자리에 앉는다. 당시 야마토 조정의 왕실에 왕비를 대는 당대 최고 호족 가문의 하나인 소가씨는 한반도에서 건너온 이민, 즉 도래인의 후손이다. 집안에는 이주해 오거나 초빙된 한반도 사람이 적지 않게 거주하면서, 각 분야에서 재주 있는 이들이 일본의 국가 기틀을 세우는 작업에 투입된다.

일본의 초기 외척정치 주역은 도래인계 소가씨

소가씨가 야마토 정권에서 힘을 쥐게 된 배경에는 신 도래인의 지식과 기술, 그리고 구 도래인의 경제력이 있다. 소가씨 등의 구 도래인 중에는 신 도래인을 통해 대륙과 반도에서 전달되는 새롭고 다양한 정보를 활용하여 넉넉한 경제력을 지닌 이들이 많았다. 또 도래계 인사 중에는 의술이 뛰어난 이들이 있어, 이들의 지원을 받을 수 있는 소가씨와 그 친족들은 다른 씨족에 비해 식구수가 많았다. 정보와 노동력에서 비교 우위에 있는 소가씨를 당해낼 씨족은 없었다.

당시 야마토 조정의 의사결정 방식은 유력 호족에 의한 합의제 방식이다. 이러한 상황에서 소가씨가 장기에 걸쳐 안정적인 권력 기반을 구축할 수 있었던 이유는 다수파 공작이 주효했기 때문이다. 소가씨는 친소가씨계를 유력 호족으로 세워 호족 대표 모임에서 자신들이 다수파가 될 수 있도록 공작한다. 50년에 걸쳐 최고 권력자로 처신한 소가노 우마코는 자신의 동생뻘 인척들을 독립시켜 별도 씨성을 갖도록 하고 이들을 호족 대표 회의에 참가시킨다. 그 결과 소가씨는 100년에 걸쳐 소가왕국 같은 체제를 유지할 수 있게 된다.

둘째는 일본을 대표하는 명문 씨족의 하나인 후지와라씨 가문에 의한 외척정치다. 후지와라가는 나라시대인 8세기에 쇼무(45대)의 외조부인 후지와라노 후히토와 그 후손들이 30년 전후에 걸쳐 외척으로 권력을 쥔다. 하지만 본격적인 외척정치는 헤이안시대인 9세기 중반 이후 이백 년에 걸쳐 나타나며, 일본 역사상 어느 때보다 길고 철저한 외척 주도 정치가 전개된다. 여기서 '후지와라'는 조정으로부터 하사받은 씨로서, 가명이나 오늘날의 일반화된 성인 묘자苗字가 아니다. 근세가 끝나는 에도시대까지 후지와라가라는 공가, 즉 귀족 가문은 없다.

어느 때보다 길고 철저한

헤이안시대 후지와라씨 외척정치

866년 세이와(56대)의 외조부 후지와라노 요시후사가 왕족 외 인사로 초대 섭정이 된다. 요시후사는 후히토의 둘째 아들 후지와라노 후사사키가 시조인 후지와라 북가 출신으로, 양자인 후지와라노 모토쓰네가 887년 요시후사를 계승하여 관백 자리에 앉는다. 관백은 성인이된 왕 밑에서 형식적으로는 왕을 보좌하지만, 실제로는 섭정에 준하는 역할을 수행하는 관직으로 이 무렵 생긴다. 이후 섭정과 관백 지위를 후지와라 북가가 세습하면서 섭관정치는 고산조(71대)가 즉위하는 1068년까지 지속된다.

후지와라가에서 외척정치의 정점을 구가한 이는 후지와라노 미치나가다. 그는 딸 넷을 왕비로 세워 세 왕의 외조부가 된다. 치열한 후지와라가 내부 권력싸움에서 승리한 그는 30세에 후지와라 북가의 장자인 도씨藤氏장자에 오르고, 이어 좌대신 자리에 앉으면서 권력을 장악한다. 딸부자였던 그는 첫째 쇼시를 이치조(66대) 왕비로 세운다. 쇼시가아들을 낳아 훗날 고이치조(68대)가 되면서 1016년, 50세에 마침내 섭정이 된다. 이어서 둘째 겐시를 산조(67대), 셋째 이시를 고이치조, 여섯째기시를 고스자쿠(69대) 왕비로 세운다. 네 딸을 왕비로 세운 그는 부동의 권력자로서 약 30년간 비할 데 없는 권력을 휘두른다.

고이치조, 고스자쿠, 고레이제이(70대) 등 3대에 걸쳐 왕의 외조부로군림한 후지와라가의 외척정치는, 미치나가의 아들 후지와라노 요리미치대에 끝난다. 요리미치 역시 섭정과 관백으로 50여 년간 권좌에 앉아 아버지 못지않은 권세를 누린다. 하지만 그의 딸이 왕자를 낳지 못한 상태에서 각지에서 전란이 다발하자, 후지와라가의 피가 섞이지 않고 상대적으로 소원한 관계에 있는 고산조(71대)가 왕에 오른다. 권좌에서 내려온 후에도 섭정과 관백직은 형식상으로 이어져, 헤이안시대 말기인 1180년대의 38대 후지와라노 가네타다까지 계속된다.

초기 무인정권기에 전개된 헤이씨 외척정치

셋째는 무인에 의한 외척정치의 장을 연 헤이안시대 말기의 다이라노 기요모리와 그의 가족들이다. 무인으로서 아스카시대 이후 처음으로 최고권력자 지위에 오른 기요모리는, 공가 등 문인이 앉는 지위에 올라 문인 귀족들과 더불어 정치를 펼친다. 그의 아들과 친척 다수도 그처럼 문인화하여 권력을 누린다. 기요모리는 다카쿠라(80대)와 동서 관계인데, 자신의 딸 도쿠시를 다카쿠라의 비로 삼아 안토쿠(81대)의 외조부가 된다. 하지만 그가 누린 권력은 20년을 고비로 기울고 그의 가문은 겐페이합전의 패배로 멸망한다.

넷째는 무인에 의한 새로운 차원의 외척정치를 선보인 가마쿠라 막부의 호조씨다. 호조씨는 가마쿠라막부를 연 요리토모의 정실인 호조 마사코의 가문으로, 그녀의 아버지 호조 도키마사가 요리토모 사후 집권싯켄의 지위로 정치 실권을 쥐고 막부 운영을 주도한다. 이어 도키마사와 그의 아들 호조 요시토키의 후손들이 대를 이어 가마쿠라막부 멸망 시까지 130년간 권좌에 앉는다. 3대 집권인 야스토키부터는 외형상 최고권력자인 장군과 인척 관계가 없어진다.

가마쿠라막부 장군의 권력을 무력화한 호조씨 외척정치

즉 호조씨에 의한 외척정치는 장군의 장인인 초대 집권과 장군의 처남인 2대 집권 요시토키까지로 한정된다. 이후 호조씨에서 세습으로 정해지는 집권 주도 정치는, 공가와 왕족이 보임되는 장군과 외척 관계에 있지 않다는 점에서 엄밀히 말하면 외척정치라고 할 수 없다. 앞에서 살펴본 소가씨, 후지와라씨의 외척정치와 구조가 다르다. 그래서 일본사 연구자의 다수는 가마쿠라막부의 호조씨 통치 형태를 외척정치로 구분하지 않는다.

앞에 서술한 외척의 정의에 따르면 3대 야스토키 이후는 외척이 아니다. 그렇지만 외척인 도키마사와 요시토키의 후손이라는 점에서, 이들의 정치를 넓은 의미에서의 외척정치로 구분해 볼 수는 있다. 정리하면 앞의 정의에 들어맞는 외척정치는, 요리토모 사후 도키마사가 집권한 1200년부터 요시토키가 사망하여 권력을 상실하는 1224년까지의 25년 정도로 제한된다. 이후 100여 년간은 호조씨가 장군의 권력을 교묘한 방식으로 빼앗은 변형된 형태의 외척정치로 볼 수 있다.

다섯째는 가마쿠라막부 이후 들어선 무로마치막부 아시카가 장군가에 정실을 공급해온 히노가에 의한 외척정치다. 히노가는 후지와라 북가로 집안의 격이 명가에 속하는 당상가堂上家다. 무로마치시대에는 3대 아시카가 요시미쓰, 4대 요시모치, 6대 요시노리, 8대 요시마사, 9대 요시히사, 11대 요시즈미의 6대에 걸쳐 정실이 히노가에서 배출된다.

무로마치막부 장군의 정실을 공급한 히노가 외척정치

무로마치막부의 권위는 8대 요시마사 재임 시 발발한 오닌의 난 이후 급격히 쇠퇴한다. 요시마사의 정실인 히노 도미코는 이 시기를 대표하는 여성으로, 그녀와 그녀 일가는 장군에 못지않은 큰 힘을 행사한다. 이들은 11년에 이른 내전인 오닌의 난 발발의 원인을 제공하고 또 난의 종식에도 크게 관여한다.

물론 막부체제로 장군에게 권력이 집중되어 있다는 점에서, 히노가가 외척이라고 해도 헤이안시대의 섭정, 관백에 준하는 권한을 행사할 수는 없다. 그럼에도 불구하고 무로마치막부에서는, 4대 장군 이후 12대 장군 요시하루에 이르기까지 거의 대부분이 히노가의 피가 섞였으며 영향력이 작지 않다. 히노가는 무로마치막부 후반에 힘을 잃고, 에도시대에는 조정에 봉사하는 당상가와 막부에 봉사하는 고가高家로 나뉜다. 에도시대의 히노가 가록은 명가로서도 파격적인 1,034석에 이른다. 그리고 메이지시대의 화족제도에서는 종가 당주에게 백작 작위가 수여된다.

근세인 아즈치모모야마시대와 에도시대에는 무사들이 권력의 최정점에 있었기에 이들의 외척이 권력을 행사한 사례가 드물다. 다만 주목할 점은 에도시대에 3대 장군 도쿠가와 이에미쓰의 유모(실제로는 생모) 가스가노 쓰보네가 조직적으로 정비한 대오ㅗ오쿠의 존재다. 대오는 역대 장군의 정실과 자녀, 시중드는 여성 등이 집단으로 거주하는 곳으로, 때에 따라선 대오의 최고 권력자인 선대 장군의 정실 등이 제법 큰 권한을 행사한다. 또 대오의 여성과 인척 관계에 있는 이들이 일정한 영향력을 행사하기도 한다. 하지만 일시적이고 그 영향력도 크지 않은 경우가 대부분이다.

17세기 초 에도막부 개설 후 사라진 외척정치

메이지시대 이후 정치체제가 크게 바뀌어 중앙집권형 통치체제로 환원된다. 이후 77년간은 물론이고 패전 후 민주화되고 나서 70년 이상의 기간이 지나면서도 외척정치가 문제된 적은 거의 없다. 패전 이전은 군국주의의 영향으로, 패전 이후에는 권좌인 총리의 재직기간이 평균 2년 반이 되지 않아 외척들이 정치에 개입하기가 어렵다. 이하에서는 한일 양국의 외척정치를 다섯 가지 기준에 따라 비교해본다.

절정기, 개국 전후기(조선) vs 중세 시대(일본)

첫째는 외척정치가 전개된 시기와 그 시기가 지니는 역사적 의의다. 한반도에서는 삼국, 고려를 거쳐 조선시대에 가장 활성화된 모습을 보여준다. 특히 1800년대 중반 전후의 개국과 문명개화기 직전에 절정에 달한다. 일본에서는 고훈, 아스카, 나라를 거쳐 헤이안시대 중반에 정점에 달한다. 가마쿠라막부 기간 중 특이한 형태의 외척정치 모습이 전개되다가, 무로마치막부에 들어와 통상의 외척정치로 구분할 수 있는 정치가 중반 무렵까지 나타난다. 에도시대에는 흔적 정도만 보인다.

시기가 지니는 역사적 의의 측면에서 양국은 꽤 대조된다. 한반도에서는 외척정치의 절정기가 19세기 중반으로, 개국과 서구문명 유입기와 별 차이를 보이지 않으면서 조선의 변신과 근대화에 악영향을 미친다. 이에 비해 일본은 절정에 달한 시점이 10~11세기이고 장기간 행해진 반면, 외척정치의 폐단을 일찍 경험하여 에도막부 말기의 개국과 서구문명 유입기에는 그러한 모습을 찾아보기 힘들다.

권력 행사자, 주변으로 확산(조선) vs 당사자 집중(일본)

둘째는 외척정치 유형과 권력의 행사 주체, 권력의 분산 여부다. 한반도 국가에서는 수렴청정제도를 통한 여성들의 정치 참여가 활발한 반면, 섭정제를 택한 일본은 여성과 외척의 정치 참여가 상대적으로 부진하다. 수렴청정이 거의 없는 백제와 일본은 이 점에서 유사하다. 여성이 수렴청정으로 권력을 쥐면 자연스럽게 남성을 중심으로 하는 가족, 친인척으로 권력의 행사 주체가 확산된다. 이에 비해 섭정, 관백으로 남성이 권력을 쥐면 가족과 친인척으로 권력의 행사 주체가 확산되기보다 당사자에게 권력이 집중되는 양상을 띤다.

일본에서는 초기 외척정치가 선보인 고훈시대와 아스카시대에는, 왕비 배출 가문의 대표자가 대신 등의 고위직에서 조정 권력을 주무른다. 이후 헤이안시대에는 섭정과 관백이, 그리고 가마쿠라시대에는 집권이 어가인 등의 협조하에 통치권을 행사한다. 가마쿠라시대 이전까지는 권력이 왕과 그 주변세력에 있고 권력 분산도 약해 권력의 이중구조가 크게 문제시되지 않는다. 그런데 이 시대 이후 권력이 이중, 삼중 구조화하는 모습을 보이면서 권력이 분산되고 지역 분권이 강화된다.

권력 행사 기간, 단기간(조선) vs 장기간(일본)

셋째는 외척정치에 참여한 씨족과 가문의 범위다. 조선에서는 시대에 따라 파평윤씨·안동김씨·풍양조씨·여흥민씨 등으로 달라지며, 이들 중 장기에 걸쳐 권력을 쥔 가문은 안동김씨 정도다. 일본에서는 소가씨·후지와라씨·호조씨·히노씨 등이 그러한 씨족으로 분류될 수 있는데, 이들은 다소간의 차이는 있지만 모두 백 년 이상에 걸쳐 권력을 잡고 휘둘렀던 장기 권력자 집안이다. 물론 양국에서 위에 거론한 씨족 외에 간헐적으로 외척정치에 나선 이들이 적지 않겠지만, 이들에 대해서는 지면상의 제약으로 다루지 않는다.

견제 세력, 집권체제하 약체(조선) vs 분권체제 이행 후 강화(일본)

넷째는 외척 세력을 제어할 다른 정치세력의 존재 여부다. 한반도 국가의 외척정치는 왕이 친정에 나서거나 권세가 외척과 혈연관계가 없는 왕이 들어서면 약화되거나 없어진다. 하지만 1800년대의 60년에 이르는 외척정치 기간 중에는 기존의 관행이 나타나지 않는다. 강력한 중앙집권 체제하에서 권세가 집단을 제어할 대항 세력의 힘이 약했기 때문이다. 붕당정치의 약화로 양반층이 힘을 쓰지 못하고 농민 등 피지배층이 결집해도 이들 세력을 제압할 정도가 되지 못한다. 근대 이행기인 이 시기에 나타난 외척정치는 이후 조선 망국에의 도화선이 된다.

일본에서도 고훈, 아스카, 나라, 헤이안시대 등 문인이 지배하는 중앙집권 체제에서는, 조선 이상으로 기왕의 외척 세력을 제어할 방안이

뾰족하지 않았다. 그래서 한반도보다 월등히 긴 외척정치가 펼쳐진다. 그러다가 헤이안시대 말기, 무인세력의 등장과 이들에 의해 시도된 외척정치는 또 다른 무인세력의 도전을 받고 조기에 종료된다. 대립하는 무인세력들이 힘을 키우면서 그간 유지되어온 문인 중심의 중앙집권형 통치체제가 급속히 약화된 것이 그 배경이다.

이후 가마쿠라막부 발족 후 본격적인 분권체제로의 이행과정에서 등장한 무인 중심의 외척정치는, 강력한 내부 통제력을 발휘하여 국내 대항 세력의 힘을 억제하고 130년간 지속한다. 이어 등장한 무로마치시대 외척정치는 무인지배기의 문인세력에 의한 것으로, 그 영향력은 제한적인 수준에 머물다가 무로마치시대 후반에 들어서면서 막부의 쇠퇴와 더불어 형해화한다.

근대 무렵 외척정치가 절정에 이른 조선, 끝내 망국으로

다섯째는 외척정치가 역사에 남긴 긍정적, 부정적인 파급효과다. 조선에서는 500년 중 간헐적인 시기를 포함하여 총 90~100년에 걸쳐 외척정치가 기승을 부리면서, 정치 도덕이 무너지고 가치기준이 혼란해지며 부정부패와 매관 행위가 일상화한다. 능력 있고 지혜로운 이가 공직에 나가는 길이 막히고, 요직에 있는 이들은 신의를 헌신짝 버리듯 내버리고 화목을 중시하지 않는다. 이러한 부정적 파급효과가 누적되면서 국력이 쇠퇴하고 끝내는 망국으로 이어진다.

아이러니하게도 외척정치를 타파하고 조선 정치에 새 바람을 불어넣은 세력은 일본제국주의 등 주변 강대국이다. 왕정의 조선이 멸망한 후 우리는 일본제국주의와 미 육군의 통치를 받고 독립한다. 하지만 짧은 공화정 후 다시금 군사 정권을 경험하다가 1987년 이후 민주주의 공화제 하의 문인 정치 체제를 회복한다.

폐해를 일찍(근세 이전) 경험한 일본, 무인정권 거쳐 열강으로

일본에서는 외척정치가 한반도 국가에 비해 조기에 모습을 감춘다. 에도시대 이전 장기간 존속했던 외척정치가 일본 사회에 남긴 긍정적 파급효과는 제도와 종교 문화적 측면에서 찾아볼 수 있다. 불교 도입을 통한 종교와 학문의 발달, 평등원봉황당과 이쓰쿠시마 신사 같은 사원의 건립과 정비, 일본형 귀족문화인 고쿠후국풍문화와 중세문학의 흥륭, 왕가에 못지않은 후지와라가라는 기품 있는 가문의 배출 등이다.

또 다른 영향으로 외척정치가 무인정권의 도래를 촉발한 사실을 들 수 있다. 외척정치를 못마땅히 여긴 상왕측이 유력 공가와 힘겨루기에 나서는데, 이 과정에서 무인세력이 커져 헤이씨정권과 가마쿠라 막부 개설이라는 신 지배질서로 이행한다.

이때의 변화로 일본 사회는 고대 시대를 마감하고 중세 시대로 옮겨간다. 그간의 중앙집권형 문인 지배 사회 대신 분권형 무인 지배 사회가 전개되면서, 일본은 서구의 역사에서 논의되는 중세가 없는 한반도 및 중국과 꽤 다른 역사를 걷게 된다.

외척정치가 장기화하면 소수 그룹에 의한 전횡 가능성이 커지고, 이로 인한 폐해가 정치, 경제, 사회 문화 등 각 분야로 전파되는 것은 일본에서도 피할 수 없다. 일본은 한반도 국가보다 외척정치를 이른 시기에 그것도 강력하게 경험한다. 다만 그 시기가 근세 이전이어서 긴 역사의 호흡에서 보면 국가에 미치는 폐해가 약화된다.

나아가 외척정치가 지닌 단점과 폐해에 대해 유력 정치가를 포함한 후대인들이 일찍 인식하고 이를 경계한다. 근세인 에도시대의 막부 통치 체제 정비 과정에서 그 일단을 확인할 수 있다. 초기의 세 장군과 이들 주변의 인사들은 외척정치가 발붙이지 못하도록 가마쿠라막부, 무로마치막부 때와는 다른 막번형 체제를 구축한다. 도쿠가와 장군가의 혼인도 그러한 형태로 기획하고 추진한다. 장군의 여인들이 모인 에도성내 대오오오쿠가 일정한 힘을 발휘하기도 하지만, 이전의 외척정치와는 그 양상이 크게 다르고 힘도 약하다.

🧑 양국에서 전개된 외척정치의 모습이 외형상으로는 비슷해 보이는데 역사적인 파급효과 등에서는 꽤 다르군요. 그리고 장기간에 걸쳐 또 철저하게 행해진 일본에서 외척정치의 폐해가 더 크게 나타났을 것 같은데 결과는 반대인 것 같고요. 이러한 상황에 대해 국내에서는 어떻게 이해하고 있나요?

🧑 양국의 외척정치를 전개 시기, 특징, 파급효과 등으로 구분하여 비교 분석한 글은 별로 없어요. 칼럼에 소개된 내용을 체계적이고 분석적으로 접근한 글은 좀더 기다려야 할지 몰라요. 세도정치로 알려진 우리의 1800년대 외척정치에 대해서도 배경과 경과, 역사적 의의를 고찰한 글은 많아요. 그런데 이 무렵에 등장한 세도정치가 왜 제어되지 않고 장기간 지속될 수 있었는지, 개국 전후와 이후 조선의 정치 및 국운에 미친 파급효과에 대한 체계적인 분석은 찾아보기 쉽지 않죠.

🧑 근대 이행기에 외척정치가 절정을 보인 것을 양국 정치체제의 차이로 접근할 수도 있겠지요. 일본은 고대 헤이안시대에 절정에 달했다가 중세 봉건제 분권정치기인 가마쿠라·무로마치시대에 약화되고, 근세인 아즈치모모야마·에도 시대에는 거의 사라지죠. 반면 한반도에서는 고려시대부터 조선시대까지 중앙집권형 체제가 지속되면서 중세 봉건제 분권정치가 나타나지 않죠. 고대-중세-근세-근대로 구분되는 서구의 시대 구분과 유사하게 역사가 전개되어 온 일본과 달랐던 우리의 숙명일까요?

👧 외척정치로 국가와 국민보다 자신과 주변 일족의 이익을 챙긴 당대의 권세가들이 적지 않았는데요. 양국에서 이들에 대한 후대의 평가는 어떠한지요? 다른 점이 있나요?

👨 관련 인물 이름이 칼럼에 일부 나오지요. 이들의 활약상은 TV 사극 드라마나 연극, 역사 소설 등으로 금방 접할 수 있죠. 작가나 각본가의 관점에 따라 조금씩 달리 그려져, 통상 알려진 것보다 악한 이미지가 완화되거나 반대로 더해지기도 하죠. 왕조실록 등의 사서에 이들이 저지른 권력 남용, 부패 행위, 죄목과 처벌내용, 사관 등 기록자의 메모나 평가가 남아 있는 이들도 있죠. 하지만 기록이 불충분하여 사극에서 사실에 가깝게 재현하는 것은 쉬운 일이 아니에요. 각색이 들어갈 수밖에 없죠.

👩 후대인이 역사상의 권세가를 곱지 않은 눈길로 보는 것은 세계적으로 비슷해요. 일본의 외척 권세가들은 주로 고대 사람이어서 TV 드라마에 등장하는 경우가 적어요. 사극도 시청자 관심이 높은 1600년 이후 에도시대를 배경으로 한 도시 서민생활의 애환상을 주로 다루죠. 한편 우리의 사극은 왕과 주변 권력자 관련 내용이 주류이므로 외척이 곧잘 등장해요. 그런데 이들이 권모술수로 반대파 세력을 제거하는 장면을 부각시키는 사례가 많아, 외척에 대한 평가는 부정적이라고 할 수 있어요.

👧 외척정치가 오늘날 보여주는 역사적 시사점은 무엇일까요?

다시 쓰거나 지울 수 없는 게 역사인데요. 외척정치라는 부정적 측면이 더 많은 역사를 통해 우리가 배워야 할 점이 있다면 어떠한 것일까요?

🎩 왕정 국가에서 늘 문제될 수 있는 게 수렴청정과 섭정의 문제지요. 봉건제 분권 통치 경험이 없는 우리는 외척정치와 연관이 깊어요. 신라의 영향으로 섭정제 대신 수렴청정제가 정착된 후, 조선에서는 1800년대 초중반 60년을 포함한 외척정치로 정치질서가 어지럽혀져 국가의 영令이 서지 않을 때가 많았죠. 문제는 외척의 발호를 통제할 제도적 장치를 진즉 마련했어야 하는데 그렇게 못한 거죠. 법제가 꽤 잘 정비된 오늘날에도 외척 등 비공식 라인의 인사가 권력을 휘두르는 사례가 없지 않죠.

💁 오랜 왕정의 역사에서 심심치 않게 수렴청정이 행해지고, 이 시기를 전후하여 발호한 외척이 적지 않다는 것을 금방 알 수 있지요. 왕이 친정하는 시기에도 왕의 비호나 묵인 하에 외척이 날뛴 적도 있지요. 이로 인한 폐해가 적지 않다는 것을 잘 아는 역대 왕과 조선의 사대부들이, 이를 억제할 효과적인 제도적 장치를 마련하지 못한 것은 큰 실수라고 봐야겠지요. 왕정국가의 한계일 수 있지만, 인사 문제를 포함해 왕과 왕실을 규제하는 법제를 마련하지 못한 것은 결코 잘한 일이 아니죠.

함께 생각해봅시다

1. 외척정치가 양국 역사의 품격에 어떤 영향을 미칠까요?

2. 어느 시대 어느 장면의 외척정치가 양국 역사의 품격에 가장 큰 상흔을 남길까요?

3. 근세 이전에 모습을 감춘 일본의 외척정치와 달리, 우리는 근대 직전은 물론이고 근대에 들어와서도 그 흔적을 찾아볼 수 있습니다. 이같은 차이가 양국 역사의 품격에 어떤 영향을 줄까요?

4. 양국의 외척정치 역사에서 아래 '싱격의 역사' 유형에 해당하는 시대나 장면을 찾아볼 수 있을까요? 유형은 중복될 수 있습니다.

유형I: 잘못된 정치·정책으로 역사적 비극과 대실패 초래 (역사 암전·퇴보)

유형II: 역사적 사실에 대한 조사, 기록, 교육이 없거나 약함 (역사 누락)

유형III: 역사적 사실의 미화 분식과 조작 (역사 왜곡)

V. 문화와 문화유산

다섯 번째는 선조들의 문화와 문화유산에 대한 비교입니다. 먼저 생활문화에 대해 여쭈어 보고 다음에 문화유산을 묻겠습니다. 일본 친구들을 만나며 느끼는 것 중 하나가 이들이 옛 것을 꽤 소중히 여긴다는 점입니다. 친구 엄마가 기모노를 입고 있는 모습이나 기모노 입고 찍은 가족사진을 종종 봐요. 배구하이쿠나 단가, 다도, 서도, 화도를 배우는 이들도 적지 않고요. 우리나라에도 한복을 입고 서도, 동양화 같은 전통문화와 친숙하게 지내는 이들이 있지만 일본에 좀더 많은 것 같아요.

할아버지도 일본에서 지낼 때 그러한 느낌을 받은 적이 있지요. 옛 문화와 예능을 전통문화, 전통예능으로 부르는데 우리는 "현대 문화나 예능에 비해 세련된 맛이 없다" "구닥다리다" 하면서 배척할 때가 많아요. 한복이나 한옥이 대표적이죠. 물론 한식은 웰빙음식이라는 인식 덕분인지 여전한 인기를 누려요. 일본에서는 극장 문화가 일찍부터 발달해서인지 사백 년 가까운 역사를 지닌 가무기가부키, 인형정유리닌교조루리, 낙어라쿠고는 물론이고 근대에 시작한 보충다카라즈카 여성 가극의 인기도 여전하죠.

🧑 근래 전통적인 것을 포함하여 일본의 문화와 예능에 관심을 갖는 서양인이 제법 있어요. 교양이 있거나 지도층 인사 중에 그러한 이들이 많죠. 뉴욕이나 런던, 파리, 베를린 등 세계의 주요 도시에는 자국어로 Haiku를 즐기는 모임이 있죠. 현지 일본인과 교류 목적으로 형성된 곳도 있지만 자국인들끼리 모여 독자적인 지적 유희를 즐기는 그룹도 있죠. Sushi가 웰빙 붐을 타고 세계인의 입맛을 사로잡고 있다면 Haiku와 Ukiyoe는 또 다른 일본적인 멋으로 이들의 구미를 당기고 있는 거겠죠.

🧑 서양인들이 Sushi, Haiku 같은 일본 음식과 전통문화에 관심을 갖게 된 배경에 20세기 후반 무렵 세계를 강타한 일본만화, 애니메이션, 게임의 영향이 있을까요? 청소년기에 이들 매체에 친숙해진 것이 성인이 되어 Sushi, Haiku로 옮겨가는 데 일정 부분 영향을 미쳤을 것 같은데요.

🧑 충분히 그럴 수 있죠. 만화를 어린이 전용에서 성인 공유 영역으로 바꾼 곳이 일본이죠. 만화는 애니메이션과 게임이라는 새 장르를 만나 꽃을 피워요. 미국 디즈니 프로덕션의 애니메이션이 나오기 전에는 일본 애니메이션이 세계 표준이었죠. 만화는 애니메

이션을 넘어 또 다른 차원의 게임으로 발전하죠. 일본의 게임은 조작자를 모험의 주인공이 되도록 해주었죠. PC와 스마트폰 게임이 나오기 전, 닌텐도의 (수퍼)마리오 게임과 패미콤 기기는 자신만의 꿈을 실현할 수 있는 요술 상자였지요.

🧑 역사적으로 일본인은 놀이문화에 익숙하지 못해요. 한 해에 몇 번 없는 마쓰리나 봉오도리로 스트레스를 푸는 정도니까요. 그렇지만 놀이문화가 아닌 유도·검도·공수도 같은 수련 목적의 도道나 다도·서도·화도·향도 같은 취미와 예능 분야의 도는 많은 이들에게 인기가 있어요. 이들 놀이문화와 전통문화, 예능이 오늘의 만화·게임과 연관된 측면은 다소 약해요. 하지만 면면히 이어져온 소설과 그림 장르는 끈끈한 맥을 유지하여 오늘날 재미있고 스토리가 탄탄한 일본만화의 탄생을 가능케 했죠.

👩 또래의 일본인 친구 중에는 지금도 하세가와 마치코와 데즈카 오사무의 만화와 애니메이션에 빠진 이들이 있어요. 두 사람은 일본만화와 애니메이션의 초기 시대를 연 사람이라고 들었습니다. 이같은 선구자 덕분에 만화·애니메이션·게임으로 이어지는 오락 장르에서 일본이 세계를 리드할 수 있었나요? 역사적으로 놀이와 오락에 익숙하지 않은 일본인이 어떻게 세계를 리드할 수 있었는지 수수께끼 같거든요. 배경에 제가 모르는 무언가가 있는지요?

🧑 두 사람은 처음에 신문과 잡지에 만화를 연재하였는데 점차

인기가 높아져 해당 신문과 잡지의 판매 부수가 늘었다고 하죠. 지금도 재주 있는 작가들이 만화나 소설 분야에서 좋은 작품을 내놓아, 일본 독자의 눈높이를 높이고 일본만화와 소설에 대한 세계인의 주목도 커지고 있어요. 배경에 좋은 작가의 발굴 외에 일본인의 손재주와 꼼꼼한 기획력이 있는 거죠. 치열한 경쟁하의 절차탁마 과정에서 만화의 스케치, 소설과 대본의 얼개 구성과 스토리빌딩이 탄탄해졌다고 할 수 있겠죠.

👩 하세가와 마치코나 데즈카 오사무가 주목받은 것은 시대 흐름에 맞는 소재를 골라 인간적으로 접근했기 때문이죠. 이들의 만화가 주는 메시지는, 인격과 생명의 소중함을 깨닫고 서로 위로하며 따뜻한 정과 의리를 공유하자는 거죠. 하세가와는 집안팎 인물들이 전개하는 일상의 인간관계와 언행에서 삶의 청량제를 찾아내 보여주죠. 이에 비해 데즈카는 생명의 존엄과 반전反戰을 주제로 천사와 악마의 양면성, 이민족·이문화 간의 대립과 항쟁이라는 스토리 구성을 통해 생명관에 대한 재인식을 강조해요.

👧 얘기하다 보니 오늘날과 가까운 시대의 이슈와 인물이 많이 나오네요. 주된 관심인 역사속의 인물과 문화로 화제를 돌리겠습니다. 조선시대에 양국의 서민 즉 양민들의 삶과 문화는 지금과 큰 차이가 있었겠지요? 경제적으로 못살던 시절이니 문화라고 할 만한 것은 일정 수준 이상의 계층에서나 즐기지 않았을까 싶기도 하고요. 아무래도 지배층인 양반과 무사들이 즐기는 문화가 그 시대 대

표 문화로 평가받고 있지 않나요?

🎩 　그렇지 않아요. 지배층보다 양민 문화가 시대를 대표하는 문화로 더 많이 남아 있죠. 조선의 불꽃놀이·관등놀이·장기와 바둑·윷놀이·주사위놀이·화살던지기·가면극은 전 계층이 즐겼지만 특히 양민이 즐겼지요. 전 인구의 5~7% 정도였던 지배층의 문화로는 조선 양반들의 경우 활쏘기·격구·매사냥·수박手搏·봉희捧戱 등을, 일본 무사층은 유적마야부사메와 (매)사냥, 왕실과 공가는 가회歌會 등을 즐겼죠.

👩 　할아버지가 소개해준 놀이문화 중 전 계층이 즐기던 것 중 상당수는 일본에도 있어요. 많은 부분이 중국을 통해 전해졌기 때문이죠. 양국의 지배층은 양반과 무사로 성격이 달라 놀이문화에서도 차이를 보이죠. 할아버지가 언급한 조선 지배층의 문화는 주로 무인들이 즐기던 것으로, 문인들은 뱃놀이·유산遊山·광대優人 놀이 등을 더 즐겨요. 일본의 대명급 무사들은 본격적인 사냥놀이에 나서거나, 공인 유곽인 에도 요시와라 등에서 고급 유녀인 태부다유들과 즐기기도 하죠.

👧 　두 분의 얘기를 듣고 보니 양국의 놀이문화는 지배층보다 양민의 문화가 주류를 이루고, 비슷한 면도 지배층보다 양민문화에서 더 많은 것으로 이해되네요. 지배층인 일본 무사들이 유곽에 내놓고 다닐 수 있었다는 것은 의외네요. 조선의 양반 사회에선 생

각하기 힘들었을 었을 것 같은데요.

지배층의 성문화는 양국에서 꽤 달랐어요. 일본의 대명급 무사는 정실 외에 여러 명의 측실을 둘 수 있어요. 요시와라 같은 유곽도 자유롭게 출입하고요. 중앙정부인 에도막부가 합법적으로 허용했기 때문이죠. 당시 요시와라에는 많을 때 2천 명에 달하는 유녀가 있었다고 하죠. 최상위급 유녀는 태부다유나 격자고시, 혹은 뭉뚱그려 화괴오이란라고 부르는데, 이들은 유녀의 수준을 넘어 사교계 거물로 행세하며 한때 무사와 양민들의 선망의 대상이 되기도 하죠.

일본은 유학을 받아들여 에도막부 통치 지침의 기둥으로 삼지만 성에 대해서는 개방적인 입장을 취해요. 도요토미 히데요시가 전국 통일 후 평화 시대의 상징이라면서 교토 시마바라에 유곽 개설을 허락하죠. 이백 년 전인 14세기 말 무로마치막부 3대 장군 아시카가 요시미쓰의 교토 유곽 개설을 본뜬 거죠. 초기에는 무사계급이나 여유 있는 상인, 부농이 출입하지만, 시간이 흐르면서 서민화하여 누구나 자유롭게 출입하는 곳이 되죠. 전국적으로 유곽이 사라진 것은 1957년의 매춘방지법 시행 이후죠.

일본에서는 지배층이나 양민층이나 모두 성에 대해 너그럽게 대응하는 것 같은데 조선은 어땠나요? 양민들과 양반층의 성문화가 크게 다른가요? 일본과 비교하여 무엇이 다른지도 궁금합니다.

두 계층 간 성문화는 조선에서 더 다르다고 할 수 있지요. 비교적 자유롭게 성을 즐길 수 있는 양반층과 달리 피지배층에는 양민보다 지위가 월등히 낮은 노비가 많고, 경제적으로 여유가 있어 소실을 두거나 기생, 주모, 작부 등과 놀 수 있는 양민은 제한되어 있었으니까요. 1800년 이전까지 공노비와 그보다 더 많은 사노비가 있었죠. 양반들은 정실과 소실 외에 기생이나 자신의 여자 노비인 계집종 등과 잠자리를 가질 수 있어요. 또 일본 무사층과 달리 큰 재산도 지닐 수 있고요.

양반층은 넓은 농지를 소유하고 천여 구에 달하는 노비를 부리는 이들도 있었지요. 돈으로 환산하면 큰 재산이죠. 이에 비해 일본 무사층은 재임 중 직위에 따라 주로 쌀을 급여로 받아 축재가 어려웠어요. 또 무사층에겐 무가제법도 등이 적용되어 검소하게 살고 부끄러운 짓을 하지 않도록 제약이 가해지죠. 양민층에 비해 이런 저런 제약이 많다보니 요시와라 출입을 허용한 것으로 볼 수도 있죠. 조선에서는 지배층인 양반층의 경우 성문화가 개방적이지만 피지배층에게는 그렇지 못한 거죠.

성은 어느 시대 어느 나라에서나 관심의 대상이고, 특별한 상황이 아니라면 많은 사람들이 이를 즐겼을 것으로 생각해볼 수 있겠지요. 그런데 조선과 일본에서 통치 이념으로 채택되었다는 유학의 가르침이 이같은 사회 관행에 별다른 제약 요인으로 기능하지 않았나 보죠?

양국에서 유학이 통치이념이었던 것은 맞아요. 그런데 유학은 불교처럼 금욕적 처신을 요구하지 않고 성문제에 대해 현실적이죠. 일부일처제를 표방하지만 남자에겐 축첩 등 일부다처제를 허용해요. 왕의 허락을 받아야 하는 양반층의 이혼 사정을 고려한 거겠죠. 대신 이혼녀나 과부들은 개가마저 허락되지 않는 사례가 많고 여성의 정절이 강조되면서 열녀가 미화되기도 하죠. 일본은 조선정도는 아니고, 무엇보다 무사층의 이혼이 어렵지 않았죠. 양가가 주군에 보고하면 가능했으니까요.

일본은 조선보다 성문화가 개방되어 있었다고 볼 수 있죠. 일찍이 요시와라, 시마바라 등을 개설하여 무사와 양민이 자유롭게 출입할 수 있게 해요. 반면 조선은 공창이 없어 (반)지하에서 음성적으로 거래되는 성을 묵인하죠. 그렇다고 일본이 조선보다 문란했다고 말하기 힘들어요. 조선통신사 기록에 문란한 일본 양민층의 성문화가 나오지만 조선과 비교하여 더 문란했는지는 불분명하죠. 우리도 조선시대 이전에는 훨씬 개방적인 성문화 사회였어요. 지금도 음성적인 부분까지 고려하면 비슷할지 모르지요.

앞에서 문화에 대한 설명을 들으면서 현대 일본 문화의 많은 부분이 전통문화에 뿌리를 두고 있으며, 일부는 변형되어 오늘까지 전승되고 있다고 느껴집니다. 성문화 외의 전통문화에 대해서는 조금은 부럽게 느껴지기도 합니다. 전통문화의 흔적을 확인할 수 있는 곳이 주변에 있는 세계문화유산이겠지요. 이들 유산은 우리가 미래세대에게 넘겨줄 가장 값진 선물일 것 같습니다. 유네스코는 1972년부터 세계문화유산을 지정하여 보호에 나서고 있는데요. 우리와 일본의 문화유산이 어떻게 다른지 궁금합니다.

일본은 우리보다 6종 많은 17종의 세계문화유산을 보유하고 있고(2017년 기준) 최초 유산 등록도 2년 앞섰어요. 준비 중인 것들이 있어 좀더 늘어날 가능성도 있고요. 중국은 역사가 오래되고 대국답게 문화유산이 복합유산 포함하여 40종으로 많죠. 최초 등록유산은 1978년에 이뤄진 병마용이고, 이후 만리장성, 막고굴 등이 등록되죠. 우리의 경우 전란으로 소실된 것이 많지만 문화유산만 비교하면 일본에 크게 뒤지지 않아요. 다만 일본은 근대 산업화 과정의 흔적이 담긴 유산이 두 곳 있는데 우리에겐 없지요.

볼품 있는 문화유산은 훌륭한 관광자원이 될 수 있죠. 우리의 경우 관광객이 많이 찾는 수도권의 세계문화유산으로 종묘와 창덕궁, 수원화성, 조선왕릉, 남한산성이 있는데요. 관광자원으로서의 매력이 다소 약해요. 이에 비해 일본은 교토 일대에 세계문화유산인 교토문화재와 나라문화재를 위시하여, 관광자원으로서 매력 있는 문화 자원이 제법 많은 편이죠. 교토가 세계의 관광객들이 가장 가고 싶어하는 관광지 중 하나로 손꼽히는 이유라고 할 수 있죠.

한·일 양민의 문화와 삶

주변에서 서도나 동양화를 배우는 친구나 후배들은 어렵지 않게 찾아볼 수 있지만 판소리나 창, 시조를 배우는 이들은 좀처럼 보기 힘들다. 운동을 함께 하는 여성 지인이나 아는 학생 중에 사교춤이나 에어로빅·단전·요가·발레의 기초를 배우는 이들이 있다는 얘기는 종종 접하지만, 승무나 처용무 등 한국 무용을 배우는 이들을 접하긴 쉽지 않다. 가끔 접하는 농악이나 사물놀이도 학생이나 동호인들이 농악대나 패를 만들어 장구·북·징·꽹과리를 배우고 공연하는 모습은 종종 보지만, 일반인이 문을 두드려 취미삼아 배우고 있다는 얘기는 들어본지 오래다.

전통문화·예능과 가깝게 지내는 일본, 그렇지 않은 한국

이처럼 전통문화나 전통예능이라고 불리는 다양한 장르의 문화, 예능에 대해 거리감을 두고 생활하는 한국인들과 달리, 일본인들 중에는 이들 분야를 전문적으로 배우거나, 취미삼아 배우는 이들이 제법 된다. 짧은 정형시인 배구하이쿠를 즐기는 모임이 수두룩하고, 뉴욕과 런던 등 해외 대도시에서도 이를 즐기는 외국인 모임이 있을 정도다. 배구갑자원하이쿠고시엔으로 불리는 전국 고교 대항 배구 대회가 오래전부터 개최되면서, 주요 고등학교에는 배구 클럽이 운영되고 있기도 하다.

배구 외에도 다도·서도·향도·화도·일본 무용·삼미선샤미센 등을 배우거나 즐기는 이들이 많고, 전통예능인 능악노가쿠·광언교겐·가무기가부키·문악분라쿠(혹은 인형정유리/닌교조루리)·낙어라쿠고 등을 익히고 이를 전문 직업으로 삼고 있는 이도 적지 않다. 국내에서는 오래전에 사라진 기생인 예자게이샤가 무자마이코·예자게이코 등의 이름으로 활동하면서 의상과 말씨, 태도 등을 통해 과거의 모습과 풍취를 재현한다. 전통문화와 예능이 타임캡슐에 함몰되어 있지 않고 오늘날까지 면면히 맥을 이어오고 있다.

도시 서민의 재미 : 조선은 낮잠 자기, 일본은 극장 가기?

이처럼 약간은 다른 양국의 현실을 접할 때마다 머릿속에 떠오르는 생각이 있다. "조선시대에는 어떤 모습이었을까, 피지배층인 양민들의 삶이 양국에서 얼마나 달랐을까, 하루 일과는 지금의 우리와 얼마나 다를까, 오락이나 문화다운 문화라고 할 만한 것이 별로 없고 문명이 발달하기 전이니 하루가 꽤 지루하겠지, 물론 술과 담배, 여색을 즐기는 것은 그때나 지금이나 마찬가지겠지만, 아니 마땅한 놀거리가 적으니 지금보다 더할지 모르지, 신분제도가 엄격하니 계층별 삶의 스케일과 질은 꽤 차이를 보이겠지, 사극 드라마에 당시의 생활 모습이 재현되는데 실제와 어느 정도까지 유사할까?"

"에도시대 일본인의 삶은 어떤 모습이었을까, 통신사 기록에 의하면 양민들의 주택과 음식, 의복 등 삶의 수준이 조선보다 여유 있어 보인다고 하던데, 지배층인 무사 밑의 상인과 장인에 대한 대우가 우리보다 나았다고 하지만 사농공상의 신분제도가 있던 곳이 아닌가, 노비가 거의 없고 무사의 양민에 대한 수탈이 적다고 하니 양민의 다수인 농민의 삶은 조선보다 나았을까, 명예와 부를 함께 추구할 수 있는 조선 양반과 달리 명예와 부를 동시에 추구하기 힘들었다는 무사층의 삶은 어떠했을까, 양민이 무사에 대해 갖고 있는 생각은 조선의 양민이 양반에 대해 갖고 있는 생각과 얼마나 달랐을까?"

타임머신을 타고 홀연히 사백 년 전의 양국으로 돌아가 삶의 현장을 확인하고 싶을 때가 있다. 역사에 대한 궁금증에서 빚어지는 자연스러운 생각일지 모른다. 남아있는 기록에 따라 임진전쟁이 끝난 1600년 이후의 조선과 일본을 비교해 보면, 양 지역 사람들이 꽤 다른 삶을 살아가고 있음을 확인할 수 있다.

노비 많고 양민 적은 조선, 노비 적고 양민 많은 일본

첫째, 계층별 인구 분포의 차이에 따른 삶과 문화의 차이다. 15~16세기경의 인구분포를 보면, 조선은 전체 인구의 30~40% 정도가 노비로 양민(혹은 상민) 인구는 50% 대에 머문다. 반면 일본은 90%가 농업과 공업, 상업에 종사하는 양민으로, 최하층의 예다(에타, 비인(히난)은 2% 미만이다. 최하층이라고 해도 매매되는 노비가 아니다. 일본에서 노비는 12세기말 이후 율령제의 쇠퇴와 더불어 모습을 감춘다. 지배계급인 조선의 양반과 일본의 무사·공가는 각 7% 전후로 추정된다. 물론 이는 지배계급이 크게 늘어난 근대로 이행하기 전의 값이다.

도시에 꽃핀 1800년대 전반 일본의 서민문화

조선과 달리 양민이 압도적 다수를 점하는 일본에서 소비문화의 주역이 양민층일 것은 쉽게 짐작할 수 있다. 조선에 비해 도시가 발달한 일본에서는 성하정조카마치 등에 인구가 밀집되어 서민문화가 꽃을 피운다. 에도시대인 1800년대 전반, 지금의 도쿄인 에도는 인구 백만명의 대도시로 정인조닌으로 불리는 양민층이 중심이 된 가세이문화의 무대가 된다. 양민이 부세회우키요에, 통속소설·가무기·문악·배구·천류센류를 즐기고 학문에 뜻있는 이들은 국학과 난학에 몰두한다. 가세이 문화는 에도막부 전기 오사카, 교토 등지를 중심으로 일어난 서민문화인 겐로쿠 문화와 대비되며 향락적 색채가 강하다.

같은 시기에 조선의 수도 한성에 거주하는 양민들의 삶과 문화 수준은 에도의 정인에 비해 초라하다. 한성은 인구가 15~20만 명 수준이고 양민은 그 절반에 불과하다. 주민 중 경제적으로 여유 있는 이들이 없지 않지만 이들이 즐길 수 있는 오락물이나 공연장은 별로 없다.

상인·장인에 대한 지배층의
인식 차이가 문화 발전의 차이로

둘째, 상인과 장인에 대한 지배계층의 인식 차이가 서민문화 발전의 차이로 이어진다. 일본에서는 상인과 장인을 천시하는 분위기가 약하고 각 분야 1인자나 최고수준에 있는 자에 대한 사회적 평가가 높다. 지배층인 대명과 무사들도 이들을 경외심을 갖고 대하며 결코 무시하지 않는다. 이에 비해 조선에서는 이들의 사회적 지위가 농민 이하로 낮고 1인자급도 지배층인 양반에게 제대로 대우받지 못한다.

에도에 거주하는 장인과 상인들은 지배층인 대명과 무사들의 각종 주문에 대응하여 물건을 만들고 필요한 상품을 조달한다. 일부 재력가 상인들은 대명을 상대로 대금업에 나서, 각 번에 대해 큰 규모의 채권을 지니는 경우도 적지 않다. 당시 대명들은 명예를 소중히 여기지만 이재에 밝지 못한 이들이 많고, 영지와 에도를 오가며 생활해야 하는 등 지출이 많아 빚을 안고 사는 이들이 적지 않았다.

일본도나 도자기, 병풍 같은 제품 생산의 명인, 신사와 절의 건축과 수리를 전문으로 하는 일급 목수 등은 대명을 위시하여 사회 각계 인사로부터 높은 평가를 받고 좋은 대우를 받는다. 이들이 만들거나 손댄 제품이나 건축물에는 상상을 초월하는 가격이나 가치가 매겨진다. 또 가무기·정유리·능악 등 각종 전통예능의 일급 연기자들의 공연에는 연일 관객이 줄을 서 대기하는 광경이 연출된다.

이러한 상인과 장인들은 대명이 거주하는 성하정에 모여 사는데, 이들 집단에 넓은 토지를 소유한 부농들이 더해져 정인 집단을 이룬다. 이들은 대명과 가신 무사 등과 끈끈한 이해관계로 맺어져 있어, 이들의 보호를 받으며 자체적인 문화권을 구축한다. 그리고 정인들이 가무기, 문악 같은 공연극의 수요자가 됨으로써 이들 예능이 일본을 대표하는 인기 장르로 자리매김한다.

도시 서민층 후원으로 격식 있는
전통문화·예능 전문가 탄생

셋째, 문화 영역의 각 분야별 전문가 집단의 프로의식의 차이가 양국 문화발전의 차이로 이어진다. 문화에는 가무기·문악·능악 같은 공연극을 필두로 소설·배구·수필·회화·판화·다도·향도·서도·화도 등 다양한 분야가 있다. 가무기와 문악 같은 공연극이 지속적인 인기를 끄는 배경에는 유명 대본 작가가 있다. 일부 유명 작가는 글을 써 생계를 유지하기도 한다. "이삼백 년 전에 그런 일이?" 하고 의아해 할 수도 있지만 실제로 그러했다. 이들이 관객의 눈높이에 맞춘 대본을 소설로, 연극 대본으로 제공하면서 가무기와 문악의 인기가 유지된다. 이들에 의해 집필된 극본 중 일부는 오늘날에도 인기 레퍼토리로 자리 잡아 자주 상연된다.

습명 형태로 명연기자를 오늘날 되살린다

전통예능 분야 연기자들의 격식에 대한 인식과 프로 의식이 남달라, 초대 명연기자의 이름이 습명襲名이라는 형태로 혈연을 넘어 대를 이어 내려온다. 유명 가무기 배우인 이치카와 신노스케, 이치카와 에비조, 이치카와 단주로 등이 대표적이다. 특히 평판이 높은 이치카와 단주로의 경우 12대까지 이어지고 있다. 분야가 다른 문화 장르에서도 '~대'로 표기된다. 임진전쟁 때 일본으로 끌려가 사쓰마 도기의 명인이 된 친주칸沈寿官은 오늘날 15대 친주칸으로 이어지고 있다.

문화의 창달에는 공급자 집단인 각 분야 전문가들의 열정과 노력도 중요하지만, 이들 문화를 아끼고 즐길 줄 아는 수요자 집단이 있어야 한다. 일본에서는 도시에 사는 정인 중심의 수요자 집단이 일정 수요를 받쳐 줌으로써, 양자가 균형을 이루어 전통문화 장르의 맥이 끊이지 않고 이어저 온다. 이에 비해 조선에서는 공급자 집단인 전문가 그룹이 일본에 뒤지지 않는 열정과 능력을 갖춘 경우가 적지 않지만, 수요자 집단이 제대로 받쳐주지 못함으로써 전통문화 장르의 맥이 끊기거나 끊길 우려가 높았다.

상업과 자유시장이 활성화된 일본, 그렇지 못한 조선

넷째, 상업과 자유시장 도시(오늘의 경제특구와 유사) 개설에 대한 인식과 규제 등 양국 지도자와 사회질서 체계의 차이다. 일본에서는 근세 이후 서민문화를 이끈 이들이 도시 거주자인 정인이며, 이들 그룹의 선두에는 자유시장에서 능력을 인정받은 상인들이 자리하고 있다.

상업으로 부를 축적한 이들이 서민문화 창달의 주역인 것이다. 이들 사이에서 널리 통용되는 각종 문화를 즐기는 계층은, 시간이 지나면서 같은 지역에 사는 장인과 부유한 농민, 무사 등 지배계층으로 확대된다.

오사카가 역사적으로 상인의 마을로 인식되는 배경에는 자유시장 도시인 사카이와 사카이 상인의 존재가 있다. 사카이는 에도시대 초반 본격적인 쇄국이 시행되기 전까지, 중세 유럽의 도시국가처럼 상업 활동이 번창한다. 포르투갈, 네덜란드 등 서구 상인들까지 내왕하면서 명성이 전국에 알려지고, 대명 등 지배층도 사카이 상인을 통해 총포 등의 군수 물자와 생활 용품을 조달한다.

오사카·교토 상인 가미가타 문화
vs 에도 정인 가세이 문화

거대한 부를 축적한 상인들은 재력을 바탕으로 오사카와 교토를 중심으로 한 가미가타上方 문화 창달에 기여한다. 이는 훗날 에도의 정인들이 중심이 된 가세이 문화의 개화로 이어진다.

사카이의 자유분방함이 성性의 영역으로 확대된 것이 교토의 시마바라와 에도의 요시와라 유곽이다. 일본에서는 14세기 후반에 양민들이 이용할 수 있는 공창이 들어서 성을 합법적으로 매매할 수 있게 된다. 성매매는 1957년의 매춘금지법시행 이후 금지된다. 아시카가 요시미쓰, 도요토미 히데요시, 도쿠가와 히데타다 등 일본의 지도자들은 공창 개설에 긍정적이었고, 시대에 따라 다르지만 대명급 무사를 위시한 상당수 지도층 인사들이 이들 시설의 단골이 된다.

사카이 같은 자유시장 도시 없는 조선, 거상의 힘 약해

일본에 비해 조선은 상인을 천시하여 상업의 발달을 간접적으로 위축시킨 측면이 없지 않다. 또 사카이 상인 같은 그룹의 존재나 그들만의 자유시장 도시 개설을 용인하지 않았다. 개성상인으로 대표되는 일단의 그룹이 고려, 조선에 이어 일제강점기까지 거상으로 불리며 부를 축적한다. 하지만 이들은 전국을 돌아다니며 장사한다. 개성에 그들만의 아지트 공간이 없지 않지만, 이곳에서의 상업 활동보다 전국 각지를 돌아다니며 장사하는 것이 훨씬 많은 이득을 얻을 수 있었기 때문이다.

아울러 조선의 거상들은 왕과 그 측근, 양반 등 지배계층과 거래하여 자신의 지위와 발언권을 높이거나, 전통문화의 일급 기예 보유자들을 지원하여 문화 창달에 기여한 사례가 별반 없다. 이러한 행적은 개화기에 근대 자본가, 기업가로 변신한 개성상인들이 별로 없다는 사실과 연관이 있는지 모른다. 장사를 넘어 인맥을 쌓고 스스로의 영향력을 상업 외 영역으로 넓혀 정계의 거물로 성장한 이들도 거의 없다.

상인이 지도층 인사로 변신, 조선보다 신분이동 자유로웠다?

조선에 센노리큐 같은 이들이 없다는 사실이 이를 웅변한다. 사카이 상인 출신의 센노리큐는 대명 등 일본 지도층 인사와 교류하면서 이들과의 관계를 돈독히 한다. 당대 일급 장인이나 문화계 인사들과 다회를 갖는 등 친분을 쌓고 축적한 부로 이들의 후원자가 된다. 끝내는 대명을 웃도는 지위와 명예까지 얻는다. 조선의 거상이 '장사치는 장사로 말하라'는 원칙에 충실한 점은 평가받을 수 있을지 모르지만, 상인의 영역을 넓혀 상인의 지위향상에 기여하지 못한 점은 센노리큐와 대비된다.

하물며 조선에서 시마바라나 요시와라 같은 유곽의 설치는 생각조차 힘들었을 것이다. 인구 중 노비가 많고 양민이 적은 조선은 수요층이 얇아, 유곽을 위시한 시장 활성화 측면에서 일본보다 여건이 좋지 않다. 조선의 부는 소수 양반과 상인층에 집중되어 있지만 이들이 소비나 후원 등으로 문화 창달에 나섰다는 기록은 찾아보기 힘들다. 상황이 이렇다 보니 민화나 통속소설 작가들의 작품 활동이 여의치 않았을 것은 쉽게 짐작해 볼 수 있다.

전통문화·예능을 직접 즐긴 일본 지도층, 조선은?

다섯째, 지도층 인사들이 각종 문화 행사를 즐기고 지배체제나 사회문화 질서가 문화의 발전과 보급, 확산에 긍정적인 영향을 미쳤느냐의 여부다. 능악의 춤이나 다회, 배구나 단가, 서도 등은 장군과 대명 등이 즐기는 행사이기도 할 뿐더러 가신이나 양민층에서도 빠진 이들이 적지 않다.

정인들에게 인기가 높은 가무기와 인형정유리의 경우 무사와 가족들의 관람이 원칙적으로 금지되어 있다. 하지만 보고 싶은 욕심에 일부 지배층 인사들이 변장하고 입장하는 사례가 적지 않았다. 물론 정인들의 삶을 엿보고 정세를 파악하기 위해 극장에 들어가 관람하는 경우도 없지 않을 것이다.

극과 달리 소설류와 수필, 판화 등의 그림은 무사 계층에서도 인기가 높다. 유명 작가의 소설과 그림이 날개 돋친 듯이 팔려 나가 일부 베스트셀러 작가는 창작 작업으로 생계를 유지한다. 부세회우키요에 등의 판화는 평판이 좋아 일본을 찾은 외국인들이 특히 선호한다. 일부 판화는 서양에 건너가 고흐, 고갱 등 인상파 화가들의 화풍에 영향을 미친다.

이에 비해 조선의 소설과 그림, 공연극은 수요 부족으로 국내에서

조차 명맥 잇기가 힘들다. 무명작가의 민화인 어락도·까치와 호랑이·신선도 그리고 김홍도와 신윤복의 풍속화 등이 있지만, 판화인 부세회처럼 대량 복제가 힘들어 확산되지 못한다. 판소리·경기 별산대놀이·황해 봉산탈춤·경북 하회별신굿놀이·함남 북청 사자놀이 등의 탈춤도 좋은 볼거리이자 놀거리지만, 양민들이 일상적으로 즐길 수 있는 오락과는 거리가 있다. 허균의 『홍길동전』, 김만중의 『구운몽』, 작자 미상의 『춘향전』 등의 소설이 독자를 확보하지만 전업 작가 배출로 이어지지는 못한다.

양민층 수요 부족한 조선, 대중문화 바람 잡기 어려워

주된 문화 수요층인 양민의 숫자가 적다보니 공급자 측의 열정이 쉽게 식어 버리는 등, 에도 가세이 문화 같은 대중문화의 바람을 일으키기가 힘들었다. 문화 창달의 기반 마련을 위한 선순환 메커니즘을 찾아내기 어려운 상황이었다. 부가 골고루 분배되어 있다면 좀더 많은 수요자를 확보할 수 있었을지 모르지만, 양반과 부농 등 일부 그룹에 부가 편재되어 있고 이들의 전통문화의 전수와 발전에 대한 관심이 약하다.

배경에는 소설과 탈춤, 판소리 등 각종 문화 매체가 양반계층에서 일어나는 각종 위선과 비리, 오만과 무례 등을 꼬집거나 고발하는 내용을 담고 있다는 사실이 있다.

이상에서 살펴본 다섯 가지 차이점은 지난 수백 년에 걸쳐 조선과 일본에서 살아온 이들이, 삶과 문화면에서 다른 모습을 보여준 배경을 설명하기 위한 것이다. 여기서 제시된 것 외에 차이점을 설명할 수 있는 설득력 있는 해석이 있을지 모른다. 이는 독자 여러분의 도전 과제로 남겨둔다.

지금까지 살펴본 생활 속의 문화 중 전통문화, 전통예능 분야는 대부분 무형문화로 일부는 유네스코 인류무형문화유산으로 등재되어 있다. 이밖에 양국에는 유형문화재로 분류되는 것들이 다수 있고 이들 중 일부는 세계문화유산으로 등재되어 관리된다. 전통문화와 전통예능의 전수와 향유하는 모습에서 살펴본 양국 차이에 비해, 등재된 문화유산의 차이는 양과 질의 양면에서 상대적으로 작다고 할 수 있을지 모른다.

한·일의 문화유산

생활문화로 분류되는 각종 문화는 한때 유행하는 것이 있는가 하면 오늘날까지 꾸준히 이어져 오는 것도 있다. 선조들이 즐겨 신거나 입고 쓰던 짚신·무명옷·갓 등은 오늘날 그 자취를 찾아보기가 쉽지 않다. 놋쇠 그릇 등 식기류나 곰방대(긴 담뱃대), 민화 같은 그림도 비슷한 처지일 것이다. 이에 비해 보리차와 중절모 같은 것들은 여전히 주변에서 쉽게 관찰된다.

놀이문화에서도 연이나 쥐불·농악·판소리 등 오늘날에도 흔적을 확인할 수 있는 것들이 일부 남아 있지만, 좀더 많은 것들은 특별 행사 때에 그 존재를 확인할 수 있는 정도다. 생활문화와 달리 놀이문화 중에는 유네스코의 인류무형문화유산으로 등록된 사례가 제법 있다. 우리의 농악·줄다리기·줄타기·남사당놀이 등이다.

세계유산 : 문화·자연·복합·인류무형문화·기록 유산

유네스코는 이외에 기록유산과 세계유산을 별도로 관리하고 있다. 비중 있게 다루는 세계유산은 문화유산, 자연유산, 복합유산으로 세분된다. 우리나라는 13종의 기록유산과 12종의 세계유산을 등재하고 있다. 세계유산 중 11종은 문화유산이고 제주 화산섬과 용암동굴(2007년) 하나가 자연유산이다.

위에서 살펴본 생활문화와 놀이문화는 일본에서도 그 자취를 확인할 수 있다. 물론 내용은 큰 차이를 보인다. 그리고 유네스코에 등재된 각종 유산도 우리 못지않게 많고 다양하다. 시야를 중국과 인도를 포함하는 아시아권, 나아가 세계로 넓히면 세계유산은 우리나라와 일본보다 숫자가 월등히 많고, 스케일과 섬세함 등의 측면에서 비교할 수 없을 정도로 출중한 것들이 적지 않다.

오늘날 한일 양국의 생활문화는 서양문화의 영향을 강하게 받고 있다. 상대적으로 전통적인 모습이 많이 남아 있는 식문화에 비해 의복과 주거 문화에서는 서구의 영향이 강하다. 배경에는 서구문화를 따르는 것이 편리하고 실용적이라는 개인적인 판단이 있다.

문화·문명의 동서양 차이, 서양의 비교 우위?

서양문화와 문명의 비교우위는 문화유산 등에서도 일정 부분 확인할 수 있다. 웅장하고 섬세한 문화유산의 상당수가 서양에 소재하고 있다. 이집트의 피라미드와 스핑크스, 그리스의 파르테논 신전, 요르단(구 나바테아 왕국)의 페트라, 로마의 콜로세움 등이 대표적이다. 동양에서는 중국의 만리장성과 진시황 병마용을 위시하여 인도, 캄보디아의 거대 유적들이 자존심을 지켜주고 있다. 그렇지만 문명사적 측면에서는 비중이 서양의 그것들에 비해 약하게 처리되는 경향이 없지 않다.

경제사학자들의 분석에 따르면 역사적으로 동양과 서양의 소득수준은 근대 이전까지 큰 차이가 없다. 하물며 3, 4천 년 이전의 이집트, 메소포타미아Mesopotamia 문명 시대나 2천 년 전의 그리스, 로마 시대에는 말할 것도 없을 것이다. 그런데 도시 유적지나 역사적 구조물 등을 보면 규모와 섬세함에서 큰 차이를 보인다. 동양의 유적과 유물에도 진시황 병마용과 같이 훌륭한 설계 하에 공을 들여 멋지게 만든 것들이 적지 않지만, 양과 질적인 면에서 서양에 미치지 못하는 것처럼 보인다. 이 차이를 어떻게 설명할 수 있을까?

이러한 유적과 유물들은 당대 최고권력자인 황제와 왕, 영주, 귀족들의 의지로 만들어진 것이 대부분이다. 권력자의 뜻이 당대의 일류 장인들에 의해 멋진 형태로 형상화된 것이다. 물론 이들 구조물의 축조 과정에 동원된 노예 등 하층민의 피와 땀이 배어 있을 것은 쉽게 짐작할 수 있다.

그런데 소득이 비슷해도 남겨진 스톡 즉 저량貯量이 다를 수 있다. 동서양을 불문하고 권력자는 자신의 힘을 과시하기 위해 생산물이나 소득의 일부로 구조물을 짓는다. 계획의 치밀함, 사용한 원자재의 특성, 동원된 인력의 기술력 차이 등으로 스톡으로 남는 시설의 규모와 가치, 내구연한 등에 차이가 난다. 특히 석재를 널리 이용한 서양의 구축물이 목재와 흙 등 화재에 약하고 내구성이 떨어지는 소재를 사용한 동양의 구축물보다 앞선다.

병마용 등 중국 문화유산이 동양의 자존심 지켜준다

중국은 전국시대를 거쳐 한, 삼국, 진晉으로 이어진다. 한의 수도 장안(창안, 지금의 시안)에 유적과 유물이 있지만 로마의 것과 비교하면 중량감이 다소 떨어진다. 기록물도 『사기』, 『삼국지』 등 훌륭한 것들이 적지 않지만 그리스 로마의 기록물과 비교하면 양과 질 면에서 아쉬움이 남는다. 중국의 세계문화유산은 52종(2017년 기준)으로 문화유산이 36종, 복합유산 4종, 자연유산이 12종이다. 문화유산은 진시황릉과 병마용갱, 만리장성, 베이징과 선양의 명·청왕조황궁군, 막고굴莫高窟, 주구점 베이징원인유적(이상 1987) 등이고, 자연유산은 구채구九寨溝 계곡 경관과 역사지역, 황룡경관과 역사지역, 무릉원 경관과 역사지역(이상 1992) 등이며, 복합유산은 태산(1987), 황산(1990) 등이다.

우리나라의 세계문화유산은 12종으로 문화유산 11종, 자연유산 1종이다. 별도로 무형문화유산 19종과 기록(혹은 기억) 유산 13종이 있다. 문화유산에는 해인사장경판전, 종묘, 석굴암과 불국사(1995), 창덕궁, 수원화성(1997), 고인돌 유적과 경주 역사유적지구(2000), 조선왕릉(2009), 안동하회·경주양동 역사마을(2010), 남한산성(2014),백제역사유적지구(2015) 등이 있다. 자연유산은 제주화산섬과 용암동굴(2007)이다. 무형문화유산은 종묘제례 및 종묘제례악(2001) 등이고 기록유산은 훈민정음 해례본, 조선왕조실록(1997) 등이다.

우리 문화유산, 일본에 비해 크게 뒤지지 않아

일본의 세계문화유산은 21종(2017년 기준)으로 문화유산 17종, 자연유산 4종이다. 별도로 무형문화유산 22종과 기록(혹은 기억)유산 5종이 있다. 문화유산에는 법륭사불교건축물, 히메지성(1993), 교토문화재(1994), 시라카와고·고카야마 합장집락(1995), 원폭돔, 이쓰쿠시마신사(1996), 나라문화재(1998), 닛코사사(1999), 류큐왕국 구스크(2000), 기이산지 영장과 참예도(2004), 이와미 은산유적(2007), 히라이즈미–불국토 건축·정원(2011), 후지산(2013), 도미오카제사장과 견산업유산군(2014), 메이지일본산업혁명유산(2015), 도쿄 우에노 국립서양미술관(2016), 신이 깃든 섬 무나카타·오키노시마와 관련 유산군(2017)이 있다. 자연유산에는 야쿠시마, 시라카미산지(1993), 시레토코(2005), 오가사하라제도(2011)의 4종이 있다. 이밖에 무형문화유산으로 능악노가쿠(2001), 인형정유리문악닌교조루리분라쿠(2003), 가무기가부키(2005), 화식와쇼쿠(2013) 등이 있고, 기록유산으로 야마모토 사쿠베이의 치쿠호 탄광 기록화·기록문서(2011) 등이 있다.

참고:중국 문화유산 – 진시황 병마용

관광자원에는 수려한 자연 경관 외에 선대의 유적과 유물, 전통문화 등 유무형의 문화유산, 다양한 근현대 문화와 문물이 있다. 중국을 대표하는 유적과 유물은 만리장성과 진시황 병마용이다.

전세계 관광객 1, 2위인 만리장성과 병마용

진시황은 중국 최초의 황제다. 기원전 246년, 13세에 즉위하여 49세로 사망 시까지 37년간 권좌에 머문다. 통일 진의 황제였던 후반부 11년을 포함하여 그는 자신의 능 건설에 70만 명을 동원하였다. 이같은 노역의 결과물이 2천 년이 지나 시안 일대와 중국에 노다지를 안겨주고 있다.

병마용갱은 1974년 발견되어 1978년 유네스코 문화유산으로 등록되었으며 베이징의 만리장성과 더불어 중국의 2대 관광지다. 글로벌유산기금GHF에 따르면 연간 방문객은 내국인 천만, 외국인 8백만 명 등 천 8백만 명으로 관광 수입은 19억 달러(2010년 10월 기준)이며 세계에서 두 번째로 많다. 이후 입장료 인상과 방문객 증가로 수입이 더 늘었을 것이다.

세계 8대 불가사의의 하나라는 병마용갱 일대가 좀더 정비되고 시안 일대의 대기오염이 완화되면, 일본의 교토 등과 더불어 동아시아의 핵심 관광거점의 하나가 될 것이다. 사마천이 『사기』에서 "백 개의 바다와 강을 만들고 기계장치로 수은이 끊임없이 흐르고 있다. 위로 태양,

달 같은 천체가 있고 밑으로 산과 강 등의 지형을 갖추었다"고 표현한 능의 발굴까지 이뤄져 소개될 수 있다면 그 가치가 한층 증대될 것이다.

병마용은 진시황 유적지라서 문화대혁명 견뎌냈다?

이 유적지를 찾아낸 것은 한 농부다. 1974년 3월, 능의 동쪽 1.5㎞에 위치한 시양西楊촌의 양시화가 우물을 파다가 병마용을 발견한다. 이후 황제의 근위대격인 7천 점 이상의 병마용이 잇달아 모습을 드러낸다. 병마용은 흙을 구워 만든 실물크기의 병사와 말, 마차의 형상물로 황제와의 동행 차원에서 부장된 것이다. 1호갱은 동서 230m, 남북 62m, 깊이 5m로 1979년 10월 공개된다. 병사의 얼굴과 몸체 모습은 조금씩 달라 통일 국가의 지역 병사를 형상화한 것으로 추정되며, 제작 당시에는 대부분 채색되어 있었다. 3호갱을 발견한 후에도 발굴과 복원이 이어지고 있다.

병마용의 시선은 황릉을 향하며 황제가 이들과 자신의 출신지인 서쪽 땅을 보고 있는데, 이러한 배치는 시선이 남쪽을 향하는 한족 황제와 다른 모습이다. 생전 진시황은 분서갱유의 만행을 자행하지만, 이것이 그가 훗날 문화대혁명에 나선 마오쩌둥으로부터 존경받는 인물이 되는 이유가 된다. 유적지가 처음 발굴되기 시작할 무렵은 중국내 문화대혁명이 한창인 때로 자칫 구시대의 유적, 유물로 간주되어 파괴될 위험이 컸다. 다행히 산시성의 발굴단 책임자로 파견된 고고학자 위안중이가 진시황 관련 유적지임을 입증하자, 파괴가 아닌 전면적인 발굴 지원을 얻게 된다.

위안중이 교수 외에 오늘의 병마용이 있게 한 또 다른 사람이 캐나다 저널리스트인 토핑이다. 그녀는 1975년 취재와 보도가 통제된 병마용 유적지 발굴 현장을 답사하고 뉴욕타임즈에 사진 없이 병마용 발굴 기사를 소개한다. 이후 중국 주재 캐나다 대사관을 통해 병마용 발굴 사진을 비밀루트로 얻는다. 이를 토대로 병마용 관련 기사를 『내셔널 지오그래픽』(1978.4)지에 상세히 소개하여 그 존재를 전 세계에 알린다. 그녀의 보도로 인해 병마용 발견이 20세기 최대의 고고학적 발굴 사건임이 널리 알려진다. 아울러 중국 당국도 병마용의 존재를 더 이상 감출 수 없다는 사실을 깨닫고 조기에 실상을 공개하면서 체계적인 발굴에 나서게 된다.

최단기 존속 진秦이 남긴 병마용, 최장기 알짜배기 유산?

진시황이 세운 진은 2대 황제 호해胡亥의 실정으로 망국을 맞이하여 불과 15년간 존속한다. "교만한 자 오래가지 못한다"는 옛 말에 꼭 들어맞는 사례가 되고 만다. 하지만 그의 국가 진과 달리, 생전 심혈을 기울여 구축한 병마용은 중국 내 최대 유적지이자 세계적인 관광지로, 먼 미래에 걸쳐 알짜배기 문화유산의 지위를 지켜나갈 것이다. 아울러 진시황과 진은 중국인들에게 어느 황제나 왕, 어느 왕조보다 깊게 각인될 것이다. 진시황 못지않은 힘 있는 권력자들이 많은 유산을 중국 대륙에 남겨 놓았지만 훗날까지 남아 문화유산으로 평가받는 것은 극히 일부다.

유적지가 있는 시안은 중서부 산시성의 성도로 동서양문화, 문물의 교류에 기여한 구 실크로드의 출발점이자 종착점이다. 당나라 시절의 인구가 백만 명을 넘어 아테네·로마·이스탄불과 함께 4대 고대 도시 중 하나로 꼽힌다. 장안창안으로도 불리며 진·서한·수·당 등 13개 왕조의 고도로서 북경베이징·낙양뤄양·개봉카이펑·남경난징·항주항저우·악양안양과 함께 7개 고도로 분류된다.

👧 칼럼의 해설로 평소 깊이 생각해보지 않았던 전통문화, 전통예능에 대해 많은 것을 알 수 있었던 것 같습니다. 지리적으로 이웃해 있지만 문화적으로 다른 점들이 적지 않아 일본이 '가깝고도 먼 나라'라는 말이 실감납니다. 그렇지만 과거의 문화와 예능의 많은 부분을 오늘날까지 보존하고 나아가 일상에서 이를 즐기는 일본인들이 솔직히 부럽게 느껴지기도 합니다.

🎩 그런가요? 한 나라의 문화를 논하고 다른 나라의 문화와 비교, 분석하는 작업은 쉽지 않아요. 가령 문화를 '특정 시대의 사회와 구성원이 누리는 삶의 복합체'라고 정의해보죠. 이때 복합체는 다방면의 요소들이 얽혀 형성된 독특한 멋과 분위기를 지닌 그 무엇이라고 할 수 있겠죠. 양국은 지배층이 문인과 무인, 피지배층이 노비 비중이 높은 조선과 양민 위주의 일본으로 달라요. 그래서 통치 방식과 사회적 가치관 등에서 차이를 보이고 사회와 사람들이 만들어내는 문화도 다른 모습을 띠게 되는 거죠.

👩 일본 문화는 우리와 꽤 다른 모습을 보인 장르에서 서양인들로부터 양호한 평가를 받아요. 짧은 정형시인 Haiku, 판화인 Ukiyoe가 대표적이죠. 두 가지는 평판도 좋지만 세계화되어 지금은 서구인들도 이를 응용하여 즐기지요. 1930년대 파리에 유학한 후지타 쓰구하루는 그곳 화단에서 피카소, 루소, 모딜리아니 등과 어울리며 높은 평가를 받아요. 배경에 Ukiyoe의 영향이 없지 않았겠지요. 일본화식 터치로 그린 나부상으로 명성을 얻은 그는 20세기를

대표하는 일본인 최고 화가 중 일인이 되죠.

👩 우리의 전통문화나 예능 분야 중 세계화되어 서구인 등이 즐기고 있는 것은 없나요? 두 분 말씀을 들으면서 "적지 않은 세계문화유산과 무형문화유산을 지니고 있는 우리인데 왜 그러한 것이 없을까?" 하는 생각이 들거든요. 없다면 지금부터라도 우리 냄새가 물씬 나는 전통문화와 예능 분야 중 현대인의 취향에 맞는 형태로 개량할 수 있는 것을 찾아내, 우리도 즐기고 세계인이 즐길 수 있도록 하면 좋을 것 같은데요.

👴 글쎄요. 유네스코에 등록된 무형문화유산 중에서 찾아보면 어떨까요? Pansori, NamsadangNori, Cheoyongmu, Gagok, Taekkyeon, Arirang, Kimjang, Nongak 등이 후보가 될 수 있겠죠. 이 중 국내에 애호가 클럽이 결성되어 활성화된 것은 대학이나 지역에 서클이 있는 Nongak 정도로, 나머지는 감상이나 관람 혹은 이벤트성 행사의 대상에 머물고 있죠. 문제는 우리가 큰 흥미를 느끼지 못하는 Nongak을 세계인들이 흥미 있게 접할 수 있겠느냐는 것이죠. 물론 잘 개량하면 얘기가 달라질지 모르죠.

👩 할아버지가 얘기한 무형문화유산 외 다른 분야에 후보감이 있을지 몰라요. 탈춤·승무·살풀이 같은 한국무용과 풍물놀이(남사당패 놀이 중 첫 번째 놀이) 등 춤과 놀이에서 적합한 것을 골라 세계인에 통하도록 재구축하는 방안이 고려될 수 있겠죠. 전통적인 시·시

조·그림·창을 포함한 음악 등의 장르에서는 마땅한 후보감을 찾기 힘들지 몰라요. 하지만 전통 춤과 놀이문화의 원형을 지키되 활용에 변화를 주어 오늘의 춤과 음악에 결합시키면, 또 하나의 '강남스타일' 같은 유튜브 영상이 태어날지 모르죠.

🧑 문화유산의 경우 전부터 많이 들어왔던 얘기들이어서 친근감이 있네요. 우리와 일본의 경우 스케일이 큰 구조물이 없지만 중국은 그렇지 않아요. 이집트, 그리스, 로마에 뒤지지 않을 큰 시설물도 적지 않은 듯합니다. 우리와 일본의 경우 목조 구조물이 많아 전란과 지진 등의 재해로 소실된 것들이 많기도 하지만, 처음부터 스케일이 큰 시설물이 건립되지 않았다는 말이 맞겠지요. 이에 비해 석조 구축물이 많은 서구권에서는 지진과 풍우, 전란을 견디고 살아남은 것들이 적지 않은 거죠.

🧑 우리도 병마용과 만리장성 같은 문화유산이 남아 있다면 제법 관광객을 끌어 모을 수 있겠죠. 중국은 이같은 문화유산에 덧붙여 수려한 자연경관, 식문화, 소수민족의 고유 생활풍습 등이 세계인의 관심을 끌어 관광객이 몰리고 있죠. 일본은 중국같은 대형 문화유산은 없지만 가무기·능·문악 같은 전통예능을 위시한 전통문화, 쾌적한 도시 및 생활공간, 정중하고 공손한 대접 문화, 깔끔하고 정갈한 식문화로 관광객을 끌어들이고 있어요. 우리는 무엇으로 좀 더 많은 관광객을 끌어들일 수 있을까요?

문화유산이 미래 세대의 부라고 얘기하면 이는 문화유산을 관광자원으로서 접근하고 이해하는 시각이죠. 하지만 우리 미래 세대들의 삶을 문화적으로나 정신적으로 풍요롭게 해줄 수 있는 방향으로 접근할 수도 있지 않을까요? 관광객에게 보여주기 위한 문화유산만이 아닌 TV 드라마나 영화, 연극, 광고 등에서 소품이나 배경 등으로 활용하여 일상생활 속의 친숙한 문화유산이 되게 하는 방법도 있겠지요. 이를 통해 문화유산의 숨은 가치가 드러나고 나아가 더 높아질 수도 있지 않을까요?

함께 생각해봅시다

1. 양민의 삶과 문화가 양국 역사의 품격에 어떤 영향을 미칠까요?

2. 어느 시대 어느 장면의 삶과 문화가 양국 역사의 품격에 가장 큰 영향을 미칠까요? 왜 그렇게 생각하나요?

3. 양국의 세계 문화유산은 역사의 품격에 어떤 영향을 미칠까요? 문화유산의 양과 질 중 어느 쪽의 영향이 클까요? 왜 그렇게 생각하나요?

4. 양국 양민의 삶과 문화, 문화유산의 역사에서 아래 '신격의 역사' 유형에 해당하는 시대나 장면을 찾아볼 수 있을까요? 유형은 중복될 수 있습니다.

유형I: 잘못된 정치·정책으로 역사적 비극과 대실패 초래 (역사 암전·퇴보)

유형II: 역사적 사실에 대한 조사, 기록, 교육이 없거나 약함 (역사 누락)

유형III: 역사적 사실의 미화 분식과 조작 (역사 왜곡)

Ⅵ. 전쟁·전투 사관

🧑‍🦰　여섯 번째는 역사상 끊임없이 벌어진 각종 전쟁과 전투에 대한 인식의 비교입니다. 일반적으로 전쟁관이라고 하는 것 같은데요. 일본은 각 지역 영주들이 할거하는 시기가 길어 우리보다 전쟁과 전투가 많았을 것으로 추정됩니다. 양국에서 전쟁관이 어떻게 얘기되고 있는지요?

🧑　전쟁관이 자주 논의되는 주제는 아니지만 양국의 역사에는 수많은 전투와 전쟁이 있지요. 이러한 싸움을 어떻게 이해하고 역사적으로 정리, 평가하고 있는가 하는 것은 꽤 흥미로운 주제가 될 수 있겠지요. 양국 간의 분쟁도 대규모 전쟁에서 해적 등 일부 세력의 침략에 이르기까지 다양해요. 그리고 이들보다 훨씬 많은 싸움이 국내 세력 간의 다툼이죠. 양국이 관여된 전쟁에 각기 다른 이름이 붙어 있고 국내에서 전개된 각종 반란, 정변, 전투에 대해서도 다양한 이름이 붙어 있죠.

👧 　할아버지가 지적하신 싸움에 대한 명칭에서 양국 국민의 전쟁관을 짐작해 볼 수 있을지 모르죠. 싸움의 명칭은 여러 가지 사정이 고려되어 정해지지만 시간이 지나면서 바뀌는 경우도 없지 않아요. 대개는 승자 측이나 정부(혹은 조정) 인사들이 중심이 되어 공적·사적 기록물에 이름을 붙여 기록해 놓지요. 이렇게 붙인 이름이 동 시대나 후 세대 사람들에 의해 인용되면서 이름이 확정되기도 하고 바뀌기도 하지요. 상황이 이렇다 보니 명칭에는 대개 승자 측의 전쟁관과 역사관이 반영되지요.

👩 　두 분이 언급한 전쟁관이 모두는 아니겠지요. 가령 '침략전쟁이다' '정당한 전쟁이다' '불법 전쟁이다'와 같이 어떤 전쟁의 성격에 대해 논쟁을 벌이는 경우가 있는 것 같은데요. 이러한 논쟁은 앞에서 거론한 전쟁관 논의와 그 성격이 다르지 않나요?

👴 　정확히 보았네요. Erin이 지적한 방식으로 전쟁관을 논하는 이들이 더 많고 학술적으로는 이 분야를 '전쟁론'이라고 해요. 일반인 입장에서는 별로 흥미가 안가는 내용일 수 있지만요. 전쟁론은 국제법과 밀접히 연관되어 있어요. 근세에는 정당한 전쟁이냐 부당한 전쟁이냐를 가리는 정전正戰론에 따른 차별전쟁관이 주류를 이루죠. 18세기 후반 이후 교전국을 대등하게 보는 무차별전쟁관으로, 그리고 1차 대전 후 거의 모든 전쟁의 위법성이 강조되면서 다른 유형의 차별전쟁관으로 바뀌죠.

근자에는 무차별전쟁관이라는 용어가 사장화되면서 차별전쟁관이 주류를 이뤄요. 논의의 중심에 있는 정전론은 로마철학과 가톨릭교에 기원을 두고 있으며 군사 문제에 대한 윤리상의 원칙과 이론을 담고 있어요. 정의로운 전쟁으로 한정하여 전쟁의 참화를 제한하는 것을 목표로 구축된 이론이죠. 성전과 일부 중복되지만 선과 악의 싸움, 제한을 두지 않는 전쟁을 부정하는 점에서 구별되죠. 성전으로 시작된 30년전쟁(1618-1648년) 이후 서구에서는 성전이 부정되고 정전이 전쟁론의 주된 흐름이 되죠.

어려운 얘기라 이해하기 쉽지 않네요. 주류파인 정전론은 서구권에서 논의되면서 이론 체계가 구축되어 왔군요. 그런데 일본에서는 차별전쟁관인 정전론이 아닌 무차별전쟁관이 지금도 일정한 영향력을 지니고 있다고 하던데요. 이것은 어떻게 이해해야 할까요?

일본은 19세기 말부터 20세기 중반까지 중국·러시아·미국과 큰 전쟁을 치르죠. 그 과정에서 정부 관료와 관변 학자 등이 이들 전쟁을 합리화하고 정당화할 필요성을 느껴 무차별전쟁관을 들고 나오지 않았을까요. 이 전쟁관의 가장 큰 특징은 일국이 전쟁을 통해 문제 해결을 추구하는 것을 국제법이 평가할 수 없는 초법적 extralegal 현상으로 보는 거죠. 전쟁은 국가의 권리나 자유로서 국제법적 제약 대상이 아니며, 전쟁 사유는 정, 부정의 평가대상이기보다 도덕과 국가정책의 문제라고 인식하죠.

일본은 근대화기의 세계사적 흐름에 놀랍게 적응하여 아시아 유일의 열강이 되죠. 그런데 일본 내 군국주의자들의 구미에 딱 들어맞는 전쟁론이 무차별전쟁관이에요. 이에 따르면 전쟁 개시 후 교전국은 대등한 지위에 놓이고 국제법상 교전법규가 동일하게 적용되죠. 이때 무차별 적용의 법 개념을 놓고 전쟁 시의 법jus in bello과 전쟁을 위한 법jus ad bellum으로 다시 구분하죠. 한편 일부에서는 전쟁 개시 국면을 초법적 현상으로 보지 않고 최후 자조 수단으로서 선택된 전쟁만을 합법으로 보기도 해요.

두 분의 설명을 듣고 보니 무차별전쟁관은 태평양전쟁을 일으킨 일본의 입장을 옹호하기 위해 개발된 전쟁관이라는 생각이 드네요. 세계적으로 보면 무차별전쟁관의 존재감이 급속히 약화되었다는 점이 시사하는 바가 클 것 같네요. 주변에 강대국을 두고 있는 우리 입장에서는 전쟁론을 어떻게 접근하는 것이 바람직할까요?

앞에서 얘기한 전쟁관의 변천사에서 알 수 있듯이, 정전론 등의 전쟁론은 힘이 강하고 또 전쟁을 일으키는 쪽에서 관심을 갖고 관련 이론을 발전시켜 왔어요. 물론 국적과 무관하게 국제법 전문가들도 전쟁을 억제하고 전쟁에 따른 참화를 제한하기 위해 관련 논의에 참여해 왔죠. 강대국이 아니고 국제법 전문가가 많지 않은 우리 입장에서는, 전쟁론이 주변의 잠재적 침략국에 유리하게 변천, 발전하지 않도록 경계하면서 필요시 관련 논의에 적극 참가하는 자세가 필요하지 않을까요?

우리가 취해야 할 대응 자세를 할아버지가 잘 정리하셨네요. 엄마는 우리가 관심을 가져야 할 전쟁관은, 학술적 차원의 전쟁론에서 논의되는 것보다 한일 양국이 2천여 년의 역사에서 경험한 국내 외 전투와 전쟁을 보는 시각이라고 생각해요. 앞에서도 언급하였듯이, 유사한 사건이나 양국이 연관된 전투와 전쟁이 각국에서 어떻게 표기되고 있는지 등을 비교해 봄으로써 양국 국민의 전쟁관에 접근할 수 있죠. 학술적인 전쟁론이 철학적이고 법적, 정치적 문제에 초점을 맞추는 것과 다른 접근이죠.

엄마 말씀이 설득력이 있어 보입니다. 이제부터는 두 나라 역사에 반영된 전투와 전쟁을 보는 시각 측면에서 전쟁론을 살펴보면 좋겠습니다. 동일한 사건이 양국에서 어떻게 표기되고, 비슷한 형태의 전투와 전쟁에 어떠한 이름이 붙어 있으며 그 배경에 무엇이 있는지 등을 살펴보는 거죠. 이렇게 볼 때 양국의 전쟁관은 어느 부분이 가장 다른가요?

우리는 큰 전쟁을 얼마 전까지 '란'으로 표기한 점이 가장 큰 특징이지요. 우리 역사에서 '전쟁'이란 표기는 나당전쟁(670-676년)과 한국전쟁(1950-1953년) 정도예요. 두 전쟁 못지않은 큰 싸움인 임진전쟁(1592-1598년, 정유전쟁 포함)은 오랫동안 전쟁이라는 호칭 대신 란으로 불렸지요. 객관적으로 보면 한·중·일 삼국이 참가한 국제

전쟁인데 선조들이 붙인 이름은 왜란인 거죠. 병자전쟁(1636-1637년)도 마찬가지예요. 용어 선택에 우리 식의 전쟁관과 역사관 내지 민족 정서가 반영되었다고 할 수 있죠.

🧑 일본에는 반정反正 개념이 없어요. 가마쿠라막부의 미나모토노 요리이에(2대)와 미나모토노 사네토모(3대) 장군 암살 후 집권한 호조씨 쿠데타를 '호조씨 집권정치'라고 해요. 가마쿠라막부 멸망 후 집권한 고다이고(96대)를 실각시키고 무로마치막부를 연 아시카가 다카우지의 사례도 '무로마치막부 개설'이죠. 도요토미 히데요시 사후 아들 도요토미 히데요리의 (동량) 실각과 도쿠가와 이에야스의 막부 개설 등 세 차례의 막부 개설은, 전투를 거친 반정 성격의 사안이지만 그런 표현 대신 새 시대 개막으로 보죠.

👩 할아버지 지적대로 우리는 역사상의 큰 전쟁과 전투를 '~난' '~침입' 등으로 표기하네요. 한국전쟁도 과거에는 '6.25 동란' 등으로 표기했다고 들었습니다. 크게 승리한 전투는 '~대첩' '~전투' '~정벌로' 큰 사건은 '~변' 등으로 표기되고요. 엄마가 지적한 쿠데타 성격의 정변을 '반정'이라고 표현하는 것도 흥미롭고요. 중종반정과 인조반정이 대표적이군요. 임진전쟁을 일본에서 어떻게 표기하는지 그리고 표기법이 우리와 크게 다른 게 있는지 궁금합니다.

🎩 임진전쟁은 역사상 가장 큰 피해를 안겨준 싸움이죠. 7년전쟁, 조일전쟁 등으로 부르기도 하죠.[10] 전 인구의 1/3 상당인 2백

만 명 정도가 죽거나 실종되고 다치지요. 난(혹은 운동)으로 표기되는 고려중기 이자겸의 난(1126년), 조선시대 왕자의 난(1398, 1400년), 계유정란(1453년), 삼포왜란(1510년), 홍경래 농민운동(1811년) 등과는 인명피해나 파급효과 면에서 비교할 수 없는데, 오랫동안 임진왜란으로 불렸지요. 일본에서는 임진전쟁을 분로쿠·게이초文禄慶長의 역役으로 불러요. 연호에 전쟁을 뜻하는 역을 붙인 거죠.

우리 역사에서 주목할 점은 시대사조의 변화로 사건 명칭이 달라지는 것이죠. 반란이 운동으로 표기되는 게 대표적이에요. 고려중기 묘청의 난(1135년)이 서경천도운동, 조선말기 동학교도 난(1894년)이 동학농민운동으로 바뀌죠. 집권층이 정의롭지 못해 민중이 봉기하면 반란이 운동으로, 쿠데타가 반정으로 표기되는 듯합니다. 일제에의 항거는 3.1 독립운동(1919년), 전두환 군사정권에의 저항(1980년)은 5.18 광주민주화운동으로 부르죠. 그런데 운동 표기는 일본에 없고 일규잇키가 비슷한 개념이에요.

한 · 일의 전쟁 · 전투 사관

일본사를 들여다보면 크고 작은 싸움과 사건이 등장한다. 전쟁·전투·역役·난·사변·일규·변·사건 등이 그것인데 표기법에 고개를 갸우뚱할 때가 적지 않다. 전쟁이나 침략이라고 표기해야 할 것은 전투나 역, 난 등으로 표기하고, 반란을 전쟁으로 표현하는 등의 사례가 발견되기 때문이다. 또 개신改新, 유신維新 같은 모호한 표현도 사용된다.

국내의 기관이나 전문가들은 일본의 역사적 사건을 표기할 때 우리식 표기방식을 사용할 때도 있지만, 일본인이 교과서 등에서 사용하는 표현을 그대로 받아들이는 경우가 월등히 많다. 그런데 서구인은 일반적으로 자신들의 시각과 기준으로 일본 등 동아시아 사건을 평가하여 별도의 호칭을 붙인다. 이하에서는 역사적 사건에 대한 일본 측의 표기법과 용어 선택의 배경에 있는 일본인의 전쟁·전투 사관을 살펴본다.

일본에 건너간 한반도인은 귀화인 → 도래인

첫째, 2300여 년 전부터 단속적으로 일본 열도로 이주한 한반도인에 대한 표기법이다. 역사적으로 보면 한반도인 중 적지 않은 숫자가 전란, 교류, 기근, 표류 등의 이유로 일본으로 넘어 간다. 이주자 중 적지 않은 수가 신천지 일본에서 지배계층으로 정착한다. 이같은 역사적 사실에 대한 표현은 한반도인의 이주나 진출 등이 적합할 듯한데, 일본인은 귀화나 도래라고 표기한다. 초기에는 '귀화'라는 표기가 일반적이었으나, 1970년대 이후 일부 전문가들의 제언이 받아들여져 근래에는 '도래'라는 표기가 보편화된다. 자국 중심의 냄새가 강하게 풍기는 '귀화'에서 역사적 사실을 있는 그대로 표현하는 '도래'로 바뀐 것이다.

백제 부흥 관련 4국 전쟁을 백촌강전투로 축소

둘째, 백제 부흥군과 일본 연합군이 663년, 신라-당나라 연합군과 신라 영내(領內)를 포함한 한반도 여러 곳에서 싸운 전쟁에 대한 표기법이다. 660년의 백제 멸망 후 일본은 야마토 정권 등이 중심이 되어 구 영토에 남아 활동하는 백제 부흥군 세력을 지원한다. 몇 곳에서는 백제 부흥군과 일본 연합군이 우세를 보이기도 하나 결정적 싸움인 663년 8월의 백촌강전투에서 대패하면서 전쟁은 마무리단계에 접어든다.

이 전쟁에서 일본이 백제 부흥군을 지원하기 위해 파견한 군사는 총 4만 명이 넘는 것으로 추정된다. 이들은 나뉘어 수 차례 한반도로 이동하는데, 가장 많은 군대가 파견된 곳은 백촌강전투 지역이 아닌 구 백제와 신라의 국경 부근이다. 이때의 파병과 전투 실태에 대한 기록이 불충분하여 상세히 알기 힘들지만, 일부에서는 신라 수도 금성(지금의 경주)에 위협을 가해 백제 부흥군을 지원하려던 것이 아닐까라고 추정한다.

이때 일본은 야마토 통일 조정이 등장하기 전으로, 주요 지역 왕권이 백제 부흥군 지원에 어렵게 합의하고 각지에서 군사를 모아 전쟁에 참여한 것으로 이해된다. 그렇다 보니 대군의 지휘 체계가 확립되지 않아 수적 우세에도 불구하고 국경 부근 파견군은 제대로 활약하지 못하고 대패한 것으로 추정된다. 문제는 이에 대한 기록이 거의 남아 있지 않다는 사실이다.

이상에서 알 수 있듯이, 이때의 싸움은 백촌강전투 한 곳에서의 싸움이 아닌 상당한 기간에 걸쳐 한반도 남부의 여러 곳에서 전개된 백제부흥군–일본 연합군과 나당연합군간의 대규모 전쟁이다. 양측에서 이십여 만 명 이상이 동원된 큰 싸움으로, 이때 나당연합군이 승리함으로써 백제부흥은 더 멀어진다. 이후에도 간헐적인 전투를 벌이다가 676년 백제가 완전히 멸망한다. 일본은 패배 후 나당연합군의 자국 침략에 대비하여 북규슈를 위시한 주요 지역에 서둘러 강한 방호 시설을 구축한다. 도시 전체를 방어하는 나성羅城을 축조하고 대형 풀 같은 수성水城을 구축한 것이 대표적이다.

일본에서는 이 사건을 백촌강전투라고 부른다. 실상은 4국 군대가 연합하여 장기간 충돌한 전쟁인데 규모를 축소하여 전투battle로 표기하고 있다. 배경에 대패한 고대 전쟁의 의미를 축소하려는 의도가 있는지 모른다. 이 전쟁을 전후하여 일본으로 옮겨간 백제와 고구려 유민이 적지 않을 것으로 추정된다. 이들의 이주 역시 '도래'로 표기하는 것이 적합할 것이다.

여몽연합군 침략과 임진전쟁을 '~역'으로

셋째, 1274년 11월과 1281년 6월~8월의 2회에 걸쳐 여몽연합군이 규슈 북부 등 서일본을 침략한 사건, 그리고 16세기 후반 우리와 명이 연합하여 일본과 7년에 걸쳐 싸운 전쟁에 대한 표기법이다. 우리는 전자를 여몽연합군의 일본 정벌 혹은 침략 등으로 표기하는데, 일본에선 원구元寇, 분에이의 역(1274년), 고안의 역(1281년), 몽고습래 등으로 표기한다. 여기서 역은 사람들이 징발되어 종군하는 전쟁, 전역의 의미를 지닌다. 제3자인 서구인[11]은 몽골의 일본 침략invasion이라고 단순명료하게 표기한다.

우리는 후자를 임진전쟁(1592년, 정유전쟁 1597년) 등으로 부르는데, 일본에선 도요토미 히데요시의 조선출병, 혹은 두 전쟁을 구분하여 임진전쟁을 분로쿠의 역, 정유전쟁을 게이초의 역으로 부른다. 여몽연합군의 일본 침략과 동일한 역 표기다. 서구인은 일본의 조선 침략invasion이라고 표기한다.

사이고의 반란을 서남전쟁으로 표기

넷째, 근대에 들어와 발생한 서남전쟁(1877년), 청일전쟁(1894년), 러일전쟁(1904년) 같은 전쟁에 관한 표기법이다. 서남전쟁은 메이지유신의 최대 공신인 사이고 다카모리를 지지하는 구 사쓰마번 중심의 규슈 무사 세력과 신정부군이 싸운 내전이다. 청일전쟁과 러일전쟁은 한반도 지배권을 다투는 과정에서 발생한 청 및 러시아와의 대외 전쟁이다.

일본사에서 전쟁war이라고 표기되는 큰 싸움은 근대인 메이지시대 이후 발생한 것들이다. 최초 사례는 무진전쟁(1868-1869년)으로 이는 도호쿠 지역의 구 막부 지지 세력과 신정부군 간의 싸움이다. 이어 앞에 나온 서남전쟁 등 세 차례의 전쟁이 있었고, 여기에 중일전쟁(1937년)과 태평양전쟁(1941년)이 추가되어 일본사에는 총 6번의 전쟁이 등장한다.

그런데 서구인의 시각은 다르다. 서남전쟁을 사쓰마규슈 반란 rebellion으로 표기하여 사건의 성격을 분명히 한다. 일부 지역 세력이 정권에 불만을 품고 일으킨 반란 성격의 내전이라는 것이다.

이밖에 서구인은 헤이안시대 말기 겐씨와 헤이씨의 5년여에 걸친 겐페이합전(1180~1185년)을 겐페이전쟁genpei war으로, 무로마치시대 중반차기 장군 옹립과 유력 무사 집안의 가독 승계 문제를 놓고 벌어진 동, 서군 간의 11년 싸움인 오닌의 난(1467~1477년)을 오닌전쟁onin war으로 표기한다. 이는 서구 기준에서 전쟁이 '국가나 국가 내 대립 세력 간의 공공연한 적대적 무력충돌 상태'로 정의될 수 있음을 시사하는 것으로 이해된다.

장기간 싸운 겐페이합전과 오닌의 난, 전쟁 아냐

다섯째, 일본사에서 가장 많이 접하는 사건인 전투와 란(이하 난)에 대한 표기법이다. 전투는 백촌강전투(663년)를 위시하여 나가시노전투(1575년), 세키가하라전투(1600년) 등과 같이 통상 특정장소에서 단기간에 승패가 갈리는 싸움에 붙인다. 난은 다이라노 마사카도의 난(935년), 조큐의 난(1221년), 시마바라의 난(1637~1638년)과 같이 집권층에 저항하고 나선 반란을 호칭한다. 이 기준에 비추어 보면 겐페이합전과 오닌의 난은 대항전 성격의 합전이나 난보다 전쟁으로 표기하는 것이 실체에 적합한 표현일지 모른다.

전투는 성격상 난보다 숫자가 많을 수밖에 없다. 난에 소규모 저항운동인 일규잇키까지를 포함하면 난의 횟수는 훨씬 늘어난다. 일규는 본래 마음을 함께하는 이들이 목적 달성을 위해 조직한 공동체나 이들 공동체에 의한 기성 지배체제에 대한 저항을 지칭한다. 독일어의 Putsch에 해당하며 우리의 운동에 가깝다. 어원은 맹자에서 찾아볼 수 있다.

일본의 일규는 우리의 운동에 해당?

일규는 헤이안시대 이후 시대에 따라 의미가 조금씩 다르게 사용되어 왔으며, 농민과 백성들이 중심이 된 반동적이고 폭동적인 무력행사 외에 덕정德政 요구 등 타당한 요구사항을 내세우는 저항 운동의 성격도 있다. 그렇지만 본래 일규는 '맹약에 근거한 정치적 공동체 자체'를 지칭하며, 소작농보다 자경농이 리더가 된 사례가 많다는 점에서 일본의 일규를 영어로 표기하는 과정에서 riot, revolt, peasant uprising 등으로 쓰는 것이, 실상을 좀더 명확히 나타내는 표기라고 할 수 있을지 모른다.

역대 최대 희생자 발생한 싸움이 난?

여섯째, 역사적 사건 중 희생자가 아주 많았던 사건인 오사카 여름 전투(1615년)와 시마바라의 난에 대한 표기법이다. 오사카전투는 전년의 겨울전투와 짧은 강화기간을 포함하여 총 7개월여에 걸친 공방전이다. 이 싸움으로 도요토미가는 멸망한다. 이때 오사카성 안의 저항세력과 이들을 도운 주민들이 몰살당한다.

또 기독교인과 이들을 지원하는 일단의 낭인 무사가 중심이 된 시마바라의 난에서도, 패자 측의 기독교인과 그 가족, 무사 전원이 무참히 학살당한다. 두 전투에 따른 패자 측의 희생자 수는 각 3만 명 전후인 것으로 추정된다. 이 숫자는 청일전쟁(1894년) 이전의 일본 내 어떤 전투, 전쟁에서의 희생자 수보다 많은 것으로 알려지고 있다.

오사카성전투는 도쿠가와 이에야스의 도요토미가에 대한 그간의 굴곡된 감정의 청산과, 도요토미 히데요리에 의한 도요토미가 재기에 대한 이에야스의 강한 경계심에서 출발한 것이다. 이 전투에서 이에야스는 자신이 보여준 그간의 전투 철학[12]과 다른 모습을 보인다. 시마바라의 난은 정권 안정을 최우선 목표로 내세운 막부가 명령에 저항하는 기독교도를 응징하는 과정에서 발생한다. 배경에는 신앙과 포교 금지라는 전국금교령(1613년)을 밀어붙이는 3대 장군 도쿠가와 이에미쓰의 강한 의지가 있다.

일본 측 사상자만 1만 7천 명인 노몽한 사건?

일곱째, 주요 인물의 암살 사건을 지칭하는 변과 이런 저런 유형의 충돌을 지칭하는 사건, 사변에 대한 표기법이다. 이들은 영어로 incident로 표기될 수 있다. 변은 암살과 관련된 것이다. 소가노 이루카 등 소가 일족과 잇시의 변(645년), 무로마치막부 6대 장군 아시카가 요시노리와 가키쓰의 난(1441년), 천하 통일을 눈앞에 둔 오다 노부나가와 본능사혼노지의 변(1582년), 강권 정치를 휘두르던 에도막부의 대로 이이 나오스케와 사쿠라다몬가이의 변(1860년) 등이 있다. 암살을 난으로 규정한 것은 아카마쓰 미쓰스케 토벌에 야마나 모치토요 등이 동원된 큰 싸움이기 때문이다.

사건은 그 숫자가 아주 많은데 표기방식에서 특별한 기준을 찾아보기 힘들다. 무력을 수반하는 충돌과 분쟁 혹은 이와 관련된 사안을 지칭하는 경우가 많으며 근대 이후 사안에 대해 자주 사용된다. 1932년 5월에 발생한 해군 청년장교 등에 의한 이누카이 쓰요시 총리 암살 사건을 5·15사건, 1936년 2월에 발생한 소장 군인 중심의 군사쿠데타를 2·26사건으로 표기한다. 또 1939년 5월부터 9월에 걸쳐 구 만주국과 외몽고 국경에서 벌어진 일본 관동군과 구 소련군간의 치열한 전투도 노몽한 사건으로 부른다.

태평양전쟁 개전 직전
노몽한 전투 패배, 감추고 싶었다?

앞의 두 사건은 관련자가 많지 않고 단기간에 종료된 군사반란이다. 이에 비해 노몽한 사건은 영어명칭이 할인골 전투로 표기되는 것에서 알 수 있듯이 전쟁에 가까운 전투다. 단속적이지만 사상자가 양측 합쳐 4만여 명에 달할 정도의 치열한 싸움으로, 강점기 시절 조선 출신 지원병 일부가 참전하여 포로가 되기도 한다. 그런데 이 사안을 사건으로 표기하여 규모를 축소하면서 성격을 모호하게 한다.

한편 변이나 사건보다 큰 사건이거나 선전포고 없는 전쟁 혹은 무력 분쟁이 사변으로 일컬어지기도 한다. 사례가 많지 않지만 만주사변(1931년)이 대표적이다. 만주사변은 1931년 9월 18일부터 5개월에 걸쳐 관동군이 만주 전 지역을 침략하여 점령한 사건이다. 일본의 관동군이 중화민국군과 싸운 전투로 1933년 5월의 탕구_{塘沽}협정으로 정지된다.

또 중일전쟁(1937년)의 계기가 된 루거우차오_{盧溝橋}사건을 중국에서는 7.7사변으로 부른다. 일부에서는 앞에 언급한 노몽한 사건을 노몽한 사변으로 부르기도 한다. 사건치고는 그 규모가 너무 크기 때문일 것이다. 우리도 일본의 공권력에 의해 명성황후가 시해된 사건을 을미사변(1895년)으로 칭한다. 국모가 평화 시 궁 안에서 외국 세력에 의해 살해된 충격이 반영된 명명이라고 할 수 있다.

이상으로 일본 역사상의 각종 사건의 표기에 대해 살펴보았다. 서구인 시각에서나 같은 동양인의 시각에서도 의아하게 생각되는 곳이 적지 않다는 점에서, 일본인의 모호한 전쟁 전투·사관의 일면을 엿볼 수 있다.

🧑 전투와 전쟁에 대한 표기법이 두 나라에서도 꽤 다르네요. 한·중·일 삼국이 펼친 임진전쟁에 대한 표기법이 우리는 '전쟁'인데 일본은 '역'이나 '출병'이네요. 침략한 일본 입장에서 '난'이라고 표기하기는 힘들겠지요. 그래서 전쟁을 뜻하는 '역'이나 직접적 표현인 '출병'이 사용되었나 봅니다. 일본사에도 많은 난이 등장하는데 확실한 기준은 없는 듯해요. 집권층에의 무력 항거이면 원칙적으로 난으로 표기하는 것 같습니다.

🎩 국내 무장세력의 항거를 난으로 표기하는 것은 이해가 되지만 일본, 중국 같은 외국과의 전쟁을 난으로 표기하는 것은 합리적인 용어사용이라고 보기 힘들겠지요. 소중화 사상 때문인지 모르겠습니다만. 선조들은 우리보다 센 외국의 정규군이 쳐들어온 전쟁을 왜란·호란으로 표기해 왔어요. 난에 전쟁의 뜻이 있다곤 하지만요. 아마도 배경에 침략국인 일본과 청에 대한 경멸 혹은 사건의 역사적 의미 축소 등의 의도가 깔려있는지 모르죠. 다행히 최근 교과서에선 임진전쟁·병자전쟁으로 표기하고 있죠.

👩 그렇다고 일본인의 전투·전쟁 표기 방식이 합리적이냐 하면 전혀 그렇지 않아요. 노몽한 사건(1939년)은 수만 명이 죽고 다친 대규모 전쟁인데 이를 '사건'이라고 표기한 것이 상징적이죠. 사안이 지닌 군사적 정치적 의미를 축소하여 역사상의 여느 사건과 동일시하려는 일본 정부 당국과 사가의 심중이 반영된 표기법이죠. 이렇게 보면 영어식 표기가 사건과 사안의 성격을 명확하고 사실에 가

깝게 표현하고 있어요. 이처럼 전투·전쟁의 표기에서 전투·전쟁관이 양국에서 꽤 다름을 확인할 수 있죠.

칼럼에서 다루지 않은 내용이지만 궁금한 게 있어요. 어느 전쟁보다 철저하게 패한 태평양전쟁을 포함한 15년전쟁(1931-1945년)에 대해 일본인들이 어떻게 생각하고 있느냐 하는 것입니다. 패전 후 시간이 경과하면서 조사 결과가 조금씩 달라지고 있다는 얘기를 들은 것도 같습니다만.

여론 조사가 종종 행해지지만 결과는 그때그때 달라요. 우경화 현상이 심화되기 전인 2006년 조사[13]를 보죠. 대미개전은 무모한 선택(59%)이 불가피한 선택(33%)보다 높고, 중일전쟁의 침략성은 그렇다(40%)보다 불분명하다(45%)가 더 높아요. 도쿄재판은 부당하나 패한 이상 어쩔 수 없다(59%)가 전범을 단죄한 정당 재판(17%)과 전승국이 일방적으로 재단한 부당 재판(10%)보다 훨씬 높네요. 정부의 사죄, 반성은 충분하다(36%)와 필요 없다(11%)의 합이 불충분하다(42%)보다 높군요.

2004년의 다른 조사[14]에서는 침략성은 중일전쟁이 그렇다(68.1%)가 아니다(10.1%)보다 훨씬 높고, 대미전쟁은 그렇다(34.2%)보다 아니다(44.0%)가 높네요. 한국·중국에 대한 사죄는 충분하다(63.0%)가 부족하다(26.8%)보다 높고, 일본인은 전쟁책임 느껴야(47.0%)가 더 이상 느끼지 않아도(44.8%)보다 높아요. 전쟁책임자 논의는 되어 왔다(30.2%)보다 (별로) 되지 않았다(57.9%)가 높군요. 전쟁책임이 큰 자는 군지도자(67.3%), 총리(33.3%), 왕과 측근 중신(31.8%), 정치가(27.2%) 순이네요.

👩 두 분이 꼼꼼히 알려 주셨지만 여론 조사 결과는 때에 따라 조금씩 달라지지 않나요? 들려주신 조사 결과는 십 년 이전의 조사에서 얻은 값인데, 그때 이후 반한 감정이 높아지지 않았나요? 이 점을 고려하면 지금은 얘기해 주신 것보다 꽤 우경화하여 반성파가 줄어들고 전쟁긍정파가 늘 것 같은데요.

🎩 제대로 보고 있네요. 2012년 8월 이명박 전대통령의 독도 방문으로 일본의 우경화가 바람을 탄 가운데, 그해 12월 총선에서 우파의 자민당이 승리하여 아베 신조가 총리가 되죠. 아베정권에서 반한 분위기가 고조되고 우경화가 한층 강화되어요. 2010년대 후반의 여론조사에선 전쟁책임 긍정파가 줄어들 가능성이 크죠. 미국이 중국을 가상 적국으로 자리매김한 가운데, 북한발 위험이 커지자 일본의 군비 강화를 지원하고 지역 내 일본의 역할을 강조해요. 그로 인해 우경화 분위기가 확산되고 있죠.

👩 패전 후 70년간 일본인들이 가장 소중히 여긴 키워드는 평화였어요. 15년 전쟁을 참고 견디며 지원했는데 패하니 넌더리가 났겠죠. 이는 2014년 11월 시행된 NHK 여론조사[15] 결과지요. 그 다음이 혼란, 번영, 빈곤, 자유, 희망 순이네요. 그간 구축해온 사회

이미지도 평화가 경제적 윤택, 좋은 치안, 남녀평등보다 높아요. 향후 소중히 여기고 싶은 사회상도 전쟁 없는 평화가 마음의 여유, 충실한 복지, 경제적 윤택, 자연과 환경 보호보다 우선이죠. 언제까지 지속될지 모르겠습니다만.

함께 생각해봅시다

1. 전쟁·전투(사관)이 양국 역사의 품격에 어떤 영향을 미칠까요?

2. 어느 시대 어느 장면의 전쟁·전투(사관)이 양국 역사의 품격에 가장 큰 영향을 미칠까요? 왜 그렇게 생각하나요?

3. 양국의 전쟁·전투(사관)사에서 아래 '싱격의 역사' 유형에 해당하는 시대나 장면을 찾아볼 수 있을까요? 유형은 중복될 수 있습니다.

유형I: 잘못된 정치·정책으로 역사적 비극과 대실패 초래 (역사 암전·퇴보)

유형II: 역사적 사실에 대한 조사, 기록, 교육이 없거나 약함 (역사 누락)

유형III: 역사적 사실의 미화 분식과 조작 (역사 왜곡)

Ⅶ. 개국 전후 대응

일곱 번째는 19세기 중후반 무렵의 양국 지도자와 우국지사들의 개국에 대한 대응 태세의 비교입니다. 많은 분들이 궁금해 하는 곳이 많은 시대인 것 같습니다. 이 부분에 대한 얘기가 나오면 "왜 그러한 결과로 이어졌을까" "어디서부터 무엇이 잘못된 것일까" "우리는 당시의 일본과 무엇이 달랐을까" 하면서 고개를 갸우뚱할 뿐 체계적으로 설명하지 못하는 이들이 적지 않습니다. 똑 부러진 해설로 평소의 궁금증을 풀어 머릿속이 환해질 수 있다면 더없이 좋겠습니다.

할아버지도 대학생 때까지 이 부분에 대해 제대로 이해하지 못했어요. 알기 쉽게 설명해주는 선생님이나 책자, TV 프로그램 등을 접하지 못했기 때문이겠죠. 일본에 건너가 이런 저런 정보를 접하면서 조금씩 터득했다고 할까요. 지금도 국내 지도자급 인사 중에는 이 부분에 대해 잘 몰라 궁금해 하는 이들이 많아요. 우리 주변에는 Erin의 질문에 시원하게 답해줄 수 있는 정보 매체가 여전히 불충분한 것 같습니다. 우리가 나누는 이 대화가 그러한 아쉬움을 다소나마 달랠 수 있으려나요.

우리보다 일본 측의 상황이 한층 알기 힘들어요. 최대한 가지를 끊고 큰 줄거리를 잡아 설명해야 전해 듣는 사람이 이해할 수 있는 듯 합니다. 큰 개요가 파악되면 가지에 해당하는 상황을 하나씩 설명하면서 줄거리와 연관지어 이해하는 방식이 좋은 것 같아요. 1854년의 개국과 1868년의 에도막부 멸망을 전후하여 막부 타도 지지 세력과 반대 세력이 얽히고설켜 상황에 대한 이해를 어렵게 하죠. 최종적으로 막부 타도(이하 도막)에 성공하는 이들도 그렇게 될지 모를 정도로 도중 상황이 유동적이지요.

개국 전 대응에서 조선과 일본은 차이를 보이나요? 차이를 보인다면 어떤 부분이 가장 큰 차이점이라고 할 수 있을까요?

가장 큰 차이는, 국가 지도자들이 위기의식하에 개국을 압박하는 국가와 자국의 군사력 등 국력 격차를 인식하고 자주적으로 대비에 나섰느냐의 여부겠지요. 일본은 1806년 러시아의 개국 압력을 물리친 후에도 몇 차례 개국 압력에 놓여요. 중국이 열강의 침략과 아편전쟁의 패배로 어렵다는 정보도 이른 시기에 일본 지도자들에게 전달되죠. 반면 조선 지도자들은 시대흐름과 동떨어진 긴 외척정치와 그 여파로 중국만 바라보고 스스로 개국에 대비하는 자세를 보여주지 못하죠.

👩 할아버지가 지적한 열강의 실태와 중국 상황에 대한 지도층의 정보, 그에 따른 사전 대응의 차이 외에도 개국을 앞둔 시점에서 양국이 보여준 차이점은 적지 않아요. 외국 실정을 아는 국내 인력의 숫자와 이들이 알고 있는 외국의 정보 수준이죠. 일본에는 나카하마 만지로 등 표류 후 외국생활 경험자나 무역관계자로 러시아·미국·네덜란드 측과 현지 언어로 소통할 수 있는 인력이 적지만 있었어요. 반면 조선에는 1876년의 개국 시까지 서양 언어로 소통할 수 있는 인력이 사실상 전무했어요.

👧 두 분이 언급한 그러한 차이가 양국의 개국에의 대응, 개국 협상, 나아가 체결한 조약 등에 어떤 차이를 가져오는지요.

🧑 매우 큰 차이를 가져오죠. 조선은 미국의 고래잡이 어선이 난파하여 어민이 동해안에 표착하면, 미국과 교섭하여 이들을 넘겨주지 않고 중국에 인계해버려요. 중국과 미국이 국교를 맺고 있으니 중국이 알아서 처리하라는 것이죠. 이같은 조치가 서양인에게 조선은 외교와 내정을 스스로 챙기는 독립국이 아니고 중국의 속방이나 성省같은 곳이라는 인식을 안겨주죠. 그래서 1866년과 1867년에 프랑스와 미국이 병인양요와 신미양요를 일으키지만 조선과의 개국 협상에 적극 나설 매력을 느끼지 못해요.

할아버지 말씀은 1860년대 서양인들이 조선의 문을 두드려 말하거나 요구할 게 있으면 중국 경유로 가능했다는 얘기로 들리네요. 모든 일이 그렇지는 않았겠지만 그런 방식으로 처리된 일들이 적지 않았을 것 같네요. 엄마는 앞에 설명한 양국 간의 인력자원의 차이가 조선 지도자로 하여금 쇄국에 매달리게 하고, 정작 군사 압력에 직면하여 개국협상에 나설 때는 준비 부족으로 불평등조약을 체결할 수밖에 없게 했다고 봐요. 1860년대 초까지 지속된 구시대적 외척정치의 폐단으로 볼 수도 있지요.

일본에서는 개국 전 대응을 놓고 반대파와 지지파 간의 갈등이 심각했다고 알고 있습니다. 물론 이들 간의 갈등이 더욱 심해진 것은 개국 이후인 것 같고요. 조선과 일본에서 개국을 놓고 반대파와 지지파 간의 갈등 양상이 어떠했나요? 차이점이 있는지요?

일본의 개국은 페리 방문과 무력시위 후 9개월이라는 단기간에 이뤄진 데 비해, 조선의 개국은 일본과 꽤 긴 시간 밀고 당기는 갈등을 보인 끝에 체결되죠. 일본은 무력시위 대신 사신단을 파견해요. 초기에는 대마도주를 통해 이후에는 외무성을 통해 보내죠. 조선은 처음에는 일본 측 국서의 서식과 대마도주 소씨의 직함 등 서계書契문제로, 나중에는 집권자인 대원군의 개인적인 일본 혐오감 등으로 수교에 부정적인 반응을 보이죠. 결국 운양호 사건(1875년) 발생 후 일본 측의 압력에 눌려 개국하죠.

일본에서도 미국 등과 맺은 화친조약과 수호통상조약 사이의 4년 간, 조정을 위시한 반대파 활동이 거세지요. 화친조약 때는 반발이 약했지만 수호통상조약 때는 조정과 막부를 둘러싼 갈등이 보통이 아니죠. 결국 조약 체결을 밀어붙인 이이 나오스케가 암살되어요. 조선에서는 막강 권력의 대원군이 반대파의 일본 측의 공작이 실패하죠. 1873년 대원군의 퇴진과 명성황후 세력의 등장으로 통상개화론이 힘을 얻자, 정한론 이후 호시탐탐 기회를 엿보던 일본이 운양호 사건을 이용한 거죠.

개국 전 국내 갈등은 일본보다 조선에서 약한 것 같네요. 대원군이 강력한 정치력을 발휘하여 개국 지지파를 압박했기 때문이겠지요. 대원군의 실각 후 통상개화론이 힘을 얻는다고 하는데요. 이들의 발언권이 어느 정도였나요? 이들이 조선의 개국에 일정한 역할을 했다고 볼 수 있나요?

그렇지요. 개국 전 갈등은 조선에서 더 작았죠. 일본에서는 정권을 쥔 막부 내 주류파가 미국의 개국 압력을 거부하기 힘들 것으로 판단하여 개국에 나서죠. 그 과정에서 막부 내 개국 반대파, 왕과 조정 방침의 지지파 등과 충돌하죠. 반면 조선에서는 조정의 최고 권력자가 개국을 반대하여 갈등 여지가 적었고 개국을 지지하는 관료, 유학자 그룹의 힘이 크지 않았죠. 개화파의 비조격인 오경석의 서구 정보도, 역관으로 북경을 오가면서 얻은 중국 측 인물과 서적 정보에 의존하고 있었을 정도니까요.

오경석과 더불어 동갑내기 친구인 유홍기, 이들의 개화사상에 공감한 박규수 등이 중국발 서구 정보를 분석하고 통상개화론을 퍼뜨리는 역할을 맡죠. 하지만 앞서 서학을 도입한 유학자들처럼 이들이 입수한 정보는 중국인과 한역 서적 등을 통한 것으로, 서구인과 서구 서적이라는 1차 정보원을 통해 얻은 게 아니죠. 중국인과 한자라는 필터를 통과하면서 소중한 정보가 적지 않게 누락되거나 왜곡될 수 있어요. 오경석은 일본과의 수교 협상 시 문정관問情官으로 참여하지만 별반 영향력을 미치지 못해요.

조선의 개국은, 당시 조선 조정의 실권을 쥔 명성황후와 그 측근들이 종주국인 청의 개국 권고를 받아들인 것이라는 말도 있던데요. 청은 당시 일본과 어떤 관계에 있었는지요? 양국이 수호통상조약을 체결한 상태였나요?

이 부분은 많은 이들이 잘 모르는 내용이지요. 강화도조약이 단기간에 맺어진 배경에는 조정의 권력을 쥔 명성황후와 민규호 그룹의 강력한 의향이 있어요. 이들은 개국에 응하라는 청의 실력자 리훙장의 권고를 받고 있었죠. 박규수 등 통상개화론자에 의한 반대파 설득도 일정 부분 효과를 발휘했고요. 청은 그동안 서구 열강과는 불공평한 조약을 체결해 왔지만, 일본과는 대등 조약인 청일수호조규(1871년)를 체결해 좋은 인상을 가지고 있었던 거죠. 조약 체결 시 청 측 전권은 리훙장이었어요.

1870년대의 일본은 서구 열강과의 격차에 위협감을 느껴 중국 등 인국의 침략을 꿈꾸지 못하죠. 1870년대 초반을 전후하여 정한론이 일지만 세력다툼에서 패해 정한론파의 정치적 입지가 약화되어요. 이 무렵 일본은 열강의 위협에 일찍 직면해 어려움에 처한 중국을 동병상련의 시각으로 바라본 측면이 있어요. 그래서 대등조약을 체결하죠. 그러다가 메이지유신 이후 부국강병과 식산흥업에 성공하면서 중국과의 격차를 벌려 23년 후 청일전쟁에서 승리해요. 이후 양국 간 통상조약을 새로 체결해요.

지금까지는 개국전과 개국 당시의 상황에 대해 여쭈어 보았습니다. 이제 개국 후 대응에서 양국이 어떠한 차이를 보이는지를 살펴보고자 합니다. 양국의 운명을 크게 가른 시기는 개국 전보다 개국 후가 아닐까 싶어요. 개국 후 서구의 제도와 문물이 급속히 들어오면서 군사와 경제, 사법, 기술과 학문 등 각 분야가 비약적으로 발전했을 것 같거든요. 이 시기의 대응에서 양국이 보여준 큰 차이점은 무엇이라고 할 수 있을까요?

가장 큰 차이는 자국 위상에 대한 지도층의 인식과 그에 따른 대응의 차이가 아닐까요. 일본은 자주독립국으로서, 사민평등 등 서구발 근대적 가치를 수용하고 부국강병과 식산흥업을 통한 근대화 작업에 박차를 가하죠. 반면 조선은 강화도조약 1관의 '조선은 자주국' 규정에도 불구하고 수백 년간 이어져온 중국 속방으로서의 한계를 벗어나지 못해요. 뒤늦게 종주국의 권한을 강화하며 내정과 외교에 간섭하는 청 측을 물리치지 못하죠. 청이 씌운 굴레와 고삐는 청일전쟁 패배 후 마침내 없어져요.

양국 간 격차가 단기간에 가장 크게 벌어진 시기지요. 할아버지가 지적하신 내용도 주된 이유의 하나로 작용하겠죠. 이 시기의 10년은 이전 근세의 100년, 200년에 해당하는 의미 있는 시기지요. 기술과 학문의 발전, 이를 토대로 한 산업 생산과 군사장비 확충 측면에서 그렇게 볼 수 있어요. 인구도 위생 수준의 개선과 의료 기술의 진보로 빠르게 증가하죠. 조선은 이 무렵 우수 인적 자원을 제때 양성하지 못해 기술과 학문의 발전에서 뒤지고, 산업 생산과 군사장비 확충에서도 일본과의 격차가 확대 되죠.

👩 　지도층의 안이한 정신자세와 잘못된 대응으로, 개국 이후 가 양국 격차가 단기간에 가장 크게 벌어진 시기가 되었다는 말씀 이 충격적이네요. 역사를 공부하다 보면, 어느 나라에나 흥망을 좌 우하는 중요한 시기가 있고 그때의 주역들이 있다는 것을 알게 되 는데요. 우리에게 중요한 시기가 이때였다는 말씀으로 들립니다. 지도층의 정신자세와 대응 외에 양국이 차이점을 보인 것으로 어떠 한 것을 더 들 수 있을까요?

🎩 　중국과 한자의 영향이 너무 강해, 유학자를 위시한 조선 지 식인층이 서양 국가와 이들의 언어인 영어, 독어 등에 관심을 갖지 못한 점을 들 수 있을까요. "서양과의 접촉은 중국을 통해 하면 되 고 서양의 기술과 정보, 학문 등 각종 문화, 문물을 접하고 싶으면 북경에서 한어 서적을 구입하면 된다"는 식의 사고가 지도자와 지 식인층에 널리 퍼져 있었죠. 반면 일본인들은 일찍이 중국과 한어 서적의 한계를 깨닫고 영국, 독일, 미국 등지로 유학과 연수에 나서 현지의 언어와 기술, 학문 등을 익히죠.

👩 　할아버지의 지적이 의미심장해요. 최초 유학생인 유길준이 일본을 거쳐 미국에 간 것은 1883년 7월로 27세 때죠. 고교에 다니 는 등 2년 넘게 머문 후 유럽 경유로 귀국하여 최초 유학파가 되어

요. 그런데 집권 보수파가 그에게 국가에 봉사할 기회를 좀처럼 부여하지 않죠. 그의 유학은 이토 히로부미 등이 런던에 간 1863년 9월보다 20년이 뒤져요. 막부가 보낸 최초 유학생 그룹인 아키미쓰 노리요시, 에노모토 다케아키 등에 비하면 더 늦죠. 이들은 이토보다 다섯 달 먼저 네덜란드 로테르담에 도착해요.

👩 젊은 인재들의 선진국 유학과 연수가 늦고, 유학파 숫자가 적다는 사실이 양국의 국력 신장에 그렇게 큰 영향을 미칠 수 있나요?

🎩 1873년 9월, 1년 9개월에 걸쳐 미국과 서구권 국가를 시찰하고 돌아온 이와쿠라사절단 일행이 한 말이 있어요. "선진국과 일본의 문명 발달의 격차는 50년 이상 난다, 수교 문제 등으로 조선과 전쟁할 겨를이 없다"는 거죠. 뒤떨어진 각종 제도와 문물을 정비하기 위해선 서구를 모방하거나 배우고, 이를 토대로 국가의 기틀을 세워 열강과의 격차를 줄이는 것이 급선무라고 판단하죠. 그래서 서양의 기술자와 학자, 각 분야 전문가 이천여 명을 초빙하여 학습하고 많은 젊은이를 열강에 유학이나 연수 보내지요.

👩 새로운 지식과 기술을 습득하려면 이를 알고 있는 서구인과 만나 얘기하고 이들이 쓴 글과 자료를 해득할 수 있어야 하죠. 영어, 독어 등의 언어를 이해하는 자국인이 많아지면 자연스럽게 해당국의 지식과 기술 습득이 용이하게 되죠. 물론 눈대중으로 배우

는 것도 있겠지만요. 하지만 대부분의 지식과 기술은 이론에 대한 학습과 현장 실습 등 체계적인 교육과 훈련을 통해 얻어지는 거죠. 그리고 앞선 지식과 기술을 터득한 유학파들이 귀국하여 후세대를 양성함으로써 인재 양성의 선순환이 이뤄지죠.

👩 젊은 인재들의 유학과 연수 외에 양국의 국력 차이를 크게 벌린 다른 이유는 없을까요?

🎩 앞에서 조선은 지도자와 지식인층이 중국과 한자, 한어 서적에 매몰되어 급변하는 세계정세의 흐름을 제대로 간파하지 못하고, 해외사정에 정통한 인재 양성에 실패했다고 지적했어요. 반면 메이지 일본은 중앙집권체제의 정착에 필수적인 유능한 관료 등 인재 양성에 성공해요. 유학파의 중용을 필두로 국내의 능력 있는 인재를 적극 등용하여 부국강병과 식산흥업의 선봉이 되게 하죠. 이때 칼 대신 서구의 신제도에 대한 지식과 정보, 강력한 행정력으로 무장한 구 하급무사층 등이 활약하지요.

👩 엄마는 기울어가는 막부와 달리, 막부 타도를 선도한 유력 번들의 경제력과 군사력이 개국 후 탄탄해진 배경에 유능한 인재 등용이 있다는 사실을 들고 싶어요. 조슈·사쓰마·히젠·도사 번 등 서일본 웅번의 번주들은 다른 번보다 일찍이 능력 있는 하급무사를 발탁하여 번의 주요 의사결정에 참여하는 권한을 부여해요. 이들의 활약으로 쌀 생산량이 번의 공식 쌀 생산량인 석고石高보다 높아

지고 특산품 무역 등으로 경제력을 키워, 신무기를 구입하고 이를 개량하여 막부와 타 번을 능가하는 화력을 갖추죠.

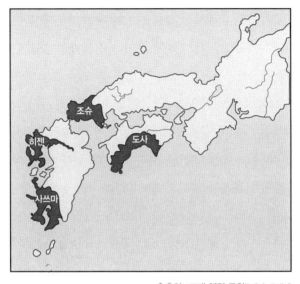

* 출처 : 고대 행정 구획(8세기~9세기)

두 분의 설명을 듣고 보니, 메이지유신을 주도한 유력 번은 개국 후 메이지유신까지의 십수 년 사이에 번 내 인재를 발굴하여 기회를 부여했고, 이렇게 발탁된 인재들이 중심이 되어 번의 경제력과 군사력을 크게 강화했다는 얘기로 이해되네요. 그런데 이들 유력 번의 번주들은 보수적인 영주가 아니었나 보죠? 그리고 궁금한 것은 막부도 이러한 번의 움직임을 알고 있었을 터이고 영국, 프랑스와 수시로 접촉하고 있었기 때문에, 인재 등용을 통해 경제력과 군사력 강화에 나서지 않았을까 하는 점이죠.

요점을 잘 지적했네요. 많은 이들이 막부 타도에 성공한 웅번의 변신과 대응에 대해 번주의 혜안과 용인술 등을 높이 평가하는 반면, 멸망한 막부 측의 체제 유지나 신체제 이행을 위한 변신 노력에 대해서는 관심이 적어요. 이로 인해 막부 측의 개혁 노력과 성과가 과소평가되는 것은 부정할 수 없죠. 프랑스 등의 지원을 토대로, 막부는 웅번에 앞서 인재를 선발하여 주요국의 시찰과 유학에 나서도록 하고 조선소 건설, 서구 선박의 구입, 각종 무기의 성능 강화 등에 힘쓰죠.

막부도 개국 후 요코스카에 제철소와 조선소를 지어 군함 건조에 나서고, 사가번으로 하여금 세계 최고 성능의 대포를 개발하게 하는 등 힘을 키우죠. 문제는 도막 측 웅번 번주와 가신들이 깨어 절박한 자세로 변혁을 추구한 데 비해, 기득 세력인 막부 장군과 가신들은 수성의 절박함을 상대적으로 덜 느끼거죠. 도막측이 막부 몰래 가신을 유학 보내 인재 양성에 나서면서 영국 등과 연계를 강화하고 서로 연합하며 조정까지 끌어안는 등 외연을 넓힌 반면, 막부는 장군부터 변화에 덜 적극적이었죠.

개국 후 서구권 국가를 포함한 외국 세력에 대응하는 과정에서 양국 간 격차가 크게 벌어지고 끝내는 조선이 일본의 식민지가 되고 마는데요. 양국의 입장이 30여년 만에 너무도 달라진 원인과 배경을 알기 쉽게 정리하면 어떻게 될까요?

일본에선 메이지유신에 따른 신체제 발족 후 6년째인 1873년, 주도 세력 간의 갈등으로 정한론파가 정권을 이탈해요. 이후 40여 년간 조슈·사쓰마 번 출신 인사 중심으로 부국강병과 식산흥업 정책이 추진되죠. 그 사이 정권 이탈파와의 서남전쟁, 정한론파가 중심인 자유민권운동과 정당 결성, 제국헌법 제정 등의 정치적 고비를 넘기면서 삿초 번벌세력은 독재정치를 지속하죠. 여기에 1890년대의 경공업, 1900년대 초반의 중공업 분야의 산업혁명으로, 경제력과 군사력을 단기간에 키우지요.

조선은 개국 후에도 국내 정치체제를 크게 바꾸지 못해요. 이런 상태에서 청 외에 일본과 러시아가 또 다른 외세로 가세하면서 불안한 내정이 지속되죠. 친청의 온건개화파가 장기 집권한 가운데 급진개화파의 깜짝 정변이 실패하면서 보수 성향이 증대되죠. 부패 근절 등 개혁을 통한 농민 등 동조 세력을 확보하지 못해 위로부터의 개혁은 실패해요. 식산흥업 정책은 개화파의 14개조(1884년)와 갑오 2차 개혁의 홍범 14조(1894년)에 없어요. 광무개혁(1897년)에 일부 들어가지만 때를 놓치고 재원이 없어 결국 실패하죠.

두 분의 설명을 들으면서 개국 후 조선이 걸어온 길이 개국 전보다 더 험난했을 것 같다는 생각이 듭니다. 청·일·러 삼국이 한반도에서 이권 확보와 식민지 경영 등 염두에 두고 각축전을 벌이면서, 조선인들의 자주 독립과 국가 발전 노력에 악영향을 끼쳤을 것이라는 거죠. 반면 일본은 외세의 간섭이 없는 상황에서, 내부의 대립과 갈등을 하나하나 해결하며 장기 발전 전략을 추구할 수 있었을 것으로 추정됩니다. 양국이 이처럼 다른 모습을 보인 것을 외부 여건 탓으로만 돌릴 수는 없겠지요.

당연히 그렇겠지요. 조선은 입헌군주제로의 변신 등 누적되어온 전제군주제의 폐해를 일소할 수 있는 획기적인 정치, 행정 개혁을 추진하지 못하고, 지도자들이 친청·친일·친러로 나뉘어 계파 이익을 추구할 뿐 나라의 이익을 우선시하지 않았죠. 세금의 징수와 세출 등 세정과 재정개혁을 통한 허약해진 국가재정 재건의 실패, 매관매직 등 집권층과 양반 부호 세력의 일상화된 부정부패의 근절 실패, 초등교육 확대를 통한 서민 등의 도덕과 기초질서 확립 실패 등 지적하자면 지면이 부족할 정도죠.

할아버지는 조선 조정 등 지도층의 잘못된 대응을 집중 지적하시네요. 일부 뜻있는 인사들이 다른 생각을 지녔겠지만 실천에 옮길 힘을 갖지 못했어요. 농민 지도부는 동학농민운동 때 정부와 합의한 폐정개혁안에서 조선 사회를 확 바꿀 방안을 제시하죠. 문제는 조정 내 실력자들이 이를 실천하지 않고 할아버지 지적대로 구습에 안주한 거죠. 이 무렵 우리에겐 민족이 나가야 할 길을 제시하고 그 길로 백성을 이끌 정치 분야의 선구자가 없었던 거예요. 결단력과 행동력이 결여된 현실 타협주의자만 많았죠.

한·일의 개국 전 대응

구미 제국주의 국가의 개국 압력에 버티다 한계에 달한 일본은 1854년 3월, 미국과 화친조약을 맺고 개국에 나선다. 같은 해 10월에는 영국, 이듬해에는 러시아, 네덜란드와 같은 조약을 체결한다. 1858년에는 이들 4개국 및 프랑스와 수호통상조약을 맺어 5개 항의 개항과 무역, 이들 조약 체결국 국민의 일본 내 거주를 인정한다.

서방의 주요국이 조선 개국에 대한 관심이 약한 상황에서, 어느 국가보다 조선에 대한 이해관계가 큰 일본은 이들 국가와의 수교 경험을 토대로 조선을 압박하여, 1876년 강화도조약을 맺고 강제로 문호를 개방시킨다. 강화도조약은 일본이 서구 국가 및 중국(1871년) 등 외국과 맺은 17번째 조약·협정이다.

조선 개국, 일본보다 22년 늦고 일본에 의해 이루어져

그런데 이러한 화친, 수호통상 조약의 체결을 통한 개국 과정은 결코 순탄하지 않다. 국내 반대세력의 목소리와 방해공작이 거세기 때문이다. 반대파들이 내세우는 대표적 슬로건이나 이념은 일본에서는 존왕양이尊王攘夷이고 조선에서는 위정척사衛正斥邪다. 양자는 개념이 중첩되는데 존왕양이가 위정척사의 일부라고 할 수 있다.

위정척사는 '바른 것을 지키고 옳지 못한 것을 물리친다'는 벽이闢異론에 바탕을 둔 유교 정치윤리사상으로, 송나라 성리학자인 주희에 의해 정립된다. 그는 여진족의 침공으로부터 한족과 중화문화를 지키기 위해 유교의 정통성, 존왕양이의 춘추대의, 화이의식을 근간으로 이 사상을 체계화한다.

성리학이 발달한 우리나라에서 이 개념이 주창된 반면, 왕에 대한 독특한 숭배 철학이 있는 일본에서는 존왕양이 개념이 내세워진다. '왕을 높이고 외적을 격퇴하자'는 사상으로 막부말기에 조정을 필두로 일반 민중에까지 폭넓게 스며든다. 나중에는 에도막부 타도 운동의 슬로건으로 이용된다. 존왕양이 개념은 시대를 더 거슬러 올라갈 수 있다. 이는 춘추 시대 패자들이 사용한 표어로 주 왕조의 왕을 높이고 남쪽 오랑캐인 초楚를 깨부수자는 의미와 통한다. 일본에서는 막부 말기 미토번 국학자 후지타 도코 등이 이를 인용하면서 전국으로 확산된다.

구체제 옹호의 위정척사(조선)와 존왕양이(일본), 비슷하나 달라

이러한 운동이 전개된 배경에는 서구권 국가에 의한 잇따른 통상과 개국 요구가 있다. 에도막부는 시마바라의 난이 종료된 1638년 이후 쇄국체제를 강화한다. 그런데 18세기 후반부터 일본 근해에 외국선들이 자주 출몰한다. 1792년에는 러시아 군인으로 북부 연해주 지역 수비대장인 라쿠스만이 지금의 홋카이도인 에조치를 찾아와 통상을 요구한다. 그리고 1844년 네덜란드 윌리암 2세에 의한 개국 요구 친서, 1846년 미 동인도 함대 사령관 비들의 통상 요구 등으로 이어진다. 막부는 이들 요구를 모두 거절한다.

그런데 1849년에는 미 해군 사관 그린이 나가사키를 찾아와 난파

포경선원과 밀항자 반환을 강력히 요구해 뜻을 이룬다. 이때의 접촉 경험이 수년 후 페리 제독의 함포외교로 이어진다. 페리는 1853년 7월 공화당의 필모어 대통령(13대)으로부터 일본과의 조약 체결을 지시받고, 미 동인도 함대를 이끌고 우라가에 들어와 국서를 전달하고 떠난다.

외세 편승으로 구체제 연명 노린 막부, 개국으로 도막파 견제

고민하던 막부는 노중 아베 마사히로가 중심이 되어 전국의 대명과 기본하타모토, 어가인고케닌, 상급무사, 하급무사, 서민 등에게 폭넓게 의견을 구한다. 또 선례를 깨고 사안을 조정에 보고하고 의견을 구한다. 결과는 조약 체결 반대가 압도적이다. 하지만 막부는 거절 시 예상되는 사태의 심각성을 우려하여, 1854년 3월 다시 찾아온 페리 제독과 화친조약을 체결하고 시모다와 하코다테를 개항한다. 이어 10월 영국, 이듬해 2월 러시아 등과 각각 화친조약을 맺는다. 시류를 타고 외세에 굴복해서라도 구체제의 연명을 노린 것이다.

페리의 내항 이후 조약 체결 시까지 1년이 채 걸리지 않지만 이 사이 일본에서는 개국과 양이(쇄국)를 놓고 큰 갈등이 생긴다. 그 사이 힘을 키운 존왕양이파는 이어 시도되는 수호통상조약의 체결을 막고, 이미 체결된 조약의 폐지 내지는 시행 연기 등을 요구하며 지속적인 저항운동에 나선다. 이 과정에서 막부는 정국의 주도권을 잡기 위해, 왕 및 주변 세력과의 연합인 공무합체 체제로의 변화 시도 등 내부 개혁에 나서는 한편 저항세력의 탄압에 나선다. 저항세력의 리더격인 미토번과 조슈번에서 적지 않은 희생자가 발생한다. 천구당의 난(1864년)과 조슈정벌(1864년, 1866년) 등이 대표적이다.

존왕양이파, 개국 저지 실패하나 연합하여 도막 성공

존왕양이파는 시세 흐름인 개국을 막는 데는 실패한다. 하지만 투쟁과정에서 힘을 키워 실질적 목표였던 에도막부 타도에 성공한다. 이들은 개국 후 내심으로는 개국의 필요성과 성과를 긍정하면서도, 겉으로는 막부 타도를 위해 양이론을 내세워 세력을 규합하며 도막의 기회를 엿본다.

결국 존왕양이파의 양대 세력인 사쓰마 조슈 번을 중심으로 한 도막세력은 에도막부를 무너뜨리고 메이지정부를 수립한다. 이후 이들 세력은 40년 이상 일본 정치를 주도하면서 일본을 열강의 일원으로 자리매김한다. 막부 타도는 당초 개국파를 지지하던 사쓰마번이 태도를 바꿔 조슈·사가·도사 번 등 존왕양이 세력에 합세하면서 가시권에 들어온다.

막부 타도, 개국론자와 대양이론자 연합 작품

이같은 사태 급반전의 배경에는 1865년, 고메이(121대)가 입장을 바꿔 막부가 체결한 수호통상조약을 인정한 사실이 있다. 이를 계기로 개국론자와 대양이론[16]자가 힘을 합쳐 막부타도에 나설 명분을 얻는다. 사쓰마번이 입장을 바꾼 데는 조슈번 대두에 대한 경계심 등 여러 요인이 있는데, 막부말기의 풍운아인 도사번 출신 하급무사 사카모토 료마에 의한 설득과 중재도 그 중 하나라고 할 수 있다.

　이어서 일본보다 22년 늦게 그것도 이웃 일본에 의해 개국을 맞은 조선의 사례를 살펴보자. 조선은 일본보다 앞선 1846년, 프랑스로부터 개국 압력을 받는다. 하지만 그 수준은 일본이 미국으로부터 받은 압력보다 훨씬 약했다. 조선 조정이 이 압력을 비교적 쉽게 넘기면서, 그 여파로 쇄국 기간이 일본보다 길어진다. 또 조선에서는 개국을 앞둔 시점인 1800년대 중반까지 역사상 가장 강력하고 긴 외척정치인 세도정치가 지속된다. 이 역시 조기에 외척정치를 경험하고 이후 역동적인 정치체제를 유지해온 일본과 다른 점이다.

조선 개국에 소극적인 서구, 배경에 종주국 중국 존재

　프랑스가 미국보다 먼저 조선의 개국을 시도하지만 강도가 약했던 점을 어떻게 설명할 수 있을까. "아시아권내 타 국가보다 수교를 통한 통상 이익의 매력이 약하다, 통상보다 기독교 포교와 신부 등 자국민 보호를 우선한다" 등 몇 가지 이유를 생각해볼 수 있다. 그렇다면 미국은 왜 일본에 그처럼 강하게 개국과 수교를 요구했을까. 앞에 서술한 비들의 통상 요구(1846년), 그린의 포경선원 반환 요구(1849년), 그리고 페리의 함포외교(1853년) 사례는 프랑스가 조선에 대해 보여준 것과 크게 대조된다.

　생각해볼 수 있는 한 가지 이유는 1850년대 이후 동해 일원에서 전개된 미국의 포경작업이다. 당시 동해안 일대는 고래의 중간기착지로

혹등고래와 향유고래가 많이 잡힌다. 어로 작업 중 난파로 실종된 자국인을 수색하고 시신을 확보하기 위해서는 일본과의 수교가 필요했다. 그런데 조선은 이미 수교한 중국을 통해 지원받을 수 있어 조선에 대한 개국 압력이 약할 수밖에 없었다.

기독교 금압은 일본·조선 공히 전래 후 80~90년 무렵

서구 열강이 동양국가의 문호를 개방하려고 경쟁적으로 나서고 있던 1800년대 초중반, 조선은 기독교 포교 문제를 위시하여 일본과 꽤 다른 길을 걷는다. 일본에선 1549년의 기독교 전래 후 90여 년이 경과할 무렵인 1640년경에는 신교와 포교가 완전히 금압된다. 이에 비해 조선에의 기독교 전래는 일본보다 230년 이상 늦은 1784년이다. 신교와 포교 문제를 놓고 갈등하는 모습을 보이다가 전래 후 80여 년이 지난 1866년 금압령이 내려진다. 포교가 공식 허용되는 것은 개국 후인 1886년 5월 프랑스와 수호통상조약을 맺으면서부터다.

기독교 전래는 종교를 소개하는 것 외에 다른 의미도 지닌다. 포교에 나서는 신부들을 통해 서양의 학문과 정보, 문물이 함께 전파된다. 일본은 기독교 포교에 따른 긍정적, 부정적 충격과 내부 갈등을 1600년을 전후한 90년 사이에 깊숙이 경험한다. 조선은 일본보다 꽤 늦은 18세기 후반부터 백여 년간 비슷한 경험을 한다. 중요한 것은 그 시점이 일본에서는 근대 이전인 에도시대 초기인 반면, 조선에서는 18세기 후반 이후 근대 이행기라는 사실이다. 이로부터 기독교 포교에 따른 충격과 내부 갈등, 그리고 이것이 양국의 역사 발전에 미치는 파급효과가 일본보다 조선에서 훨씬 크게 나타날 수 밖에 없다.

하지만 이같은 가능성에도 불구하고 기독교와 기독교도들은 조선의 개국과 문명개화기에 사회 변혁의 씨앗 같은 존재로 기능하지 못한다. 중국 경유로 전래된 기독교는 신유박해(1801년)와 기해박해(1839년) 등의 수난을 거치면서도 일정 수준의 교세를 유지한다. 이 무렵의 기독교는, 안동김씨 집권기에는 교세가 유지되거나 확장되다가 풍양조씨 집권기에는 탄압으로 그 세가 크게 약화된다.

조선 발전 멈추게 한 세도정치 60년

기독교 외에 주목할 것이 조선 사회의 발전 시계를 멈추게 한 세도정치다. 에도시대에 막번체제 하의 분권정치로 내치의 효율성을 높인 일본과 달리, 조선은 중앙집권 체제하의 부패한 세도정치로 내치의 비효율성이 최고조에 달한다. 정조 사후인 1801년부터 60년 이상에 걸친 장기간, 외척이 중심이 된 세도정치가 조선의 정치와 사회를 짓누르며 정조대까지 활발하던 개혁담론을 잠재운다.

기독교 탄압과 두 차례의 사옥, 세도정치, 프랑스와 미국의 개국 요구와 분쟁(병인양요, 신미양요) 외에 조선의 개국 전 상황에서 의미를 지니는 또 다른 사건이 잦은 농민 반란이다. 헌종이 즉위한 1834년 이후 수해가 잦아 많은 백성이 기아와 전염병으로 사망한다. 민심이 흉흉해져 조정에 대한 저항 활동이 각지에서 전개된다. 진주 임술(년) 농민 봉기 등이 대표적이다. 조정과 양반층의 수탈에 참다못한 농민들이 조직적으로 일어선다. 이 무렵 최제우가 주창한 동학의 인내천 사상이 재난과 학정으로 고통 받는 민중들 사이에 복음으로 전파된다.

너무 소중한 1850~60년대, 해외사정 파악 실패한 조선

프랑스, 미국, 일본 등의 통상 요구에 대해서는 유학자 등이 위정척
사론에 입각하여 반대한다. 이들은 대원군이 중심이 된 지배층의 쇄국
방침을 지지하고, 중국 외 국가와의 수교가 나라를 팔아먹는 행위라
고 거세게 비난한다. 이 무렵 프랑스와 미국은 개국과 통상 요구에 소
극적이었던 반면, 일본은 메이지유신(1868년)으로 나라의 면모를 일신한
후 집요하게 수교를 요구한다. 처음에는 늘 해오던 것처럼 쓰시마번 경
유로 접촉해 오다 거절당하자, 1870년과 1872년에 걸쳐 외무성 관료를
네 차례나 파견하면서 수교를 촉구한다.

조선은 처음에는 일본 측 국서 내용이 종래와 달리 고압적이고 대
마도주 소씨의 직함이 다르다는 서계 문제를 이유로 접수를 거부한다.
나중에는 대 일본 혐오감을 내세워 수교를 거부한다. 대원군이 권좌에
서 물러난 1873년부터 조선 측의 자세가 한층 강경해지자, 일본에서는
조선을 무력으로라도 정벌하여 개국시켜야 한다는 정한론이 비등한
다. 이러한 가운데 운양호사건(1875년)이 발생하여 조선은 어쩔 수 없이
강화도조약을 맺고 개국한다.

개국 후 대응 : 조선

한일 양국의 국력이 극명한 차이를 보이기 시작한 시기는 19세기 중후반 이후다. 한국은 자주독립의 유지조차 위태로워진 반면 일본은 식민지 위험에서 벗어나 열강의 일원으로 변신한다. 이러한 차이가 발생한 것은, 개국 전 60여년의 세도정치 폐해 등 부정적인 국내 정치 상황의 방치에도 이유가 있지만, 더 큰 이유는 개국 후 대응과정에서 많은 시행착오를 보였기 때문이다.

격차 확대 : 정치리더십 부재,
낮은 농업생산성, 인재등용 실패

차이가 벌어진 주된 이유는 정치리더십의 부재, 낮아진 농업생산성과 약한 정부재정, 인재등용 실패 등에서 찾아볼 수 있다. 중앙집권제 하에 권력자와 주변 인사들은 국제정세에 대한 정보 부족으로 위기의식이 약해 국제 정치환경의 변화에 적절히 대응하지 못한다. 지방 관청의 일상적인 수탈과 인구 증가에 따른 농업생산성의 저하로 가계는 물론 정부 재정까지 허약해진다. 역사의 전환기에 능력 있고 우수한 인재를 두루 등용하지 못하고 양반 자녀 중심의 제한된 인재선발 제도인 과거를 고집한다.

위에 제시한 세 가지는 개국 전부터 있어온 문제인데 개국 후에도 시정하지 못한다. 그 결과 일본과의 격차가 벌어지고 망국으로 이어진다. 개국 후 일본을 위시한 외세의 간섭이 전보다 더 커지고 복잡해져 국내 정치 상황이 개국 전보다 훨씬 꼬이게 된 것은 부정하기 힘들다. 하지만 우리 측의 대응 여하에 따라 세 가지 문제점을 시정하는 데 외세를 유용한 동력이나 유인책으로 활용할 수도 있었다는 점에서, 외세 간섭을 일본과의 격차가 벌어진 또 다른 이유로 보기는 힘들다.

조약 체결 후에도 19년 간 자주국 인식 약한 조선

우리의 사례부터 보자. 1876년 2월에 맺은 강화도 조약에 따라 조선은 자주국으로 일본과 평등한 권리를 지닌 국가(1조)로 인정되지만, 조약 체결 후 20개월 이내에 이미 일본 공관이 있는 부산 외 2개 항을 개항(4조, 5조)해야 하며, 일본인이 개항지에서 죄를 범할 경우 일본 관리가 재판하며 쌍방은 각자의 법에 따라 공평하게 재판한다(10조)고 규정하여 치외법권을 허용한다. 일본이 미국 등 서구 각국과 체결한 불평등조약을 우리에게 그대로 강요한 것이다.

강화도조약은 약화된 정한론의 결과?

여기서 강화도조약을 맺을 무렵의 일본 상황에 대해 간략히 살펴보고 우리 얘기로 돌아가자. 조약이 체결된 1876년 2월은 메이지유신 후 8년이 경과할 무렵으로 아직 신정부가 안정되지 못한 상황이다. 신정부 지도부는 조선 정벌을 촉구하는 정한론을 놓고 1873년부터 강하게 대립한다. 오쿠보 도시미치와 기도 다카요시 등 신정부 주도세력이 정한론에 반대하자, 정한론을 지지하는 강경파 참의 등 군인, 관료 약

6백 명이 1873년 10월 현직에서 물러난다.

　정한론이 실현되었다면 조선의 위상은 역사적으로 꽤 달라졌을지 모른다. 하지만 당시 조선에서는 이같은 일이 발생할지 모른다는 위기감조차 약했다. 조선 지도층은 일본의 거듭되는 수교 요구를 이런 저런 이유를 대며 거절한다. 나중에는 대원군의 '그저 일본이 싫다'는 자세가 요구를 거부하는 이유가 된다. 조선이 수동적으로 응한 강화도조약의 체결은 약화된 정한론의 결과로 해석할 수도 있다. 정한론이 수면 아래로 내려가게 된 배경이 된 메이지 6년(1873년) 정변 후 2년 4개월이 지난 무렵의 일이기 때문이다.

서남전쟁으로 대조선 강경파·구지배층 옹호파 타도

　메이지 신정부 지도층은 대조선 온건파로 구성되어 있지만 내정은 여전히 불안한 상황이다. 조약 체결 후 1년이 경과할 무렵인 1877년 2월 중순 대조선 강경파가 주도한 서남전쟁이 일어난다. 이는 사이고 다카모리를 앞세운 구사쓰마번 무사들의 반란으로 신정부군에 의해 9월 24일 진압된다. 유신 세력끼리 충돌한 이 전쟁은 메이지 일본이 경험한 마지막 내전으로, 이후 일본은 안정된 정치를 기반으로 근대화 작업에 박차를 가한다.

　조약 체결 후 조선 정부는 두 차례 수신사를 파견하여 발전한 일본의 모습을 시찰한다. 첫 번째는 조약을 체결한 1876년이고, 두 번째는 서남전쟁 후 일본 정치가 안정된 모습을 보이기 시작한 1880년이다. 1881년에도 조사朝士시찰단이 파견된다. 안타까운 점은, 이 시기에도 조선 조정의 지도부에는 해외 문물을 양이문화라고 비판하며 개화를 반대하는 수구파가 있었다는 사실이다.

다행히 정국을 개화파가 주도하여 일본, 중국으로부터 선진 문물을 적극 받아들인다. 일본의 지원으로 신식무기로 무장하고 근대식 군사훈련을 받는 별기군도 창설된다. 그런데 이들에 대한 우대가 다른 군인들의 불만을 촉발하여 임오군란(1882년)이 일어난다.

일본 측 지원 ⇒ 임오군란⇒
일본군 파병, 식민 지배 계기

위안스카이 지휘의 청군이 난을 진압하는 과정에서 조선군은 규율이 무너지고 세력이 약화되어 와해 직전 상태가 된다. 난으로 피해를 입은 일본 측의 보상 요구로 제물포조약이 체결되고, 일본 공사관 경비 병력으로 일본군 1개 대대가 파견된다(조약 5조). 이는 조선 안보의 기틀을 흔드는 계기가 된다.

문제는 개국 후 조선 정부가 위기감과 책임의식을 갖고 나라를 운영하지 못하고, 청과 일본의 틈새에 끼여 줄타기 정치를 전개한다는 점이다. 강화도조약 제1조에 천명된 '조선의 자주독립국' 규정에도 불구하고, 청은 종주국으로서의 권리를 오히려 강화하면서 조선의 외교와 내정에 깊숙이 간섭한다. 이는 자신들이 국제법에 어두워 그동안 종주국으로서의 권리를 제대로 행사하지 못했다는 반성에 따른 반동적인 대응이다. 청 측은 조선으로 하여금 일본과 조약을 체결토록 한 것을 뒤늦게 자책한다.

기울어가는 청의 실태 간파 못한 조선 지도부

조선은 개국 후 10년 이상이 지나도록 청의 내정 간섭을 물리치지 못한다. 그런데 당시의 청은 국운이 기울어 일본에까지 저자세로 나올 수밖에 없었다. 저물어가는 청과 떠오르는 일본 사이에서 당시 조선 조정의 리더들은 분열된 모습을 보인다. 강력한 지도자가 없는 가운데 청에 가까운 명성황후 측과 일본에 가까운 대원군 측으로 갈려 치열하게 대립한다. 국운이 기울어가는 마당이라 강력한 리더십 아래 한 방향으로 나가도 자주독립의 유지가 쉽지 않은 형국인데, 그러하지 못했으니 이후 결말은 뻔히 내다보이는 것이었다.

한 번의 기회, 준비 부족으로 날린 갑신정변 주도파

기회가 전혀 없지는 않았다. 서구물정을 알고 일본과 가까운 개화파 인사들이 변혁을 시도한다. 홍영식·김옥균·박영효·서광범 등이 주도한 갑신정변(1884년)이 그것이다. 그러나 민중의 지지도 없고 동원된 군사력도 개화파 50여 명, 일본군 2백여 명 등으로 미미한 수준이었다. 결국 청군의 반격으로 정변은 실패로 끝난다.

이때의 시도는, 일본 측의 지원을 받은 것이 약점이지만 전제군주제 대신 입헌군주제하의 근대 국가 건설을 목표로 한 최초의 정치개혁 시도였다는 점에서 의의를 찾아볼 수 있을지 모른다.

실패한 갑신정변, 일본에겐 입지 강화 기회?

갑신정변은 실패하지만 일본은 외교력을 발휘하여 조선 내 입지를 오히려 강화한다. 자국 피해에 대한 책임 추궁을 이유로 조선 주둔 병력을 2개 대대 수준으로 대폭 늘린 다음, 청 측과 군사 충돌 위험을 빌미삼아 톈진조약(1885년)을 맺는다. 이 조약으로 청 측은 조선에서 군사적 우위를 지위를 상실한다. 1895년 갑오농민운동 때의 일본군 파병도 이 조약에 근거한 것이다.

이후 청일전쟁의 패배로, 국내에서 청의 세력이 와해되고 러시아가 일본과 더불어 한반도 내 이권을 다투게 된다. 하지만 러일전쟁에서도 일본이 승리하면서 일본은 서구 열강의 묵인 하에 한반도에 대한 지배권을 갖게 된다. 세계적으로 제국주의 국가의 식민지 경영이 피크에 달한 20세기 초반, 우리는 일본의 보호국을 거쳐 식민지로 전락한다.

자등명하지 못한 최고지도자 고종?

이상에서 보듯 우리는 개국 후 자주적으로 나라를 통치하지 못하고 주변 강국의 간섭과 지원으로 나라를 이끌어 온다. 고종이 명목상 최고지도자인 중앙집권제 국가지만 대원군, 명성황후와 주변 인사들이 실질적인 권력자로 나라를 통치한다. 국가의 명운이 걸린 시기에, 고종이 자등명·법등명[17]自燈明·法燈明하지 못한 채 40년 이상 권좌에 앉아 있는 것이 나라의 불행이었다.

이토, 조선 국민이 우둔한 게 아니라 한때의 정치가 문제

고종은 메이지시대 일본 지도자들과 너무 대조된다. 이토 히로부미의 지적대로, 조선이 식민지로 전락할 위기에 처한 것이 국민 다수가 우둔해서가 아니라 한때의 정치가 잘못되었기 때문이라면, 그 대상은 고종과 주변 인사들로 특정할 수 있다.

정치와 국방이 안정되어 있지 못하니, 일본이 추구한 부국강병과 식산흥업 같은 슬로건은 남의 집 떡 같은 정책 목표로 넘볼 수 없는 대상이었다. 개국 후 조선에도 일부 깨인 지식인층은 정치혁신을 위시한 국가개조의 필요성을 인지하고 있었다. 하지만 그 숫자가 적고 이들에게 힘을 실어줄 권력자와 민중이 없었다. 우리가 실패한 원인은 아래 서술되는 일본의 성공 사례를 들여다보면 상당 부분 드러날지 모른다.

지도자의 개명 수준, 해외유학 등
인재 육성과 등용에서 뒤져

일본과 가장 차이 나는 부분은 지도자의 개명開明 수준과 젊은 인재의 해외유학 등 인재의 육성과 등용이다. 지도자의 개명 수준은 직접적으로 비교하기 힘들지만, 신하나 부하를 다양한 루트로 해외에 파견하고 귀국한 유학연수파를 등용한 실적으로 그 정도를 간접 비교해볼 수 있을지 모른다. 위기의식을 지닌 깨인 지도자라면, 구미의 앞선 문화와 문명에 관심을 보이고 부하 등을 해외에 보내 인간의 그릇을 키우며 신정보를 수집케 하는 등, 능동적이고 선제적인 대응을 최우선으로 하였을 것이기 때문이다.

그런데 고종·대원군·명성황후 등 당대 권력자들이 자신의 신하나 부하를 해외에 유학·연수 목적으로 파견한 사례가 얼마나 될까? 외교관으로 파견된 이들을 제외하면 이 무렵 유학·연수 목적으로 나간 이들은 손가락으로 꼽을 정도일지 모른다.

구미 유학 1호 유길준, 이토보다 20년 뒤져

미국 유학 1호로 알려진 유길준이 미국에 발 딛은 것은 1883년 7월로 27세 때다. 보빙사 민영익의 수행원으로 도미했다가 이듬해 고등학교에 입학한다. 이는 이토 히로부미의 영국 유학보다 20년이 뒤진다. 유길준이 도미할 무렵 해외에 나가 있는 일본인 유학생과 연수생의 숫자가 아주 많았다. 이미 해외 유학과 연수를 다녀 온 이들도 수백 명에 달한다. 이 시기에 양국의 인적자원과 보유정보의 격차가 더욱 확대된다.

개화기의 1년은 이전의 10년, 20년에 상응할 만큼 시대가 갖는 무게감이 다르다. 해외유학에 따른 정보력 격차는, 유학 개시 연도의 차이 외에 유학생 수와 유학대상국(일본은 서구, 조선은 일본)의 차이로 더 벌어진다. 개화기 20여 년 동안 생겨난 양국간 격차는 이후 헤아리기 어려울 정도의 국력차로 확대된다.

1880~90년대 조선 지도자층에 유학파 거의 없어

1880~90년대 같은 위기와 격변의 시기에 조선의 리더 중에는 해외 유학과 연수 경험을 지닌 이들이 거의 없다. 외교관 경험자 등 해외 사정을 아는 이들이 정부에 일부 있었지만, 소수에게 권력이 집중된 체제에서 이들은 리더십을 발휘할 위치에 있지 못했다. 이 역시 일본과 대조되는 점이다. 일본의 메이지 신정부 지도자들은 대부분 해외유학이나 장기 해외시찰 경험을 지닌 이들이다.

선진 문명사회의 실상과 힘을 아는 이들이 지도부에 자리한 일본과 그렇지 않은 조선이 경쟁 상대가 되지 못할 것은 불 보듯 뻔한 일이다. 이는 이토가 조선의 식민지 지배에 문제가 있음을 지적하면서 언급한 "조선의 낙후한 정치가 문제"라는 말에서 확인된다.

해외 유학파, 연수파에게 비중 있는 일자리 주지 않아

조선의 인재등용 시스템도 문제로 지적될 수 있다. 얼마 되지 않는 해외유학파와 연수파에게 능력을 발휘할 수 있는 기회가 부여되지 않는다. 유길준은 갑신정변의 실패 소식을 듣고 학업 후 중단 1885년 12월 귀국하지만 가택에 연금된다. 청일전쟁 발발 시 수립된 친일내각에 참여하여 갑오경장의 이론적 기초를 제공하고, 1895년 『서유견문』을 출판하여 해외 상황을 소개한다. 그러다 그는 1896년 2월 아관파천으로 친일내각이 붕괴되자 일본으로 망명한다. 40세 때다. 이후 그가 나라를 위해 크게 활약할 기회는 다시 찾아오지 않는다.

개국 후 대응 : 일본

개국(1854년) 후 십수 년간 격동의 물결이 휩쓸면서 역사상 가장 장기에 걸친 평화시대를 구가한 에도막부 260여년이 막을 내린다. 서일본 웅번 연합은 메이지유신(1868년)으로 왕정을 복고한다. 메이지 신정부는 중앙집권 체제를 강화하고 정치, 경제, 사회 전반에 걸친 일대 변혁을 추구한다.

막부와 웅번이 경쟁적으로 해외 교류

개국 후 서구에 대한 정치적 대응은 중앙의 막부와 지방의 번 양쪽에서 추진된다. 중앙정부 차원에서 사절단을 보내 외교 교섭에 임하고 해외정보 입수에 나선 곳은 막부다. 막부는 미일수호통상조약(1858년)의 비준서 교환을 위해 1860년 2월 사절단을 미국에 파견한다. 정식 명칭은 만연万延원년견미사절로, 5월에는 백악관에서 부캐넌 대통령(15대)을 알현하고 비준서를 교환한다. 6월 16일 오후 뉴욕에 도착하여 벌인 브로드웨이 퍼레이드에서는 연도에 모인 50만 명으로부터 열띤 환영을 받는다.

1860년 6월 막부 사절 브로드웨이 퍼레이드, 50만 인파

77명으로 구성된 이 사절단은 에도막부가 해외에 보낸 최초의 공식사절로, 정사와 부사 외에 많은 이들이 수행원으로 참가한다. 이때의 사절단은 비준서 교환 외에 해외 사정과 정보를 입수하고 영어를 습득할 기회를 갖는다. 사절단에는 에도막부 개혁을 선도해온 오구리 다다마사 외에, 메이지유신 후 크게 활약하는 가쓰 가이슈, 후쿠자와 유키치 등이 수행원으로 참여한다. 이밖에 영어에 능통한 나카하마 만지로존 만지로가 통역으로 동행한다. 그는 표류어민 출신으로 미국에 장기간 체재한 경험이 있다. 귀로에 공식방문하는 국가는 없지만 항로가 북대서양과 인도양, 홍콩을 거치면서 세계일주가 된다.

사절단 귀국 후, 막부 중추부는 해외파견을 통한 인재양성의 필요성을 느껴 미국 측에 가능성을 타진한다. 때마침 남북전쟁 등으로 미국 파견이 불발하자, 파견처를 네덜란드로 바꾸어 젊은 무사들을 보낸다. 네덜란드 측에는 증기군함 개양환가이요마루 발주로 보답한다.

1863년 4월 로테르담에 도착한 에노모토 다케아키, 니시 아마네 등 7인은 서양의 학문과 기술을 습득하고 1867년 귀국한다. 이밖에 막부는 1866년 유관 나카무라 마사나오 등을 영국 유학생 감독역으로, 1867년에는 아이즈번 출신의 에비나 스에마사 등을 프랑스에, 야마노우치 사쿠자에몬 등 6인을 러시아에 보낸다.

뒤늦게 변혁에 나선 막부, 먼저 바뀐 웅번에 무너져

이처럼 막부가 유학생 파견에 열심이었던 배경에는 서일본 웅번의 적극적인 움직임이 있다. 당시 사쓰마·조슈 등은 젊은 번사를 선발하여 영국 등지로 유학 보내, 현지 정보를 입수하고 영어를 배우도록 한다. 서구의 군제를 배우고 최신식 무기와 선박을 구입하여 장래 있을 막부와의 일전을 대비한 것이다.

배경에는 시대흐름의 변화를 간파한 깨인 번주들이 있다.[18] 이들은 구미 인사와의 접촉이나 이들과의 전쟁(사쓰마-영국 전쟁,1863년)을 통해 구미 문명의 힘을 체험한다. 겉으로 존왕양이를 외치면서 속으로 개국의 불가피성과 조기 근대화의 필요성을 느끼고 있었다. 막부 타도를 위한 구실로 국내 양이세력과 동조할 뿐이었다. 당시 해외도항은 막부 허가를 얻는 경우를 제외하고는 금지되었다. 적발 시 사형에 처해질 수 있기 때문에, 웅번들은 비공식적으로 번사들을 해외 유학이나 연수에 나서도록 한다. 선두주자는 조슈번으로 1863년 5월 5명의 번사를 영국에 유학시킨다. 훗날 '조슈 파이브'로 유명해지는 이들 중에는 이토 히로부미, 이노우에 가오루 등 장래 메이지정부를 이끄는 핵심인물들이 포함되어 있다. 당시 이토는 22세였다.

조슈·사쓰마번 무사 유학 도운 영국, 메이지유신 배후 세력

이들의 유학자금은 공식적으로는 번이 차입금 등으로 전액 조달한 것으로 되어 있다. 하지만 이들의 비밀 도항을 영국 총영사와 쟈딘 마세송상회가 지원한다. 5인의 영국 거처도 마세송상회 런던사장의 배려로 마련된다. 이로부터 영국 측이 이들의 유학을 적지 않게 지원하고 있음을 알 수 있다. 마세송상회 등 일본에 진출한 무역상들은, 막부말기에 막부와 웅번을 가리지 않고 총포, 화약 등의 무기와 선박 구입을 중개한다. 나가사키에 거점을 두고 사쓰마·조슈·도사를 상대로 활발하게 무기를 판 글로버상회는 마세송상회의 대리점이다.

사쓰마번에서는 데라시마 무네노리가 1862년 막부 견구사절단의 서양사정 탐색요원으로 파견된다. 이듬해 귀국하여 다시 1865년 사쓰마 견영사절단으로 영국을 찾는다. 이와 별도로 1865년 비밀리에 고다이 도모아쓰와 모리 아리노리가 영국에 파견되었다가 메이지유신 후 귀국한다.

사가번에서도 이시마루 야스요와 모타이 하치로 등 2인이 1865년 비밀리에 영국으로 도항한 후 1868년 귀국한다. 이들 역시 번주 나베시마 간소의 지시로 파견되지만 대외적으로는 실종으로 처리된다. 이들도 글로버의 지원을 받아 스코틀랜드 에버딘에 1년 반 체제한 후 유럽 대륙을 돌아 귀국한다.

이들 외에도 각 번에서는 유능한 번사들을 영국 등 해외에 파견하여 앞선 지식과 기술, 영어를 배우고 현지 사정을 파악하도록 한다. 이들 모두가 귀국 후 일본의 근대화에 기여한 것은 아니지만, 다수는 메이지유신 후 각 분야에서 리더로 활약한다.

영국 유학 출신의 프린스 이토

위에서 거론한 유학파 중 가장 출세한 인물은 이토 히로부미다. 그는 다른 이들보다 일찍 유학을 경험하지만 영국 유학 기간은 6개월 정도로 짧다. 번을 둘러싼 정치상황이 꼬이면서 기도 다카요시의 당부로, 이노우에 가오루와 더불어 조기 귀국한다. 하지만 그는 이 기간 중 영국 신사의 매너를 익히고, 장기인 영어를 한층 숙달시켜 프린스급 인재로 변신한다. 유신 정부에서 그가 기도와 오쿠보에게 능력을 인정받아 참의 중 최고 인재로 부상한 배경에는 유학경험과 출중한 영어 실력이 있다. 그는 일본의 국제화 과정에서 필수적인 국가 간 교섭 분야에서 수완을 발휘하면서 문치파의 최고 거물로 성장한다.

메이지유신 후 의식 개혁,
조슈인·사쓰마인 아닌 일본인

여기서 에도막부의 멸망과 메이지유신 후 일본 정부의 대응이 어떠했는지를 좀더 살펴보자. 위에서 서술했듯이 에도막부도 해외에 사절단과 유학생을 보내는 등 웅번과의 싸움에서 이기기 위해 몸부림치지만, 시세에 거역하지 못한다. 오무라 마쓰지로 등의 지휘하에 무사집단을 군대 조직으로 조직하고, 강화된 화력에 근대적인 병법까지 도입한 서일본의 사쓰마–조슈 연합 등 신정부군은 막부와의 무진전쟁(1868년)에서 승리한다. 왕정복고로 외형상으로는 왕의 친정이 선포되지만, 메이지 신정부의 정치는 두 지역의 하급무사 출신인 유신공신들이 주도한다. 이들은 이후 40년 이상 이어지는 삿초독재 정치로 신생 일본을 근대국가로 변모시킨다. 이 시기에 일본에선 국민국가 건설이 추진되면서 조슈와 죠슈인 아닌 일본과 일본인 의식이 배태된다.

유신 후 삿초독재 정치기에 후세대 리더 양성

이 시기 정치가 삿초독재라고 일컬어지는 까닭은 신정부 리더로 핵심적 역할을 한 이들이 사쓰마와 조슈번 출신이기 때문이다. 초기 10년은 체제 안정 전의 집단지도체제기로, 복수의 참의參議가 공동으로 정부수반을 맡는다. 참의에는 사쓰마·조슈 외에 도사·히젠번 출신도 임명되는데, 사쓰마의 오쿠보 도시미치와 조슈의 기도 다카요시 등 삿초 출신의 발언권이 강했다.

오쿠보와 기도가 주도하는 정치 노선은 신정부내에서도 적지 않은 반발에 부딪힌다. 급격한 개혁정책과 정한론 폐기에 신정부 참의 중 일부가 반발하고, 이후 조슈·사가·사쓰마 등 서일본 각지에서 크고 작은 반란이 이어진다. 초기 10년은 유신 주도 세력내의 목소리가 서로 달라 적지 않은 시행착오가 발생한다. 오쿠보와 기도가 반목할 때도 있었다. 하지만 그때마다 타협을 통해 해법을 모색하면서 위기를 극복한다. 두 사람의 반목은 1년 9개월에 걸친 구미 국가 방문 중에도 이어진다.

1년 9개월의 해외 시찰로 메이지 일본의 비전 구축

유신 후 4년차인 1871년 12월 일본 정부는 이와쿠라사절단을 파견하여 미국, 영국 등 12개국을 방문토록 한다. 대표는 공가 출신으로 우대신 겸 외무장관인 이와쿠라 도모미다. 이들은 해외 방문 중의 정부 운영에 대해 출타정부(사절단 방문기간 중의 정부)와 협의를 통해 큰 지침을 정하고 장기 외유에 나선다. 방문 목적은 우호친선과 문물의 시찰, 불평등조약 개정 타진 등이다.

삿초 출신이 다수인 사절단은 예정보다 긴 8개월을 미국에 머물면서 미일 간 불평등조약 개정 교섭에 나서지만 뜻을 이루지 못한다. 이후 영국(4개월), 프랑스(2개월), 벨기에, 네덜란드, 독일(3주), 러시아(2주), 덴마크, 스웨덴, 이탈리아, 오스트리아(빈 만국박람회 시찰), 스위스 등 12개국을 방문한다. 귀로에 서구 식민지인 실론, 싱가포르, 사이공, 홍콩과 상하이에 들른다. 방문 초기 6개월여로 예정했던 기간은 21개월로 늘어난다. 일행은 1873년 9월 13일 요코하마에 도착한다.

이와쿠라사절단 출신이 정한론 강경파 제압

신정부 지도부의 선진국 순방은 이런 저런 비판에 직면하지만 귀국 후 정국의 전개에 긍정적인 영향을 미친다. 귀국한 이와쿠라사절단파가 정한론을 내세우며 조선과 일전을 불사하려는 강경파를 제압한다. 사절단파는 외유경험을 토대로 내치 강화가 먼저라고 주장하면서, 출타정부의 주역으로 정한론을 지지하는 사이고 다카모리, 이타가키 다이스케, 에토 신페이 등과 대립한다. 이들은 서구시찰을 통해 서구와 일본의 격차를 눈으로 확인한 바 있어, 내치 강화를 통한 부국강병과 식산흥업이 조선과의 전쟁보다 우선이라는 사실을 피부로 깨닫고 있었다.

유신 3걸 사후 등장한 이토와 야마가타

유신 후 10년이 지나면서 3걸인 사이고·오쿠보·기도가 반란·암살·병사로 정치 일선에서 사라지고, 이토 히로부미와 야마가타 아리토모가 등장한다. 이후 40여 년에 걸쳐 두 사람과 이들의 후계자가 일본 정치를 주무른다. 이들에 의한 삿초독재가 끝나는 것은 1914년 4월 히젠 출신 오쿠마 시게노부가 총리로 선임된 이후다.

두 지역 출신이 46년 간 참의와 총리 등으로 정치를 주도하는 동안 정부와 군의 요직에 타 지역 출신이 다수 중용되어 경험을 쌓는다. 독재가 끝나고 이들이 의회, 정부, 군부의 주역으로 부상하여 정계와 군부를 이끌어간 것은 당연한 결과였다.

하급 무사 등이 관료로 변신, 메이지 일본 일으켜

개국 후 일본의 막부 노중과 웅번 번주 등 지도자들은, 구미의 학문과 기술 등의 문물을 배우고 정보를 입수하기 위해 유능한 하급무사 등 젊은 인재를 경쟁적으로 영국 등지에 파견하여 육성한다. 이들 중 다수가 유신 후 정치, 군사, 경제, 교육 등 각 분야의 개혁과 근대화에 기여한다.

인재등용의 승수효과가 근대화 앞당겨

주목할 점은, 인재의 발굴과 양성 과정을 통해 중용된 이들이 다시 다수의 유능한 후배를 키워내는 인재등용의 '승수乘數효과'로 인해, 메이지 신정부가 추구한 부국강병과 식산흥업이 가속화된다는 사실이다. 아울러 이러한 효과를 배가시키기 위해, 해외 유학과 연수의 장려와 별도로 2천 명이 넘는 외국인[19]을 고문과 자문역으로 초빙하여 각 분야에서 서구의 학문과 선진 기술, 제도를 가르치도록 한 점도 눈여겨 볼 대목이다.

👩 개국 전후 대응에 대한 양국의 상황을 대충 이해할 수 있겠습니다. 비슷한 개념인 존왕양이와 위정척사의 경우 어떤 개념이 옳고 틀리냐가 아니고, 이들 개념이 양국의 현실 정치에 투영될 수 있는 여건이 마련되어 있느냐 아니냐가 더 중요한 차이임을 알 수 있었습니다. 또 이러한 여건 마련에 행동 주체인 지사들의 주군인 영주 등이 어느 정도 공감하여 힘을 실어주었는지도 중요한 것 같습니다. 개혁과 혁명에는 동조 세력의 규합이 중요한데, 우리는 여기에 실패했고 일본은 성공했다는 것이겠지요.

🎩 어려운 내용인데 잘 정리했네요. 부하나 신하가 내놓은 참신한 생각이나 혁명적인 아이디어를 수용하는 주군이나 왕은 많지 않아요. 받아들이더라도 위험성을 감안하여 톤을 낮춰 받아들이죠. 그런데 당시 일본에는 분권 체제하에 작은 주군인 번주가 270명 정도 있다 보니 혁명적인 생각과 아이디어가 받아들여진 곳이 있어요. 집권과 분권 체제는 각기 장단점이 있지만 이런 부분은 분권 체제의 장점이죠. 성공하면 주변이 본뜨면서 전국으로 퍼지지만 실패하면 한 곳의 시행착오로 끝날 수 있죠.

👩 일본에서는 개국 전에도 그렇지만, 개국 후 능력이 뛰어난 인재들이 중앙 관료로 다수 등용되어 메이지유신을 성공으로 이끌어요. 메이지정부가 중앙집권을 지향하면서 각료(참의, 경)와 관료의 힘이 분권체제이던 막부 때보다 커지죠. 이들 자리에 막부의 각료(노중)와 관료(하타모토 등)를 넘어서는 우수 인재가 포진하여 근대화

를 주도해요. 이 시기 삿초독재가 40년 이상 지속하지만, 군과 정부의 수뇌층을 제외한 주요 부문에 전국 각 지역의 우수 인재가 배치되어 막부 때보다 생산저으로 활약하죠.

👧 두 나라의 개국 전후를 비교하면서 조선의 몰락과 일본의 부상을 얘기하다 보니, 일본의 앞선 점이 실제 이상으로 과장되지 않았나 싶습니다. 삿초독재 이후 일본은 결국 제국주의, 군국주의 팽창정책을 펼치다 패망하지 않나요? 왜 그렇게 되는지요?

🎩 좋은 질문이네요. 신정부가 삿초독재로 부국강병과 식산흥업에 성공한 것은 부정하기 힘들지 몰라요. 하지만 이 시기에 제정된 대일본제국 헌법이 군통수권을 대권의 하나로 인정하여 군부에 대한 정부와 의회의 통제를 인정하지 않죠. 여기에 이토와 더불어 권력을 나눠 가진 야마가타가 총리 시절인 1900년, 육군과 해군의 관제를 개정하여 '군부대신 현역무관제'를 도입하는데, 이로 인해 군부에 대한 문민통제가 한층 어렵게 되어요. 두 가지가 삿초독재 종료 후 군부 발호를 허용하는 바탕이 되죠.

👩 설명이 어렵지요? 1889년 제정된 대일본제국 헌법에 따라 왕은 내각과 군을 직접 관할해요. 내각에 육군과 해군 대신 즉 장관이 각료로 참여하지만 육군성과 해군성은 내각수반인 총리가 아닌 왕 밑에 있어요. 또 1900년부터는 육군과 해군 장관은 예비역은 안 되고 현역만 선임할 수 있어요. 따라서 육군과 해군이 장관을 선

임하지 않으면 내각을 구성할 수 없어요. 이렇게 하여 내각이 군에 끌려 다니는 구조가 1945년 패전 시까지 이어지죠. 이 시기에 군이 내각위에 군림하면서 군 출신 총리가 다수 배출되어요.

🧑 두 분이 들려준 육군과 해군 등 일본 군부의 발호 얘기는 삿초독재가 끝나고 시간이 약간 지난 1930년대 이후 전개된 사안을 지적하는 것인가요?

🎩 그렇지요. 삿초독재가 끝나고 바로 군부 전횡이 시작된 것은 아니지요. 그 사이 십수 년간은 꽤 다른 모습이 전개되죠. 1차 세계대전이 끝난 1910년대 중후반, 세계적으로 민족자결주의와 민주주의 바람이 불면서 일본에도 정당 민주주의가 싹트죠. 우리의 3.1 독립운동(1919년)에 일제가 유화정책으로 대응한 것도 이같은 시대흐름을 반영한 것이라고 볼 수 있어요. 하지만 정당 민주주의가 꽃 피우지는 못해요. 사회주의와 공산주의 세력의 대두에 대한 경계로 사회가 우경화하고 군부가 득세하기 때문이죠.

😀 1920년을 전후하여 일어난 민주주의 바람을 '다이쇼민주주의'라고 해요. 선거권이 확대되고 여성의 사회 진출이 늘며 각종 잡지가 출간되는 등 계몽적인 흐름이 일죠. 이때 평민에서 국회의원을 거쳐 총리가 된 하라 다카시가 '평민재상'으로 이름을 날리는데 우익청년에게 암살되고 말아요. 정당들이 이합집산하며 보여준 당시의 일본 정치는 미국, 영국에서 찾아볼 수 있는 정당정치와는 거

리가 멀었죠. 때마침 군부의 발호로 15년 전쟁(1931-1945년)이 시작되면서 민주주의와 정당정치는 사어가 되고 말지요.

🧑‍🦱 1930년대 초 이후 나타난 군부의 전횡에 대해서는 앞에서 얘기한 헌법 규정과 군부대신 현역무관제만으로 다 설명되나요? 정치가 등 문민의 책임은 없나요?

🎩 두 가지가 가장 큰 이유겠지만 모든 것을 제도 탓으로 돌릴 수는 없겠지요. 암살 위협에 놓인 원로 정치가들의 책임 방기도 한 가지 이유로 지적될 수 있을지 모르죠. 이토의 후계자격인 정계 원로 사이온지 긴모치가 1930년대 이후 군부와 가까운 정치가의 총리 선임을 방관한 사실이죠. 배경에 위의 두 제도가 있을 수 있지만, 그가 선대 원로 이토 등이 발휘한 수준의 정치력을 보여주지 못한 것은 부정하기 힘들겠지요.

👩 문민의 경우 일정 수준의 책임이 없지 않겠지만 헌법을 들먹이며 변명하겠지요. 주목할 점은, 같은 헌법 하에서도 1920년대까지는 문민이 군부를 일정 수준 통제해 왔는데 왜 1930년대 이후에는 못했느냐는 거죠. 하나의 해답은 "군사력이 경제력 이상으로 빠르게 증대되어 군부의 무게감이 커진 상황에서, 청일전쟁과 러일전쟁 승리 후 중국 침략에 맛을 들인 군부 소장 강성파의 발호를 군수뇌부가 제대로 통제하지 못했다"는 거죠. 이는 미·영·중 등 가상 적국의 국력에 대한 과소평가와 침략전쟁으로 이어지죠.

함께 생각해봐요

1. 개국 전 대응이 양국 역사의 품격에 어떤 영향을 미칠까요?

2. 개국 후 대응이 양국 역사의 품격에 어떤 영향을 미칠까요?

3. 이 시기 어느 장면이 (플러스 측면에서) 양국 역사의 품격에 가장 큰 영향을 미칠까요? 왜 그렇게 생각하나요?

4. 개국 전후 대응의 역사에서 아래 '실격의 역사' 유형에 해당하는 시대나 장면을 찾아볼 수 있을까요? 유형은 중복될 수 있습니다.

유형Ⅰ: 잘못된 정치·정책으로 역사적 비극과 대실패 초래 (역사 암전·퇴보)

유형Ⅱ: 역사적 사실에 대한 조사, 기록, 교육이 없거나 약함 (역사 누락)

유형Ⅲ: 역사적 사실의 미화 분식과 조작 (역사 왜곡)

Ⅷ. 근대화와 그 주역

여덟 번째는 근대화와 그 주역에 대한 양국 비교입니다. 앞에서도 몇 차례 나왔듯이 한 나라의 역사를 얘기할 때 빼놓지 않고 등장하는 주제가 근대화인데요. 자주 듣고 쓰는 이 용어의 개념을 실은 잘 모르고 있거든요. 옛 것을 버리고 새 것, 주로 서구의 제도와 사고, 문화, 문명, 생활 관습을 받아들인다는 의미로 이해하면 되는지요?

개략적으로는 그렇다고 얘기할 수 있겠지요. 우리나라를 위시하여 동양권 국가에서는 근대화를 경제와 법제도, 교육적 측면에 초점을 맞춰 얘기하는 경향이 강한 것 같아요. 그러니까 "서구권 국가의 시장중심 자본주의 경제 체제를 받아들여 정착시키고, 농림수산업 등 전통 산업에 제조업 등의 공업을 접목하여 산업화에 나서며, 비교우위 산업을 강화하는 작업이 원활히 추진될 수 있도록 법과 제도를 정비하고 인력을 양성하는 것"을 근대화라고 생각하는 경향이 있다는 것이죠.

😊 　경제발전의 초기단계에서 할아버지 말씀과 유사한 형태의 변화가 일어나는 것을 동양권 국가들이 근대화라고 부르는 것은 분명해요. 그런데 경제가 발전하면 정치와 사회, 문화 부문에서도 다양한 변화 요구가 터져 나와요. 시민 의식이 깨이면서 눈높이가 달라져 전통 사회의 그것과 다른 모습으로 바뀌길 희망하는 거죠. 나라에 따라 시기와 강도 차이는 있지만 대부분의 국가에서 비슷한 모습이 관찰되어요. 독재나 우민 정치로 한동안 이같은 요구를 빗겨갈 수 있을지 모르지만 오래가긴 힘들죠.

👩 　그러면 각 분야가 어떻게 바뀌는 것을 근대화라고 할 수 있나요? 바뀌더라도 단계가 있고 정도 차이도 제법 될 것 같은데요. 정치가나 국민들이 원하고 노력하면 모든 나라가 다 높은 수준의 근대화를 달성할 수 있을까요?

🎩 　부문별로 볼까요. 정치에서는 민주주의의 도입을 통한 의사결정 과정의 민주화가, 사회에서는 거주이전·직업선택·언론·결사·신앙의 자유 허용과 신분·성별·직업·연령·학력에 따른 차별이 없는 인권 존중과 평등 사회의 구현이 지적될 수 있겠죠. 문화에서는 이성·창의·과학기술 지식에 입각한 합리주의의 구현이 거론되고, 교육에서는 초등교육의 보편화와 고등교육의 확대와 내실화, 삶의 질에서는 안전과 안심의 보장, 군사와 외교에서는 무력과 전쟁

보다 평화주의와 대화 중시가 주목을 받겠죠.

🧑‍🦱 근대화 작업은 모든 나라가 자국 사정에 맞춰 단계적으로 추진해요. 그런데 경제 근대화인 산업화, 자본주의의 도입·성숙과 달리 정치 근대화인 민주화는 시간이 걸리고 나라마다 수준 차이가 커요. 선진 경제권인 일본과 싱가포르가 민주화면에선 우리보다 뒤진 부분도 없지 않죠. 민주화 수준은 자국의 관습과 전통, 국민의 욕구와 요구 등이 종합적으로 고려되어 결정되어요. 국제 정세나 시류에 따라선 외부 세력의 간섭으로 민주화가 제약받거나 강제되기도 하며 때론 퇴보하기도 하죠. 경제 근대화도 그렇죠.

👩 우리나라의 근대화는 어느 정도에 와 있다고 할 수 있나요? 부문별로 꽤 다를 것 같다는 생각이 듭니다만.

🎩 1870년대 이후 서구와 일본 등과 접촉하면서 부문별 근대화가 시작되죠. 전기·전화·우편·철도 등 경제 분야의 근대화부터 착수되어요. 하지만 속도가 더디고 일제강점기, 한국전쟁을 거치면서 지속적인 발전을 이루지 못하고 진퇴를 거듭해요. 1960년대 이후 본격적인 근대화가 추진되어 50년이 지나서야 선진국 문턱 수준에 이르죠. 정치 근대화는 해방 이후 시도되다 군부 쿠데타로 퇴보하는데, 1987년 이후 다시 발전하기 시작하여 30년이 경과할 무렵에 경제 근대화에 버금갈 수준에 이르죠.

👩‍🦱 　사회 부문 중 거주이전·직업선택·신앙의 자유, 그리고 개인주의와 창의성에 입각한 문화 부문, 초등교육의 보편화와 고등교육의 확대와 내실화로 대표되는 교육 부문은 수준급에 이르지요. 하지만 사회부문 중 성별·직업·신분·연령·학력에 따른 차별 없는 인권의 존중과 평등 사회의 구현, 안전과 안심의 보장으로 대표되는 삶의 질 개선, 평화와 대화 중시로 대표되는 국방·외교는 발전도상에 있어요. 시민의식과 안전의식 등 우리의 약한 사회관계자본 외에 지정학적 요인 등의 외적 요인이 걸림돌이죠.

👩 　서구권 국가들의 근대화는 우리와 비교하면 어떻다고 할 수 있나요? 우리보다 앞서 있을 것은 쉽게 짐작할 수 있겠습니다만 그곳도 과제가 없지는 않을 것 같은데요.

🧔 　서구권의 근대화는 동양권과 꽤 달라요. 정치와 사회 문화 부문이 경제보다 앞서 근대화되죠. 그러다 보니 경제 근대화시의 노사 분규, 임금 격차, 빈부 격차 등의 문제에 지혜롭게 대응하여 적은 비용으로 해결하면서 자국 실정에 맞는 자본주의를 정착시키죠. 반면 우리는 경제 근대화가 먼저 단기간에 강도 높게 추진되면서 부수적으로 발생하는 각종 문제의 수습에 많은 비용을 치르죠. 일본은 경제부터 근대화한 점이 우리와 비슷하지만 타 부문 근대화에 바로 착수하면서 우리보다 혼란을 덜 겪죠.

👩 　근대화는 영어로 modernization이므로 현대화라는 뜻도 있

어요. 종점 없이 늘 현재진행형인 거죠. 서구에선 근대화가 일찍 시작된 지역답게 문화와 교육 부문의 과제는 적지만, 정치·국방·외교·경제·사회 분야는 유동성이 커 과제가 수시로 빌생해요. 저성장과 저출산·고령화는 거의 모든 서구권 국가의 과제이고, 일부는 분쟁지역 주민의 유입에 따른 치안 불안과 노동시장 압박의 문제를 안고 있죠. 낮아지는 국경 문턱으로 사람과 물자, 자본의 이동이 가속화하면서 전에 없던 문제가 부상하고 있는 거죠.

앞에서 동양권 국가에서는 근대화를 경제 근대화로 이해하는 경향이 강하다고 하면서, 경제 근대화는 자본주의의 도입과 정착, 산업화로 대표된다고 하셨는데요. 우리나라를 위시한 동양권 국가의 근대화는 어떤 방향으로 발전할까요?

위키피디아 '근대화'의 일본어 버전과 영어 버전의 차이에서 힌트를 찾아볼 수 있을지 모르죠. 경제 근대화의 비중은 전자가 7할이라면 후자는 4할 정도죠. 일정 수준의 근대화를 이룬 동양권 국가에서는 성·연령·직업 별 격차의 확대, 저출산·고령화, 친환경 등 그간의 경제 근대화와 거리가 있는 사안에 대한 해법 모색이 현안이죠. 향후에는 산업화 등 양적 확대 측면이 덜 강조되고 삶의 질을 우선하고 안전과 안심을 강조하는 자본주의로의 변화, 나아가 상대적으로 미진한 정치 민주화 등이 강조되겠죠.

할아버지가 말씀하신 시나리오 외에, 동양권 국가에서 앞

으로도 한동안 경제 근대화를 중심으로 근대화가 추진되는 시나
리오도 생각해 볼 수 있어요. 경제 근대화를 이루지 못한 국가들
이 많기 때문이죠. 해당국의 산업화 수준과 자본주의 특성을 반영
하여 근대화의 방식과 내용이 차별화되겠지요. 이때 먼저 근대화를
이룬 우리나라와 일본, 대만 등의 다양한 비서구적 방식의 근대화
모형이 참고가 될 수 있겠죠. 아무튼 국가별로 경쟁력있고 포용성
이 강한 자본주의를 정착시키는 작업이 관건이에요.

👧 　설명을 들으면서 근대화의 개념, 동서양에서의 역사적 발전
과 전개, 그 과정에서의 차이점이 어떠한 것인지에 대해 다소나마
정리가 되는 것 같습니다. 서구의 근대화를 뒤늦게 수용한 동양권
국가에서는, 경제 근대화가 다른 부문의 근대화보다 비중 있게 논
의되어 왔다는 얘기로 이해됩니다.

🎩 　근대화 논의가 장래 동양권 국가에서 어떤 방향으로 전개될
지 궁금해 하는 이들이 적지 않아요. 경제 부문에서는 서구의 그것
과 유사하게 전개된 측면이 없지 않지만, 정치·사회·문화 부문에
서는 지금까지처럼 서구의 그것과 제법 다른 모습이 전개될 가능성
이 없지 않죠. 동양 사회의 전통과 관습, 가치 기준이 제법 다르기
때문이지요.

👩 　경제 근대화를 통해 선진국에 진입한 싱가포르·일본·홍
콩·대만이지만, 정치·사회·문화 분야의 근대화는 서구의 그것과

꽤 다른 모습을 보여주죠. 이들 나라와 지역이 근대화가 곧 서구화가 아님을 보여줄지, 또 어떤 방식으로 보여줄지 관심이 높아요. 우리는 이들 나라보다 경제 근대화에선 뒤질지 모르지만 정치·사회·문화 분야의 근대화에선 앞서 있는 측면이 없지 않죠. 나아가 동양권에서 잉태된 삶의 질과 삶의 보람을 중시하는 비서구형 근대화 모형이 전 세계로 보급될지도 궁금한 대목이지요.

👩 화제를 돌려 보겠습니다. '~의 아버지'라는 말이 있지요. 해당 분야에서 창조적 선구자적 역할을 한 이를 기려 이렇게 부르는 것 같아요. 분야마다 그러한 이들을 찾아볼 수 있는 곳도 있고 그렇지 않은 곳도 있겠죠. 서구의 과학과 기술, 각종 문물을 받아들인 일본이지만, 이를 일본에 정착시키고 나아가 한 단계 더 발전시키는 작업은 일본인의 몫이었겠지요. 그러한 점에서 각 분야에 어떠한 이들이 있는지, 또 우리나라와 비교하여 무엇이 다른지 설명해 주셨으면 합니다.

🎩 일본인이 세계 최초로 발명하거나 발견한 것은 많지 않지요. 많은 것이 서구에서 만들어지거나 발견되었죠. 하지만 이것들을 일본에 도입하여 현지 사정에 맞게 개량하여 정착시키는 작업도 간단한 일은 아니죠. 그러한 점에서 근대화 과정에서 수많은 '~의 아버지'가 일본에서 탄생하죠. 분야별로는 칼럼을 통한 해설을 참조하고요. 일본보다 근대화가 늦은 우리는 일제 당국과 일본인에 의해 이식된 것들이 많아 국내 선구자를 찾아보기 힘든 분야가 적

지 않아요. 아쉬운 일이죠.

우리는 강점기 시절 일제가 도입한 각종 법제와 제도, 시스템을 긍정적으로 평가하지 않는 경향이 있어요. 이들 법제와 시스템의 조선 내 이식과 정착에 애쓴 일본인이 있겠지만, 이들의 이름을 언급하고 공적을 인정하는 것은 터부시되고 있어요. 당시 조선인의 건강과 생활 편의의 증진을 위해 도입한 법제 등도 큰 틀에서 원활한 식민통치의 목적으로 도입했다고 치부하는 거죠. 길게 보면 공로가 큰 기관과 인물·제도·시스템에 대해 상응한 평가를 내리는 날이 올지 모르지만 아직은 아니라고 보는 거죠.

한 · 일의 근대화 주역

인류의 삶의 질을 개선한 역사저인 발견과 발명이 직지 않다. 이들 중 많은 부분이 서양인에 의한 것이고 동양인이 기여한 부분은 일부다. 근대 사회에 들어와 삶의 이기로 자리 잡은 전화, TV 등 각종 기기와 시스템의 발명도 대부분 서양인에 의해 이루어진 것이다. 현대인에게 요긴하게 쓰이는 인터넷과 스마트폰에 이르면 특정 발명가를 거명하기 힘들다. 개발 과정에 여러 기관과 사람이 관련되어 있기 때문이다. 하지만 이들 역시 서양에서 그 원형을 찾아볼 수 있다.

근대화에 필수적인 '~의 아버지'

우리는 기기나 시스템 등의 발명이나 개발, 발전에 공이 큰 이들을 기리는 의미에서 '~의 아버지'라는 이름으로 호칭하기도 한다. 전화·TV·인터넷·스마트폰 등은 모두 전기에너지를 이용한다. 그렇다면 이처럼 소중한 전자기 현상을 발견하고 전기를 만들어 일상생활에 유용하게 사용할 수 있도록 고안한, 이른바 '전기의 아버지'는 누구일까. 그는 영국의 화학자 겸 물리학자인 패러데이다. 대장장이의 아들로 태어나 정규교육을 받지 못했지만 수많은 실험을 통해 전자기학의 기초를 세운 실험과학자다.

그의 실험 결과는 훗날 수리물리학자인 맥스웰에 의해 전자기에 관한 맥스웰방정식으로 이론화된다. 잉글랜드와 스코틀랜드 출신의 두 과학자가 멋진 콤비 플레이로 전자기학의 기초를 세운다. 생전 아인슈타인의 연구실 벽에는 뉴턴과 두 사람의 초상화가 걸려 있었다고 한다.

한편 일본에서는 전기를 이용하여 TV를 발명하려는 시도가 있었다. 다카야나기 겐지로 전 일본 빅터 부사장은 일본에서 'TV의 아버지'로 불린다. 그는 1926년 브라운관 TV로 알려진 전자식 TV 수상기를 최초로 개발하지만, 한해 앞선 1925년 스코틀랜드의 베어드가 기계식 TV를 개발하여 세계 최초로 인정받지는 못한다.

전신마취 수술의 아버지는 하나오카

물론 일본에도 세계 최초의 업적을 낸 전문가나 과학자가 있다. 하나오카 세이슈는 1804년 세계 최초로 전신마취 수술에 성공한 의사다. 그는 자신의 어머니를 잃고 아내가 실명하는 비싼 대가를 치른 끝에, 마침내 전신마취에 유용한 약을 개발하여 유방암 수술에 성공한다.

메이지시대에 양산된 분야별 아버지, 서양배우기의 선구자

문명 개화기인 메이지시대, 하나오카나 다카야나기 같은 선구자들이 각 분야에서 두각을 나타내 일본 '~의 아버지'로 불리고 있다. 행정 관료 분야의 오쿠보 도시미치, 강병의 야마가타 아리토모, 육군의 오무라 마쓰지로, 헌법의 이토 히로부미, 사법의 에토 신페이, 근대 기업의 시부사와 에이이치 등이 대표적이다. 이밖에 철도의 이노우에 마사루, 조폐의 엔도 긴스케, 공학 일반의 야마오 요조, 건축의 다쓰노 긴고, 토목의 후루이치 고이, 낙농의 구로사와 도리조 등도 그러한 이들이다.

물론 이들 외에도 해당 분야의 초기 공헌자들이 적지 않을 것이다. 그래서 '메이지 ~의 O인' 같이 묶어서 평가하기도 한다. 여기서는 편의상 대표적인 1인을 거론한 것이며, 시각에 따라선 다른 사람을 선정할 수도 있을 것이다.

교육 분야를 예로 들어보자. 한 사람을 거론할 경우에는, 게이오기주쿠대를 설립하여 법학과 경제학 등 사회과학을 소개하고, 영어를 통한 서양문화 보급에 공이 큰 후쿠자와 유키치를 거론하는 이들이 많다. 하지만 복수를 거론할 때면 후쿠자와 외에 도시샤대를 설립하여 기독교 교육 등에 기여한 니이지마 조, 근대 학제 제정에 공이 큰 오키 다카토, 명육사 등 계몽활동과 학제개혁에 이바지한 모리 아리노리, 해군 군인으로 수학과 공학·항해술 교육에 정통한 곤도 마코토, 3대 숙塾의 하나인 동인사를 설립하고 새무얼 스마일즈의 『자조론』을 번역한 나카무라 마사나오를 묶어 '메이지 교육의 6인'으로 소개하기도 한다.

이처럼 메이지시대 교육과 교육자에 대한 높은 평가의 배경에는, 이때의 근대 교육이 일본의 지속적 성장에 미친 공헌도가 크고, 세계적으로 평가가 높은 오늘날의 일본 교육, 특히 초중등 교육의 원형이 이 무렵에 모습을 갖추기 시작했다는 사실에 따른 것이다.

우리의 분야별 아버지는 누구?

일제강점기 시절 ○○○?

눈을 돌려 우리의 상황을 살펴보자. 산업을 위시한 주요 분야에서 선구자, 아버지라고 칭할 만한 이들이 많지 않다. 각종 법제와 질서 체계, 학제와 학교 교육, 조세 등 재원조달과 재정체계, 중앙정부와 지방정부의 행정체계, 의료체계와 사법제도 등에 이르기까지 많은 부분에서 일제강점기 시절 이식된 법제도와 시스템이 출발점이다. 군이 해당 분야의 아버지를 찾는다면 일본 제국주의나 일본의 특정 인물이나 특정 기관을 지칭할 수 있을지 모른다. 이 무렵 일본은 메이지시대 이후 시행착오를 거치면서 자국 실정에 맞게 변형하여 운영해오던 각종 법과 제도를 식민지 조선의 상황과 여건에 따라 어떤 것은 그대로, 어떤 것은 일부 조정하여 이식한다.

일본제국주의가 우리나라 근대화의 시발점?

그런데 식민지 조선에 이식된 각종 법제와 질서체계의 정비, 이를 토대로 한 성과에 대해서는 논란이 많다. 성과가 양적으로 입증되어 이 시기에 근대화가 이뤄진다고 주장하는 이들과, 군수산업 중심의 양적 성장만이 아닌 다른 측면을 종합적으로 봐야 한다며 근대화 성과를 부정하는 이들로 갈린다. 이 시대에 대한 부정적 이미지 때문에 국민 다수는 식민지 조선의 성과를 수치만으로 이해하려 하지 않는다. 그래서 양적 성장을 앞세우는 주장에 비판적이며 제대로 평가해 주지 않는다.

하지만 머리를 식히고 생각해보면 국내 각 분야의 아버지 중 상당수가 일본인이나 일본 관계자일 가능성이 높다. 또 이때 시행된 법제와 질서체계로 인해, 식민지 조선은 물론 해방 후 대한민국의 제도 등 사회 인프라가 조기에 정비되고, 산업을 위시한 각 분야의 안정성과 효율성이 높아진 점을 부정하기 힘들지 모른다.

다만 지금까지 언급한 일련의 법제와 질서체계 정비의 일차적 목적이 일제의 원활한 식민지 통치에 있고, 식민지 조선의 발전과 조선인의 복리 증진은 부차적이며 지속가능성이 담보되지 않는다는 점에서, 긍정적인 발전 성과로 평가하기 힘들 것이다.

해방 후 신 분야에서 한국인 아버지가 잇달아 배출

해방 후 국내에서도 소수이지만 각 분야에서 '~의 아버지'로 지목될 수 있는 이들이 하나둘 나타나기 시작하여, 지금은 적지 않은 숫자에 달한다. 게임 소프트와 반도체 등의 분야에서 이러한 이들이 나와 기업과 우리 경제의 성장에 크게 기여한다. 문제는 앞으로다. 인구 감소가 예견되는 가운데, 경제규모를 지금 수준이나 그 이상으로 유지하려면 신 분야에서 아버지를 지속적으로 배출하고 이들의 뒤를 잇는 자녀들 또한 필요하다.

서구에서도 이러한 측면에서 제대로 대응하지 못해, 과거 여러 분야에서 아버지를 배출했지만 오늘날에 이르러 경제력과 국력이 쇠퇴한 곳들이 제법 있다. 남유럽 국가인 이탈리아와 스페인, 포르투갈 등이다. 패러데이와 맥스웰을 배출한 영국 역시 유럽 국가 중에서 중간 수준을 달리고 있을 뿐이다. 새 아버지와 대를 이을 자녀를 지속적으로 배출하지 못하면 무한 경쟁시대에 언제든지 처질 수 있다.

새아버지 못지않은 유능한 후계자 양성

눈을 돌려 과거의 일본을 보자. 특유의 미적 감각을 지닌 화가와카·배구·능악·가무기·문악 등의 전통 문학과 예능, 여기에 다도·향도·화도 등 독창적이고 매력 있는 전통문화의 각 분야에는 시조격인 아버지와 대를 이이온 자녀들이 있다. 지금도 일본에서는 신 분야에서의 아버지 배출 못지않게 전통 분야에서 후계자 양성을 위한 쉼 없는 절차탁마가 강조된다.

미국과 독일에 제조 기반을 둔 피아노 메이커 Steinway & Sons에서도 이를 확인할 수 있다. 명장 스타인웨이와 두 아들, 그리고 이들의 후손들이 선대 이름에 걸맞은 세계 최고 수준의 피아노를 지속적으로 만들어 냄으로써 160년 이상 명성을 유지해 오고 있다. 이상에서 설명한 유능한 후계자 양성의 문제는 일본과 미국에 한정된 얘기만은 아닐 것이다.

흥미로운 내용이네요. 각 분야별로 아버지라고 부를 만한 이들이 있는 일본이 부럽게 여겨지기도 하고요. 우리도 1960년대 이후의 근대화에 따른 경제 발전과 복지제도 정비 과정에서 그렇게 부를 수 있는 이들이 차츰 생겨나고 있는 것 같아요. 한 나라가 독립을 유지하면서 자주적으로 발전해 가야 이런 이들이 나올 수 있다는 사실로부터, 주권을 가진 독립국의 국체를 지키는 것이 새삼 중요하다고 생각되네요.

공헌도가 비슷한 이들이 여러 명 있다 보면 이 분야의 선구자나 아버지로 누구를 택할까를 놓고 이견이 나올 수 있죠. 이럴 때는 '교육 O인', '법조 O인', '철도 O인' 등과 같이 부를 수도 있겠죠. 하지만 우리의 경우 이렇게라도 부를 수 있는 분야별 선구자가 얼마나 될지 다소 안타깝기도 해요. 두드러진 업적을 남긴 이들이 상대적으로 적기 때문이죠. 이는 한 분야로 한정하여 외길 인생을 추구하는 이들이 일본에 비해 상대적으로 적은 것과 연관이 있는 것 같아요.

그간 우리의 경제력이 크게 늘어난 것에 비하면, 우리가 세계와 인류를 위해 선두에서 이끌어 가고 있는 분야는 제한적인 것 같아요. 물론 TV 모니터와 반도체 등 일부 분야에서 선두를 점한 것은 뿌듯한 일이지요. 하지만 그러한 분야를 지키는 것은 물론 새롭게 만들어 내는 것이 필요하지 않을까요? 새로운 기술의 개발과 응용 분야에서 선구자적 역할을 수행하는 이들을 늘리는 것이 21

세기의 부국강병 아닌 부국안민의 길이 아닐까요?

함께 생각해봅시다

1. 근대화와 그 주역들이 양국 역사의 품격에 어떤 영향을 미칠까요?

2. 이 시기 어느 장면이 양국 역사의 품격에 가장 큰 영향을 미칠까요? 왜 그렇게 생각하나요?

3. 양국의 근대화와 그 주역의 역사에서 아래 '실격의 역사' 유형에 해당하는 시대나 장면을 찾아볼 수 있을까요? 유형은 중복될 수 있습니다.

유형I: 잘못된 정치·정책으로 역사적 비극과 대실패 초래 (역사 암전·퇴보)

유형II: 역사적 사실에 대한 조사, 기록, 교육이 없거나 약함 (역사 누락)

유형III: 역사적 사실의 미화 분식과 조작 (역사 왜곡)

심화 학습 : 한국의 근대화 논쟁

내재적 발전론 vs 식민지 근대화론

근대화에 관한 논의를 마무리하기 전에 꼭 여쭙고 싶은 게 있어요. 일제강점기에 일본 학자들이 제창하여 주류파 학설이 되었다가 해방 후 잠잠해진 식민지 근대화론입니다.[20] 1980년대부터 일부 보수 성향의 국내 경제사학자들이 다시 들고 나오면서 역사학자, 사회학자들과의 근대화론 논쟁이 가열되고 있는데요. 어떻게 이해해야 할까요?

용어에 모순된 내용이 담겨 있다는 생각이 들지 않나요? "식민지 상태의 나라나 지역이 식민지기에 근대화를 이루거나 근대화의 기초를 닦았다"는 것인데, 식민지를 그렇게 운영한 종주국이 얼마나 있을까요? 식민지의 본래 뜻은 '국가로서의 주권을 상실하여 정치·경제·사회 문화적으로 강한 (국민)국가인 종주국에 예속된

곳'이지요. 따라서 식민지는 종주국에 원료와 인력을 공급하고 상품 시장으로서의 역할도 하죠. 그리고 종주국은 자국의 이익을 위해 식민지에 국민을 이식하고 자본을 투자해요.

👩 2천여 년 전 로마가 유럽과 아프리카 북부 일원을 장기간 식민지배하죠. 곳곳에 상하수도가 깔린 도시를 건설하고 신전과 콜로세움을 세우는데, 주목적은 황제 등 지배층과 로마 시민의 이익 증대이고 식민지의 발전과 주민의 삶 개선은 부차적이죠. 이때의 식민 지배에 대한 평가를 놓고 "식민 지배로 자극받아 지역 발전이 앞당겨졌다" "식민지 타성이 남아 지역 발전이 더뎌졌다"는 상반된 주장이 나올 수 있죠. 전자가 맞다면 로마 이후 강대국의 식민 지배를 받고자 하는 나라와 지역이 줄을 섰겠죠.

👩 두 분의 설명을 듣고 보니 식민지 상태에 있던 우리가 식민지 근대화론을 지지하는 것은, 로마의 식민지였던 유대 지역과 이집트 사람들이 로마 제국의 통치 덕분에 살기 좋아졌다고 얘기하는 것과 유사하다는 생각이 듭니다.

🧑 그렇게 볼 수도 있겠지요. 벤허라는 영화가 있지요. 1959년에 제작된 이 영화의 주 무대는 로마 식민지가 된 유대 지역이죠. 주인공 유다 벤허는 식민지가 되기 전 이 지역을 다스리던 지배계층인 허Hur씨 가문 출신이죠. 하지만 식민지가 된 이후 벤허를 위시한 유대지역 사람들은 로마 총독과 주변의 군인과 관료, 로마 시민

에게 감시당하고 압정에 시달리는 신세가 되죠. 강점기 시절 로마시대와 달리 노예는 없었지만, 로마의 압정을 넘어서는 잔혹한 일제의 철권 통치가 식민지 조선을 옭아맸지요.

👩 　엄마도 그 영화를 보고 큰 감동을 받았기 때문인지 아직도 기억이 생생하네요. 어린 시절 친구였던 로마인 멧셀라Messala가 성인이 되어 군 간부로서 유대에 부임하여 벤허와 그 가족을 유린하지만 기사회생한 벤허의 적개심에 찬 복수극을 전능자가 지원하여, 악의 화신 같은 멧셀라가 파멸의 구렁텅이에 빠져 죽는다는 스토리이죠. 영화에서도 알 수 있지만, 당시의 로마제국은 식민통치의 역사가 길어 20세기 전반의 일본보다 식민지와 식민지 주민을 포용하여 공존 공영하는 노하우를 갖추고 있었어요.

👩 　우파 성향의 일본 학자들이 강압적인 식민지배에 대한 송구함이나 거리낌 혹은 역사적 채무감이라고 할까, 이런 부담감 때문에 차마 목소리를 높여 얘기를 하지 못하고 있는데, 한국 교수들이 그것도 유명 대학 교수 등이 중심이 되어 이들의 역할을 대신해 주고 있다고 볼 수 있을 것 같은데요.

🎩 　그렇게 볼 수 있을지 모르죠. 일본에서는 사회사와 농업사 연구자 중심으로 "식민지 조선에서 도시 문화가 생겨나고 농촌사회가 변하는 등 근대성을 확인할 수 있는 몇 가지 현상이 나타났다"는 주장이 있지요. 하지만 경제사 연구자 사이에서는 그러한 모습

이 두드러지지 않아요. 그런데 민법과 근대적 사유재산 제도, 상법과 근대적 회사 설립, 행정과 사법의 분리 등 경제 근대화에 필요한 제도적 기반의 정비가 일제강점기에 기원하고 있다는 점에서, 국내에서 식민지 근대화론이 대두된 거죠.

식민지 근대화론자는 통계 숫자와 관련 제도의 도입, 정착 수준으로 근대화를 설명하려는 실증사학 중시파라고 할 수 있어요. 이병도 등을 중심으로 해방 전후 역사학계의 주류가 된 적도 있지요. 이후 민족사관[21]을 앞세운 학자들에 의해 식민사관[22]의 아류로 비판받으면서 비주류가 되죠. 그런데 1980년대에 서울대 교수 등이 중심이 된 경제사학자 그룹이 민족사관에 입각한 자본주의 맹아론, 내재적 발전론, 식민지 수탈론 등은 실증적으로 입증되지 않는다면서 식민지 근대화론을 옹호하고 나서죠.

30년 이상 묵은 이 논쟁이 앞으로도 한동안 지속될 것 같은데요. 저 같은 학생을 포함한 보통 한국인이라면 어떠한 자세와 눈높이로 이 논쟁을 지켜봐야 할까요?

근대화 추진의 주체와 민족의 자긍심이 걸린 문제이므로 식민지근대화론이 주류파로 자리매김되는 일은 없겠지요. 식민지 조선은, 민주주의 체제하의 자유롭고 평등한 사회가 아니고 합리주의와 개인주의도 보편화되어 있지 않았죠. 경제적 측면에서 산업화와 자본주의 도입을 위한 정지 작업이 시도되어 성과를 본 측면은 있어요. 하지만 이는 조선과 조선인의 이익보다 '후방기지 구축을 통한 부국강병'이라는 일제와 일본인의 장기 이익 추구에 주된 목적이 있고 그나마 단기 성과로 끝나요.

분명한 것은 우리 경제의 본격적인 근대화는 1960년대 이후 추진되었다는 점이죠. 일제강점기의 근대화 기반 정비는 타율적이고 수용도가 낮아 정지 작업 단계에 머물렀어요. 강점기에 각종 법제와 초중등 학제가 도입되면서 노동자의 인적자본이 구축되기 시작한 것은 부정하기 힘들겠죠. 하지만 1930년대 중반 이후의 강압 통치와 전쟁 동원, 해방 후의 혼란과 한국전쟁으로 많은 부분이 와해되어요. 정치 민주화를 제외한 근대화 작업은 주권 회복 후 군사 정권에서 '한강의 기적' 형태로 나타나죠.

설명을 듣고 보니 눈높이가 잡히네요. "식민지 근대화론을 긍정할 수 없지만 애써 부정할 것도 없다. 1910년 이전 고종을 위시한 조선 지도자 그룹이 여러모로 힘든 여건에서 근대화에 나서지만 성과를 내지 못하고 국권을 피탈 당한다. 일제는 자국의 장기 이익 추구 과정에서, 월등히 앞선 국력을 바탕으로 훗날 한반도의 근대화로 이어질 수 있는 식민지 기반 정지 작업에 나선다. 그런데 1930년대 중반 이후의 전쟁 동원과 해방 후의 혼란, 한국 전쟁으로 기반의 대부분이 와해된다"는 정도로 이해하면 될까요?

그렇지요. 일본 교과서가 "5~7세기에 한반도 3국 경유로 다양한 문물이 전래되었다"고 담담하게 서술하듯이, "일제강점기에 여러 면에서 수십 년 앞서 있던 일본을 통해 서구권 국가에 기반을 둔 근대적인 법제와 학제, 보건위생 제도와 각종 문물이 도입된다"고 서술하는 거죠. "일제의 식민 지배로 조선이 자발적으로 진행해오던 근대화 계획이 망가졌다" "조선의 근대화는 식민지기에 이루어졌다"와 같이, 특정 사관에 기초하여 가상적이거나 근거가 약한 내용을 힘줘 얘기할 필요가 없다는 거죠.

🧑 "내재적 발전론이 맞다" "식민지 근대화론이 맞다"고 강변하기보다 우선해야 할 작업이 있지 않을까요? 1880년대부터 1930년대까지 조선에서 전개된 사회 경제적 변천의 체계적인 정리와 분석, 이것이 1960년대 이후 진행된 (국민) 국가 주도 하의 산업화와 어떤 고리로 연결되는지와 그 의미에 대한 엄밀한 고찰이지요. 일제강점기에 도입된 각종 법제와 초중등 교육 같은 변혁 조치 등이 연결 고리의 후보로 거론될 수 있겠지만, 결정적인지는 불확실하죠. 타율적으로 이식되어 정착도가 낮기 때문이죠.

👩 국내에서 논쟁이 심화되고 있는 근대화 논쟁인데요. 일본의 상황은 어떤가요?

🎩 일본에는 근대화 논쟁이 거의 없어요. "1854년 개국 후 막부와 웅번 중심으로 근대화 작업에 나서며 혼란끝에 1868년 메이지유신을 이룬다. 이후 중앙집권의 국민국가 체제하에 서구의 제도

와 기술, 문물을 도입하여 구체제를 일신하고, 삿초독재 하에 식산흥업책으로 산업화에 성공한다. 막부말기 상업자본을 초기 자본으로 1890년대 중반에 경공업, 1900년대 초반에 중화학공업을 일으킨다. 15년 전쟁기의 산업기반 붕괴는 미국 등의 지원과 한국전쟁 특수로 1950년대에 회복된다"는 의견에 다수가 동의해요.

🧑‍🦱 서구의 국가 단위 발전 모형을 원용하되 위로부터의 개혁 방식으로 접근한 거죠. 앞에서 언급했듯이 서구권 국가보다 짧은 기간에 근대화를 이루고, 정치와 사회 분야 근대화인 민주화, 평등화보다 경제 분야 근대화인 산업화가 앞서지요. 이 점은 우리와 같아요. 메이지유신 후 30년 사이에 서구권이 일본의 내정에 간섭한 적은 거의 없지요. 2천여 명의 외국인이 고문 등으로 초빙되어 각 분야의 근대화 작업을 지원해요. 이는 식민지 조선이 자율적으로 할 수 있는 일이 거의 없었던 것과 크게 대조되지요.

👩 얘기가 길어졌네요. 두 분의 얘기를 들으면서 우리가 실제로 이룬 근대화 작업이, 서구권 국가 및 일본이 경험한 근대화와 어디서 어디까지가 유사하고 다른지, 그리고 진행 중인 국내 논쟁이 우리의 실제 근대화 작업과 어떻게, 어느 정도 연관되어 있는지 등에 대한 올바른 이해가 중요하겠다는 생각이 드네요.

🤠 근대화론의 시발은 오래된 일이 아니에요. 독일 사회과학자 베버가 제시한 아이디어를 미국 사회학자 파슨즈가 근대화 패러다

임의 기초로 활용하면서 개념화되어요. 이들은 한 나라의 내부 요인에 주목하여, 선진국의 지원으로 전근대적인 국가가 선진국 방식으로 발전할 수 있다고 가정하죠. 이 주제는 1950년대, 60년대에 구 식민지권 국가가 잇달아 독립하면서 미국 등 패권국가의 관심을 끌었어요. 그런데 동아시아권 국가의 근대화로 기존 서구형 근대화 패러다임이 부정되면서 논의가 다변화하고 있죠.

🧑 1960년대 이후 전개된 동아시아 국가의 근대화는, 서구 모델과 달리 '개발독재 하의 선 산업화 후 민주주의 도입' 형태로 진행되죠. 그런데 국내에서는 산업화의 시발(혹은 진입)점이 국권 보유기냐 국권 상실기냐를 놓고 논쟁을 벌이고 있어요. 엄마는 그간의 판단 기준인 양적 성장과 자본주의 도입 여부 못지않게, 근대화 추진 주체와 근대화의 지속가능성이 중요하다고 생각해요. 선의의 그룹이 방향성을 갖고 일관되게 추진해야 일국의 근대화가 이루어지고 지속가능성도 확보될 수 있기 때문이죠.

함께 생각해 봅시다

1. 한국의 근대화 논쟁이 역사의 품격에 어떤 영향을 미칠까요?

2. 경합하는 두 가지 주장인 내재적 발전론과 식민지 근대화론이 역사의 품격에 미치는 영향이 다를까요?

3. 두 주장의 어느 장면이 역사의 품격에 가장 큰 영향을 미칠까요? 왜 그렇게 생각하나요?

4. 한국의 근대화 논쟁의 역사에서 아래 '실격의 역사' 유형에 해당하는 시대나 장면을 찾아볼 수 있을까요? 유형은 중복될 수 있습니다.

유형I: 잘못된 정치·정책으로 역사적 비극과 대실패 초래(역사 암전·퇴보)

유형II: 역사적 사실에 대한 조사, 기록, 교육이 없거나 약함(역사 누락)

유형III: 역사적 사실의 미화 분식과 조작(역사 왜곡)

Ⅸ. 근세 이후 학문의 변천과 발전

👧 　아홉 번째는 근세 이후 학문의 변천과 발전에 대한 비교입니다. 학문이라고 하니 다소 부담스럽게 느껴지는데요. 대학 가서 배우는 다양한 전공 분야라고 생각하면 될지 모르겠습니다. 학문은 대학에 개설되어 있는 어학·문학·사학·철학 같은 인문학을 위시하여 사회과학·순수과학·공학·의학·법학·음악학·미술학·체육학 등 다양한 전공을 지칭하는 것이겠지요. 그런데 이들 학문 중 오래전부터 있었던 것은 그렇게 많지 않다고 하던데요.

🎩 　그렇지요. 근세인 조선 중기를 예로 들어보죠. 당시의 학문은 역사·지리·철학(성리학 등 유학)·국어학·국문학·문헌서지학 등 유학과 국학 등이 거의 다죠. 오늘날로 보면 인문학이라고 할까요. 의술·천문 기상·주술·음악·미술 등도 있지만 학문이라기보다 해당 분야 장인의 기예 영역에 가깝지요. 주류인 유학은 지금의 학문 영역으로 치면 동양철학이나 정치사상의 한 부류에 해당할까요.

요즘이야 이들 학문의 전공자가 적지만 당시에는 머리 좋은 학생이 모두 유학에 몰두하였지요.

👩 젊을 때는 과거에 합격하기 위해 그러하지만 나이 들어 과거와 관계없이 유학에 몰두하는 이들도 적지 않아요. 당시 유생에게 유학은 학문을 넘어 종교와 사회생활, 또 개인적인 삶의 규범과 질서 등의 형태로 영향을 미쳤지요. 유학의 연구 대상은 하늘과 마음이라는 얘기도 있어요. 서구 학문이 추구하는 합리적이고 과학적인 사고에 입각한 조사 연구와는 차별화되죠. 유생들은 학습을 통해 터득한 것을 실천하려고 했으며(知行), 이 과정에서 유물론(율곡)이다 유심론(퇴계)이다 하면서 오랫동안 대립하죠.

👩 거론하신 훌륭한 유학자를 포함하여 많은 분들이 수백 년에 걸쳐 그렇게 학문을 연구하고 실천해 왔다는데, 오늘날 남아 있는 것은 무엇인지요? 지금 대학에서 배우고 가르치는 학문의 관점에서 보면 유학의 존재감이 매우 약하다고 하는데요. 출중한 능력을 가진 이들이 그렇게 열정을 들여 오랫동안 분석하고 토론하여 만든 이론과 학문적 성과는 어디로 갔는지요? 학문의 세계를 모르기도 하지만 쉽게 이해가 되지 않습니다.

🎩 그렇게 느끼는 것이 당연하겠지요. 통상 학문은 긴 세월을 두고 시행착오를 거치면서 조금씩 발전해오죠. 의학·천문학 등 자연과학 분야를 보면 오랫동안 잘못된 지식과 정보가 사실인 양 이

해되어 오다가, 새로운 것을 발견하고 올바른 지식과 정보로 대체 되면서 차츰 발전하죠. 그런데 유학·철학 등의 인문학 분야는 올 바른 지식과 정보라는 개념이 모호하고, 합리성과 객관성을 지닌 과학적 이념과 지식을 특정하기 힘들 때가 많아요. 접근하는 시각 이나 방법론에 따라 상이한 해석이 가능한 분야지요.

😎 돌이켜 보면 능력 있고 열심인 사람이 나쁜 평가를 받을 때 도 있어요. 조선의 연산군, 광해군, 독일의 히틀러나 일본의 도조 히데키 같은 이들이죠. 이들은 사고와 행동의 방향성에 문제가 있 기 때문이죠. 공의公義보다 사감을 앞세우거나 평화속의 공존보다 전쟁을 통한 세력 확충과 독식을 추구하죠. 유학자들도 진리 탐구 를 통한 학문 발전, 질서 확립을 통한 국력 신장과 민생의 안정보 다, 실익 없는 교의와 명분 싸움에 함몰되어 자신의 명예와 사당의 이권 확보를 우선하는 등 허학자虛學者 같은 측면이 있었죠.

👧 설명을 듣고 보니 조금은 이해할 수 있을 것 같습니다. 할아 버지가 언급하신 유학의 인문학적 특성, 엄마가 지적하신 사고와 행동의 방향성 측면의 문제 등에서 답을 찾을 수 있을 것 같네요. 다만 우리나라 최고 인재들이 의학·천문학 등 자연과학에 능력과 열정을 쏟아 부었다면 우리 학문의 역사가 달라졌을지 모르는데 아 쉽네요. 오늘날 유력 학문으로 이해되고 있는 의학·법학·경제학· 사회학·수학·물리·화학·생물·각종 공학 등에는 거의 손대지 못

했다는 얘기네요.

맞아요. 유학만이 참 학문이라는 인식에 속박되어 타 학문에 대한 관심과 열정이 약했어요. 배경에는 학자, 유생의 책임도 있지만 지도층의 책임이 커요. 쇄국 정책을 고집하여 서구 학문과 지식, 정보의 전래를 막은 게 불운한 역사의 출발점이라고 할 수 있기 때문이죠. 왕과 주변의 유력 신하들도 서구 학문은커녕, 서구 국가의 존재 내지 위상에조차 관심과 지식이 적었어요. 17세기에 표착한 네덜란드인 벨테브레이와 하멜이 있었지만, 서구에 대한 호기심이 약해 이들에 대해 깊이 알려 하지 않았죠.

같이 쇄국에 나선 일본에서는 쇄국기에도 지도자와 학자 층은 일정 수준의 서구권 정보를 파악하고 있었죠. 네덜란드와 주기적으로 교역하는 가운데 서구권의 큰 정치 사회적 변화 정보가 함께 입수되죠. 1720년 이후에는 종교서 외 전문 서적이 수입되는데, 초기의 중국 경유 한역 서적에서 차츰 네덜란드어 서적이 늘면서 외국어 습득자가 늘어나요. 이처럼 정치가의 깨인 의식과 서구와 서구 학문에 대한 학자들의 관심과 열정의 차이가, 양국의 근세 학문이 근대 학문으로 계승, 발전하는 데 큰 차이를 가져오죠.

근세 이후 양국에서 논의된 학문은 어떻게 다른가요? 조선에는 유학 이외에 별다른 학문이 없는 것처럼 얘기하시는데 실제로 그런가요? 그리고 일본에는 유학 외 다른 학문이 있나요? 또 정치가의 대외 인식이 우리보다 깨어 있고, 학자층이 서구권 국가와 그들의 문화, 학문에 관심이 컸다는 점도 언급해 주셨는데, 조선에서는 왜 그렇게 되지 않았는지 궁금합니다. 근세 이후 양국은 조선통신사 등을 통해 주기적으로 교류했다고 들었습니다만, 왜 조선은 일본 같은 정책을 펼치지 않았을까요?

조선에서는 성리학을 중심으로 한 유학이 내내 주류 학문이었고, 때로 국학·서학·북학 등이 관심을 끈 정도죠. 일본은 초기에 유학이 일정한 영향력을 지니지만 시간이 지나면서 난학·양학·국학 등으로 다양해져요. 유력 정치가의 지시로 관료와 연구자가 서구의 언어와 지식, 학문을 습득하기도 하죠. 양성된 이들은 수요가 있어 전국으로 퍼져 나가지요. 반면 조선의 정치가와 학자들은 중국과 유학을 천하와 우주학으로 인식하고 있었기 때문에, 서구에 대한 관심을 가질 필요성을 느끼지 못했지요.

통신사 일행이 에도시대에 12회나 다녀오지만 일본의 유력 정치가나 학자와의 교류는 많지 않고, 기간도 8~9개월 정도로 짧았어요. 그래서 '~을 보았다' '이렇게 다르더라' '납득하기 힘들다'는 등의 기록이 많죠. 지도층의 머릿속을 들여다 본 서술은 별로 없어요. 통신사들은 일본인의 선조가 일이백 년 전 서양의 신부, 상인과 접촉하고, 지구의를 보면서 대륙 진출의 꿈을 키우며, 주기적으로 네덜란드 상인과 교역하면서 서구 정보를 입수하고 있는 사실을 모르거나 알아도 별 관심을 갖지 않았어요.

두 분의 설명을 줄여서 정리하면 "한일 양국이 여러 가지 면에서 차이가 있지만, 근세 이후 학문의 종류와 학문의 발전 측면에서도 차이점이 적지 않다. 배경에는 지도자와 학자 그룹의 인식과 대응의 차이가 있다. 조선에서는 이러한 차이가 결과적으로 좋지 않은 방향으로 영향을 미쳐, 유학 등 근세 학문이 근대 학문으로 계승, 발전하지 못했다"는 내용인 것 같습니다. 감사합니다.

한·일 근세 이후 학문 발전 : 개요

17세기 이후 근세에 양국에서 전개된 학문의 변천과 발전을 살펴보면 흥미로운 사실이 드러난다. 시대를 대표하는 양국 학자들이 관심을 가진 학문 분야가 다르고, 이들 학문이 근대 학문으로 발전하는 과정은 한층 다르다. 양국 학자들의 자국 내 정치적 사회적 위상은 물론, 학문이 탐구되고 전수되는 도장의 형태도 적지 않은 차이를 보인다. 이같은 차이는, 근대에 이르러 양국이 열강의 일원과 피식민지 국가로 입장을 완전히 달리하는 데 제법 큰 영향을 미친다.

양국 학문의 많은 분야는 근대 이후 서구에서 유입

오늘날 양국의 대학 등 고등교육기관에서 배우고 익히며 탐구되고 있는 학문의 많은 분야는 근대 이후 서구를 통해 전수된 것이다. 근세 이후 양국의 학문이 발전적으로 변천하여 대학의 전공 학문으로 자리잡은 것은 소수에 불과하다. 역사학·지리학·철학(유학, 종교학 포함)·국어학·문학·문헌서지학 등 국학 계열의 인문학과 한방의학, 마취와 수술 등 전통 의학, 식품영양학과 약초학, 군대 운용 관련 군사학, 총포 등 무기 제조 관련 야금학, 국악, 공연극과 무용 등 전통 예술, 또 전통 공예와 무술 등이다. 하지만 이들 분야에도, 서구에서 개발된 이론과 지식이 접목되면서 기왕의 학문이 체계화되거나 재정립되어 근대 학문으로 발전한다.

여기서는 양국이 보여준 학문의 변천과 발전 과정에서 차이점을 찾아내, 이 차이점이 양국의 근대화 과정에 미치는 영향을 분석한다. 아울러 근대로 들어와 양국이 지배, 피지배 국가로 다른 길을 걷게 되는 위상 변화에 학문과 학자들이 어떻게 연관되어 있는지를 살펴본다.

조선 학문, 근대 학문으로 계승, 발전하지 못해

인문학 중심의 조선 학문은 동양 철학(혹은 동양사상), 국문학 등 일부 분야를 제외하고 근대에 들어와 과학적 학문으로 계승되어 분화, 발전하지 못하고 단절된다. 배경에는 관학과 서원 등 사학私學이, 중앙정부나 유력 학자 등에 의해 대학이나 연구소 등 근대적 교육연구기관으로 변신하지 못한 사실이 있다. 이는 조선 말기의 약한 국가 재정과 유력 정치세력간의 반목과 정쟁으로 정부 지원을 받지 못한 것과 연관이 있다. 학자 그룹도 학문의 보호, 발전에 뜻을 두고 활동하기보다 사회 개혁에 주력하는 이들이 월등히 많았다.

일본의 학문, 대학 전공 등으로 일부 계승, 발전해

일본에서는 근대에 들어와 에도시대의 관학이나 사숙 등 전통 교육 기관 중 일부가 대학으로 체제를 바꾼다. 또 서구에서 전래된 근대 학문과 더불어 전통 학문도 그 일부가 분화 내지 융합 과정을 거쳐 대학에서 전공과목으로 개설된다.

조선과 달리 일본에서 이같은 모습이 나타난 배경에는 크게 보아 두 가지 사실이 있다. 하나는 메이지유신 후 각 분야 기반 재정비 과정에서 학자층이 국가를 움직이는 정치가, 관료 그룹과 멀지 않은 거리에서 협력관계를 유지하면서 발언권을 확보한 점이다. 유력 학자들은 신정부의 핵심 정책 결정과 우선과제 선정 시, 정책 자문 등의 형태로 참여하여 서구 국가와의 격차 축소가 주요 정책 목표로 채택되도록 한다.

일본 학자층, 메이지 신정부 정책구상에 깊숙이 참여

다른 하나는 서구 국가와의 격차 축소를 위한 우선 과제의 하나로 학제와 교육기관의 근대화 작업이 선정된 점이다. 이 과정에서도 유력 학자들이 영향력을 발휘한 것은 말할 것도 없다. 이 시기에 대학 등 고등 교육기관 개설에 나선 이들에는 유력 정치가와 관료 출신이 꽤 있다. 이들은 학자 이상의 강한 열정을 갖고 학교의 설립과 운영에 나선다.

이때 대학에 개설된 신 전공은 대부분 서구권 대학의 전공을 참고한 것이지만, 국학 등 일본 고유의 학문은 분화와 융합을 거쳐 주로 인문학 전공으로 개설된다. 신 전공의 부족한 교수 요원은, 초기에는 주로 초빙된 서구인의 자리였지만 점차 유학파와 국내 양성 요원들이 이들의 자리를 물려받는다. 이러한 과정을 거쳐 근대 서구 학문이 단기간에 큰 무리 없이 일본에 정착한다.

대학 유무가 국력 차 확대시켜, 열강 vs 식민지

이상으로 살펴본 양국 학문의 발전과 변천과정 상의 차이는 학문 수준은 물론이고 국력 차이로 이어진다. 19세기 후반에서 20세기 초에 걸쳐 양국의 명운이 열강과 식민지 국가로 갈라지는 과정에, 학문은 실로 큰 영향을 미친다. 한일합병이 이루어진 1910년 기준으로, 일본에는 해외유학파와 국내 대졸자가 수두룩했지만, 조선에는 해외유학파가 손가락으로 꼽을 정도이고 국내 대졸자도 거의 없었다.

일제강점기에 들어서면 대졸자가 제법 생겨나지만 서구유학파는 여전히 적다. 이같은 흐름이 해방 후 영향을 미쳐 기초 과학을 위시한 주요 분야의 학문 수준은 일본과 비교하여 여전히 낮다. 이러한 차이를 단적으로 보여주는 것이 양국의 노벨상 수상자 수 격차다.

근대의 학문 격차가 노벨상 수상자 수 격차로

일본의 과학 분야 수상자는 2017년 기준 22명으로 미국, 영국, 독일, 프랑스, 스웨덴에 이어 세계 6위권이다. 3위의 경제력에 비하면 상대적으로 낮은 순위이지만, 앞선 국가에 비해 최초 수상자를 늦게(1949년) 배출하였고 근래에 수상자수가 늘고 있는 점을 감안하면, 머지않아 경제력에 상응하는 수상자를 배출할 가능성이 크다. 이에 비해 한국은 아직 한 명도 배출하지 못하고 있다. 경제력은 세계 15위권이지만 수상자 수는 그에 상응하는 모습을 보여주지 못한다.

문제는 수상자가 언제 나올지조차 예측하기 힘든 상황이라는 점이다. 노벨상은 해당 분야에서 훌륭한 업적을 이뤄내고 일정 기간이 경과한 후에 국제 사회의 평판으로 수상자가 선정된다. 그런데 국내 학자 중 물리·화학·생의학 등 기초 과학 분야에서 뛰어난 업적을 이룬 학자가 많지 않다. 이에 비해 일본은 이들 분야에 오래전부터 투자하여 수상자 후보군이 두터워 일본과의 격차는 당분간 더 벌어질 가능성이 크다.

🧑 조선의 근세 학문은 대부분 근대 학문으로 계승, 발전하지 못한다고 하는데요. 주류 학문이던 유학도 그렇게 되나요? 앞에서 오늘의 동양철학이나 동양사상의 일부로 자리매김했다고 한 것 같은데요. 그러면 실학의 2대 계파였다는 서학과 북학도 근대 이후 그 흔적을 찾을 수 없다는 얘기인가요? 당시 학문으로 남아 있는 것은 어떤 것들인가요?

🎩 오늘날 대학의 전공 학문인 철학에서 동양철학이나 동양사상 강좌 등의 이름으로 유학을 다루지요. 정치학이나 종교학에서 유학을 사상이나 윤리와 연관지어 접근하기도 합니다. 물론 조선 학자들이 파헤친 수준으로 깊게 다루진 않겠지요. 유학 사상의 내용과 변천사, 다른 사상과의 관계, 정치, 사회, 일상생활에 끼친 영향 등에 중점을 두고 접근하지 않을까요? 그런데 철학의 경우 취업이 잘 안 된다는 이유로 근자에 전공학과를 폐하고 학부 전공으로 돌리거나 교양 강좌로 돌리는 대학이 늘고 있죠.

👩 실학자들이 매달렸던 서학과 북학도 18세기 중반 이후 관심이 고조되다가 끝나버린 감이 없지 않아요. 서학은 기독교 탄압이 거세지면서 명맥을 찾아보기조차 힘들 정도로 연구자가 줄어들죠. 북학은 서학에 비하면 연구자 맥이 이어지며 일정 성과를 거두는 듯하지만, 왕과 주변 인사들의 관심과 지원이 약해지고 국가 경제가 피폐해지면서 맥이 끊겨요. 역사와 지리, 어문학 등의 국학 분야도 뜻있는 소수가 사재를 털어가며 업적을 남기지만, 국가 등의 체

계적인 지원이 없어 맥이 끊기다시피 해요.

🧑 얘기를 듣고 보니 학교에서 배운 바 있는 실학과 실학자, 북학과 북학자 등의 맥이 끊겨, 이들 학문이 계승, 발전하지 못했다는 것 같습니다. 그러면 오늘날 대학에 개설되어 있는 전공 학문의 대부분은 근대에 와서 서구 학문이 이식된 것인가요? 일부 뜻있는 실학자와 북학자들이 학문을 계속했더라도 서구에 뿌리를 둔 학문과 전공이 활개 치는 상황에서 끼어들 틈새가 있었을까요? 어차피 도태될 운명 아니었나요?

🧑 법학·의약학·사회과학·순수과학과 공학 등 응용과학 분야 학문은 근대기인 구한말에 일부 들어오고 많은 분야가 일제강점기에 들어와 이식된 거죠. 하지만 의식주에서 짐작할 수 있듯이, 서양의 신문물이 들어와도 우리 것이 일정 부분 남아 있을 수 있지요. 개량한복·한식·한옥 등이 그러한 예지요. 마찬가지로 기존 학문도 근대기에 분화하거나 인접 분야와 융합하여 신학문이나 전공 형태로 살아남을 수 있죠. 따라서 구학문 모두가 근대에 도태될 운명에 있었다고 보는 것은 지나친 예단이겠지요.

🧑 근대 이전 학문이 대학의 전공으로 살아남은 사례도 없지 않아요. 역사학·지리학·어문학·국악과 동양화 등 예능 분야 학문 등이지요. 학문이 다변화하면서 이들 학문의 비중이 낮아져 근대 이전 학문 전체가 도태된 것처럼 보일 수 있지요. 한 가지 아쉬운

점은, 우리 학자들이 개화기에 스스로의 학문 도장을 대학으로 발전시키지 못했다는 거죠. 이로 인해 기왕의 학문이 대학의 근대 학문으로 발전하고 연구자가 교수로 연구를 계속할 수 없게 되죠. 대학 설립자는 정치가나 기업인, 종교인 등이며 외국인도 있어요.

설명 내용을 정리하면, 조선의 학자와 학문이 시대 흐름과 변화에 적절히 대응하지 못해 대학 등 고등교육기관의 개설과 근세 학문의 연속성 확보에 실패했다는 얘기 같습니다. 말씀을 듣고 보니 국내 대학에 개설된 전공의 역사는 다양하겠네요. 극히 일부가 수백 년 전부터 이어져온 것이고, 일부는 1800년대나 1900년대에 일단 맥이 끊겼다 일제강점기나 해방 후 맥이 이어지며, 다수는 일제강점기 이후 일본인 등 외국인 학자나 우리의 해외 유학파 등에 의해 이식된 전공일 것 같습니다.

그렇지요. 학문의 변천과 발전은 그 자체로 의미 있는 내용을 담고 있지만 한 나라의 흥망성쇠와도 적지 않게 연관되어 있지요. 특히 전환기나 변혁기에는 학자와 학문이 주춧돌이나 촉매 같은 역할을 하여 해당국의 명운을 좌우할 때도 있어요. 그러한 시각에서 보면 조선의 학자와 학문은 근대 개화기에 그러한 역할을 수행하지 못했다고 할 수 있죠. 최익현 등 소수가 학문의 탐구 아닌 행동으로 학문의 가르침을 실천하려고 했지만, 학문의 심화·발전과는 거리가 먼 행위였지요.

앞에서 얘기했듯이 왜 우리의 선대 학자들은 개화기에 자신의 전공 학문을 탐구하고 이을 대학을 세우지 못했느냐는 거죠. 중고등학교를 세운 이들은 적지 않은데 말이죠. 재원 부족 등이 거론되기도 합니다만 설득력 있는 얘기는 아닌 것 같습니다. 당대 정치가와 유생 등 모두가 존경하고 따를 만한 깨인 스승이 없었던 것은 아닐까요? 이번 기회에 SKY를 비롯한 국내 유명 대학이 누구에 의해 어떤 경로로 세워졌는지, Erin이 직접 알아보는 것도 뜻있는 작업이겠지요.

근세 이후 학문 발전 : 조선

　조선시대의 학문은 전 기간에 걸쳐 유학의 일파인 성리학이 주류를 이룬다. 이는 남송의 주희가 주장한 사상과 철학인 주자학을 일부 변형한 것으로, 공자·맹자의 원시 유학에 불교, 노자·장자의 도가사상, 이기理氣철학23)을 접목한 형이상학적 체계의 개량 유학이다.

　고려 말 전래된 주자학은 주희가 강조하는 가례와 가묘 보급에 기여하고 양반은 물론 서민에게도 유교적 윤리 관념을 주입한다. 윤리도덕의 계도 과정에서 전국적으로 충신, 효자, 열녀 사적이 편찬되고, 부대효과로 위계질서의 확립을 통한 가정과 사회의 안정이 이뤄진다.

　하지만 주자학에서 명분과 형식적 예절이 필요 이상으로 강조되면서 실리 추구 의식이 약해지는 폐단이 나타난다. 학문과 문화 분야에서는 의학·천문학·공학·법학·미술 공예·전통예능 분야가 발달하지 못하고, 산업에서는 상업·운송업·제조업·의료·문화 예술 등 실생활과 연관이 깊은 분야가 천시되는 풍조가 생긴다.

도학으로 발전한 조선 성리학

　조선 성리학(이하 성리학으로 줄여서 표현)은 중기 이후 조광조와 이황, 이이 등에 의해 도학道學으로 발전한다. 태두는 개혁정치를 펼치다 좌절하는 조광조로, 그는 도학의 행도行道 측면에서 평가받는다. 학문과 저술을 통한 수교垂敎 측면에서 평가받는 이는 이황이다. 성리학의 발전에 조광조가 행함으로 기여한다면 이황은 전도傳道 수업으로 이바지한다. 또 다른 사람인 이이는 행도와 수교를 겸해 실천과 이론의 양면에서 기여한 철인이요 경세가라고 할 수 있다. 그는 도학의 이념을 요약하여, 격물치지格物致知로 선을 밝히고 성의정심誠意正心으로 몸을 닦아 자신에게 베풀면 천덕天德이 되고 정치에 베풀면 왕도가 된다고 주장한다. 참된 유학도인 진유眞儒는, 나아가서는 그 시대에 도를 행해 백성들로 하여금 태평의 즐거움을 누리게 하고(行道), 물러서서는 만세에 가르침을 내려주어 배우는 이로 하여금 큰 잠에서 깨어나게 하는 것(垂敎)이라 한다.

개인 차원 격물치지·성의정심,
사회 차원 수신제가치국평천하

이처럼 도학은 수신을 근본으로 한 수양론에 입각하고 유학의 정신을 본령으로 발전한 개량 유학이다. 『예기』 대학편에 나오는 격물치지·성의정심은 개인 차원의 수도 시 핵심 사안이고, 수신·제가·치국·평천하는 사회 차원의 실천인 행도의 강령이다.

도학으로 알려진 성리학이 발달하면서 도교와 도가사상은 위축된다. 도교는 고대 민간신앙에 신선설 등의 도가사상과 불교의 교리의례가 혼합된 중국을 대표하는 민족종교로, 유교·불교와 더불어 중국 3대 종교의 하나다. 도가는 제자백가의 하나로, 진·전한을 거쳐 후한에 이르면서 기초 개념에 노자·장자의 철학과 사상 외 도술·방술 등이 들어간다. 이로 인해 도가는 도교와 연관되어 사용되고, 영어 표기도 taoism으로 같아 서구에서는 사실상 같은 개념으로 인식된다. 일부에서는 도학까지 포함하여 같은 의미로 해석하기도 한다.

성리학 발달로 도교와 도가사상 위축되어

도가사상은 고구려 영류왕 때 전래된 후 통일신라와 고려, 조선 초기에 걸쳐 국가와 민간에 일정한 영향력을 미친다. 중종대에는 개국 이래 계속해오던 행사, 즉 하늘과 땅, 별에 초제醮祭를 지내 호국연기護國延基를 바라는 행사가 축소되고, 이어 폐지되는 등 의식 도교의 흔적이 옅어진다. 그렇지만 양생과 보진을 도모하는 이들에 의한 단학 등의 수련 도교는 꾸준히 명맥을 잇는다. 또 수경신守庚申 풍습과 노장 사상과 도교 서적에 대한 연구와 저술이 지속되는 등 도가사상은 조선시대 내내 이어져 온다.

성리학과 대립하는 양명학 : 정제두와 강화학파

유학의 일파인 양명학은 중종대인 16세기 전반 조선에 소개되는데 논점과 주장이 성리학과 대립한다. 성리학의 거두인 이황은 양명학을 이단으로 간주하고, 『전습록변』에서 양명학의 창시자인 왕수인의 전습록 이론을 비판한다. 이황을 따르던 많은 학자들과 후배 유생들이 여기에 동참하면서 양명학 배척 분위기가 고조된다.

"이 학문은 인의를 해치고 천하를 어지럽히는 '심즉리'라는 개념을 만들어, 천하의 이理는 내 마음에 있지 밖의 사물에 있는 것이 아니라며 오로지 마음을 보존하여 기르는 데 힘쓸 뿐 사물에서 구해서는 안

된다고 한다. 그렇다면 사물에 오륜 같은 중요한 것들이 있어도 되고 없어도 된다는 것인데, 이렇게 되면 불교와 뭐가 다른가?"라는 논점으로, 이황의 수제자 류성룡이 왕수인의 주자학 비판을 반박한다.

양명학, 학문 아닌 도·종교 형태로 확산

이황과 류성룡의 비판 이후, 조선 유학계는 성리학 일변도로 기울면서 고답적이고 고지식한 모습을 띤다. 이 과정에서 양명학은 학문이 아닌 마음을 닦는 도나 종교 같은 형태로 지식인층에 확산된다. 당시는 임진전쟁과 정유전쟁이 전국을 휩쓸고 간 지 얼마 안돼 사람들의 마음과 생활이 안정되지 못한 혼란스러운 상태였다. 이러한 때에 일부 학자나 관료를 통해 양명학이 확산된다. 임진전쟁 당시 힘들게 피난 생활하던 선조도, 명 측 원군의 송응창 경략군문 등이 소개하는 양명학에 제법 관심을 보였다고 한다.

양명학은 지행합일, 성리학은 선지후행

양명학의 핵심 원리에 대해 주장자 왕수인은 이理가 곧 마음心이므로 사물은 마음 밖에 없다는 유심론을 내세운다. 그런데 이는 성性을 이理로 마음을 기氣로 보는 성리학의 성즉리性卽理·심즉기心卽氣설과 대립한다. 지식과 실천에 관해서도 성리학의 선지후행先知後行과 달리 지행합일知行合一을 주장한다. 왕수인은 지와 행의 주체를 양지良知로 보고, 이것이 모두 마음에 의하여 통일된다고 주장한다.

이 주장이 일부 개혁지향적인 인사들의 주목을 받는다. 서인에서 갈라진 소론계 학자인 하곡 정제두가 대표적이다. 그는 학문의 자유를 찾아 강화도 하일리로 이주하는데, 그곳에서 자신의 시각으로 양명학의 사상체계를 가다듬고 제자들에게 강의하면서 조선 사회에 응용하려 한다. 이때 성리학을 비판하는 『존언』을 위시하여 『만물일체설』, 『하곡집』, 『경학집요』 등의 저작을 남긴다. 그는 훗날 강화학파라고 불리는 학파의 시조로 평가되는데, 이어 등장한 실학[24]자, 서학[25]자, 국학자 등에게 적지 않은 영향을 미친다. 조선 말기에 활약한 이건창, 박은식, 정인보 등은 모두 정제두의 사상과 주장으로부터 크고 작은 영향을 받은 이들이다.

강화학파, 양명학의 비판적 수용과 심학으로 실학 연구

강화학파는 숙종 말년인 1700년대 초반, 관직에서 물러나 강화도에 은거하며 학문을 닦는 경화세족 정제두의 양명학적 학풍을 이어받은 조선후기 학자 그룹을 지칭한다. 이들은 양명학을 비판적으로 수용하고 도교와 불교 사상도 일부 포섭하면서, 이학理學보다 한학과 국학 연구에 몰두한다. 소론이라는 당색 외에 혈연관계로 맺어진 이들이 많아 이백 년 이상 특색 있는 학맥을 이어온다. 이들은 심학으로서의 실학 연구에 몰두하고 무위자연을 내세운 노장 철학의 영향을 받는다.

정인보는 『양명학연론』과 『국학산고』에서 정제두 이후 강화학파 학자들의 업적을 높게 평가한다. 정제두에서 이건창으로 이어지는 과정에 이광사·이긍익·이충익 등 분야별 활약자가 있다. 이들은 당대 발생한 일련의 정치적 사건에 휘말려 가문이 몰락하면서 강화도로 이주하여 정제두의 학풍을 이어받은 자와 그 후손들이다.

강화학파, 사민 평등과 신분제 폐지 등 개혁지향적 주장

강화학파는 당대 주류파인 노론에 밀린 소론 인사와 이들의 가족 (서자 포함)이 중심을 이룬다. 가학 성격을 지녀 강화도를 중심으로 개성, 한양, 충청 권역에서 이백 년 이상 지속된다. 상당수 학자들이 개혁지향적 사고를 지녀, 사농공상의 사민평등과 양반 신분제 폐지 등 시대를 앞선 주장을 내놓는다. 그래서인지 노론 인사 후손 중 친일파가 많은 반면, 강화학파의 후손 중에는 위에 거론한 3인과 이상설(헤이그 밀사) 등 반일파가 많다. 강화학파 중에는 정권에서 밀려나 정치와 사회를 바꿔 보려는 생각을 가진 이들이 많았기 때문이다.

양명학과 궤가 다른 2대 실학 계파 : 서학파와 북학파

양명학이 강화학파 가학으로 지속되는 가운데 일군의 학자들이 관심을 보인 분야가 실학이다. 이는 정통 관학인 성리학이 지닌 공리공론, 허학적 측면을 비판하는 사상과 학문이다. 실사구시 학문이라는 의미를 담고 있으며 크게 두 그룹이 있다. 하나는 남인 중심의 서학파로 경세치용經世致用파라고도 하며, 류형원, 이익, 정약용, 최한기 등의 실학자가 대표적이다. 다른 하나는 노론 중심의 북학파로 홍대용, 박지원, 이덕무, 박제가 등이 대표적인 학자다.

남인계 서학파는 명·청 대 중국에서 성행한 경세치용학을 지향하여, 농촌 지역의 토지개혁 등 기존 사회질서를 전면적으로 바꿔 유교적 이상국가로 복귀하는 것을 모색한다.

국내 서학자, 중국어 문헌 의존이 한계

남인계가 주도하는 서학을 국내에 최초로 소개한 이는 이수광이다. 그는 광해군 시절 주청사로 연경에 가는데, 거기서 보고 들은 서양 사정과 기독교 정보 등을 『지봉유설』(1614년)에서 소개한다. 이 책은 일종의 백과사전으로, 이수광이 북경을 오가며 들은 견문과 『천주실의』 De Deo Verax Disputatio(1603년) 2권 등 중국 서적을 참고하여 편찬한 것으로 총 20권 10책에 3,435항목을 다룬다.

『천주실의』는 이탈리아 출신의 예수회 신부 마테오 리치가 중국에 기독교를 선교하기 위해 자신과 중국학자가 대화하는 형태로 기독교를 설명한 책자다. 서양인이 한문으로 쓴 서적 중 가장 큰 영향력을 발휘한 책으로 평가받는다. 마테오 리치는 이 책에서 불교와 도교를 배척하지만, 유교는 태극설 등을 제외하고 그 교의를 인정한다.

한편 노론계 북학파는 도덕적 교화보다 경제적 문제인 이용후생이 먼저이고 그 다음이 정덕正德이라고 가르친다. 구체적으로는 중국 등지의 선진 기술과 문화를 수용한 상업의 활성화, 농업 생산성 증대, 이와 밀접한 관계에 있는 도로의 개설과 개량 등의 치도, 효율적 교통수단인 수레의 제작과 보급, 용도가 다양한 벽돌의 제작과 보급, 관련 기술 도입을 통한 목축의 장려가 우선이라는 것이다.

서학은 경세치용, 북학은 이용후생 강조

본래 북학은 그때까지 내심 얕잡아 보던 청나라의 학문과 문물, 기술을 받아들여 조선의 경제를 풍요롭게 하자는 것으로, 이용후생적 사고에 입각한 학문이다. 북학이라는 말의 출처는 맹자의 등문공장구상(4)이다. 남쪽에 자리한 초의 진양이 북쪽의 주공단과 중니 즉 공자를 흠모하여, 그곳으로 가 용하변이用夏變夷를 꾀한다는 얘기다. 다시 말해 남쪽의 후진 문명권이 북쪽의 선진 문명권에 들어가 한 수 배운다는 뜻이다.

경세치용파는 무엇을 남겼나?

국학 분야의 핵심은 전통적으로 역사와 지리다. 경세치용파의 거두격인 정약용은 『아방강역고』에서 조선 고대사의 국경을 새롭게 고증하여, 백제 초기 도읍이 한양이고 발해 중심지가 백두산 동쪽임을 밝힌다. 이 고증은 이후 통설로 받아들여진다.

한치윤은 『해동역사』 집필에 나서는데 조카인 한진서가 이를 완성한다. 전 85권의 대작인 이 사서는 540여 종의 중국과 일본 서적을 참고하고 있다. 동이 문화인 조선 문화의 선진성을 강조하고 삼국 간 문화교류를 상세히 정리한 사료로 인정받는다. 한치윤과 한진서의 『지리고』는 『아방강역고』와 더불어 역사지리 고증 분야의 소중한 자료로 평가받고 있다.

두 사람에게 자극받아 사서를 쓴 이들이 있다. 조선 정치의 암흑기인 세도정치기에 『동사세가』를 쓴 홍석주와 『동사변의』를 펴낸 홍경모가 그들이다. 둘 모두 경화세족[26]京華世族으로 홍석주는 좌의정을 지내고 홍경모는 이조판서 등 판서에 11번이나 오른다.

『동사세가』는 삼국사 못지않게 발해사의 중요성을 강조하고 고구려사를 한반도로 한정하려는 움직임을 경계한다. 홍석주는 역사가 문헌 중심으로 해석되어야 한다면서 지식인들의 잘못된 역사인식을 바로잡을 것을 강조한다.

『동사변의』는 상고사의 쟁점인 국가의 경계와 이름, 지명 등 28개 항에 대해 과거 문헌을 토대로 논증한다. 홍경모는 강역의 문제보다 단군 이전의 역사를 포함한 우리 역사의 유구성과 독자성, 민족의 고유문화를 강조한다.

김정호를 철저히 무시한 조선, 그 댓가는?

지리분야의 전문가는 단연 김정호다. 그는 많은 관찬지도를 조사하고 이를 집대성하여 청구도를 발간한다. 또 청구도를 발전시켜 전국지도인 동여도와 대동여지도를 제작한다. 양반 출신이 아닌 김정호지만, 그의 뛰어난 재능을 간파하고 신헌과 최한기 등 당대의 유력자가 지원에 나서지만 그 수준이 낮았다. 결국 재정적 어려움 등으로 김정호는 의도한 만큼의 성과를 내지 못한다.

게다가 지도의 중요성을 평가해주지 않는 집권층과 그 주변 인사들로 인해 그는 생전 꽤 불우하게 지낸다. 이는 김정호보다 50년 정도 앞서 지도층의 인정과 넉넉한 지원 하에 대우를 받아가며 일본 전도를 작성한 이노 다다타카와 크게 대조되는 부분이다.

동학, 서학에 대한 반발로 등장

국학과 연관시켜 생각해볼 수 있는 분야의 하나로 동학 등 민족종교가 있다. 개화기를 전후하여 기독교가 전래되고 확산되면서 서학에 대한 관심이 커지자, 다른 한편에서 우리 종교와 학문에 대한 인식이 제고된다. 동학은 몰락 양반의 서자로 40세까지 직업 없이 명산대찰 등지에서 구도생활을 하던 최제우가 창도한 민족 종교다.

최제우는 득도 체험을 토대로 1861년부터 시천주侍天主 신 신앙을 포교한다. 신도가 늘어 경주 일대 민가에서 13자 주문인 '시천주조화정영세불망만사지侍天主造化定永世不忘萬事知'를 외는 소리가 들리는 등 동학 교문이 확대된다. 동학사상에 포함된 유·불·선 3교의 기초 이념을 한데 묶는 것은 민족의 경천사상이다.

동학은 보국안민과 광제창생廣濟蒼生을 내세워 신봉자를 늘리면서, 서양세력과 일본을 위험한 존재로 인식하는 척왜양, 척사의 입장을 견지한다. 그런데 조정은 이러한 동학을 서학 못지않게 민심을 현혹시키는 존재로 간주하여, 포교를 금하고 최제우를 붙잡아 1864년 처형한다.

변절한 천도교, 친일 증산교와 구별 힘들어

2대 교주 최시형 때 교리가 '시천주'에서 '만인과 만물이 천이다'라는 '범천론'을 표방하면서 교세가 확충되고, 일부는 동학농민운동의 주도 세력이 된다. 1894년 1월 전봉준 주도로 봉기하나 12월 관군과 일본군에 제압된다. 1895년 4월 전봉준이 처형되고 동학에 대한 정부 탄압이 심해지자 3대 교주 손병희는 일본으로 피신한다. 이후 친일을 표방하여 포교의 자유를 얻고 1905년 12월 천도교로 개칭한다. 이때부터 창도 후 반일을 표명해온 동학은 친일 성향을 보인 증산교(보천교포함), 원불교와 구별하기 힘들어진다.

동학농민운동, 일본군 개입으로 기우는 국운 못 돌려

정리하면, 조선의 성리학과 양명학은 일본의 유학(혹은 한학), 조선의 서학을 포함한 실학은 일본의 난학과 양학에 대응하지만 내용은 꽤 다르다. 국학은 이름만 같지 더 다르다. 일본의 신도는 국학자 대신 관료가 나서면서 국교인 국가신도가 되지만, 일제의 패망으로 교파신도의 맥만 남는다. 신도 등 일본의 국학에 대해서는 이어지는 일본 사례에 대한 소개 부분에서 좀더 상세히 설명한다.

조선의 국학은 통상 역사, 지리 분야로 제한되지만, 여기서는 동학 등 민족종교를 포함하여 넓게 규정하였다. 동학은 학자 대신 농민운동가들이 혁명투사로 나서면서 국운을 건 투쟁형 운동으로 발전하지만, 일본군 등의 개입으로 실패하여 조선이 식민지로 전락하는 것을 막지 못한다.

동양권 국가 중 일본은 개화기의 정치와 사회경제 체제 근대화 측면에서 가장 성공한 나라로 평가받고 있습니다. 지방분권의 봉건체제 에도막부가 중앙집권의 입헌군주체제 메이지 일본으로 탈바꿈하는 과정이 성공적이었기 때문이겠지요. 이 과정에 학자와 학문이 적지 않게 영향을 미쳤다고 합니다. 그 구체적인 상황은 어떤 것인지요. 그리고 유학이 일본에서도 주된 학문이었다는 얘기는 처음 듣습니다. 이 부분에 대한 얘기도 궁금합니다.

꽤 어려운 얘기인데 그 상황을 알고 있네요. 1868년 이후의 근대 국가 메이지 일본이 모든 면에서 에도막부 시절보다 나아졌다고 말할 수는 없겠지요. 개인의 신분·자유·권리·치안·보건위생·생활수준 등에서는 크게 개선되었다고 할 수 있겠죠. 기본적으로 법제가 정비되고, 이들 법에 따라 국가와 사회 경제가 통제되는 법치 국가가 되었다는 점에서, 그렇지 않았던 봉건체제의 에도막부와 차별화되지요. 이 과정에 정치가와 관료 외에 양학과 법학 분야 유력 학자들이 참여하지요.

1603년부터 260년 이상 지속한 에도막부는 문인 중심의 조선과 달리 무인 중심의 사회지요. 조선 학자 중엔 정치가로 변신하여 권력자가 된 이들도 있지만, 일본에선 어려운 일이죠. 학자는 무인 신분이 아니며 대개는 힘 있는 무인인 장군, 노중, 번주 등의 고문이나 자문역을 맡아요. 도쿠가와 이에야스가 유학을 장려하면서 조선 유학을 습득한 학자들이 늘어났죠. 당시 불교와 국학 외 마땅

한 학문이 없던 터라 유학이 경京학, 한漢학 등으로 불리면서 막부말까지 주류 학문의 하나로 맥을 이어가요

👩 에도시대 초기 유학은 조선에서 배운 주자학이 주류라고 하던데요. 그 이전의 일본에는 유학이 없었는지요. 그리고 이에야스는 무인 중심의 나라인 일본에서 왜 유학을 장려했을까요? 그렇게 해서 무엇을 얻었나요?

🎩 유학의 일본 전래 시기는 불확실해요. 5세기 백제 왕인이 논어를 가져온 때다, 6세기 초 백제 5경 박사가 찾아온 무렵이다 등 여러 설이 있죠. 당시 전래된 유학은 다신교인 신도와 충돌하지 않으면서 먼저 들어온 도교, 음양오행사상에 과학적인 논거를 제공해주죠. 활성화된 불교 때문에 세가 약하지만 천문학과 역학의 일종인 음양도와 함께 왕실과 정치에 일정한 영향을 미쳐요. 송학 등의 주자학을 배운 스님들은 영주의 자문역이 되죠. 도사의 미나미무라 바이켄은 남학의 이름으로 유학을 전파하죠.

👩 할아버지 말씀은 강항에 의해 근세 조선 유학이 전파되기 전의 일본 유학을 설명한 것이네요. 이에야스가 유학을 장려한 이유는 충효와 신의, 질서의 학문인 유학이 퍼지면 좀더 평화로운 세상이 되지 않을까 하는 여망이 있었기 때문이라고 알려져 있죠. 15세기 후반부터 100년 이상 지속한 센고쿠시대를 마감지은 그는, 권력을 쥔 무인들이 칼의 힘에 매달리기보다 유학의 이념과 정신을 터

득하여 평화 기조의 신 지배체제에 동참토록 유도한 거죠. 결과적으로는 그렇게 되었지요.

👩 강항이 후지와라 세이카에게 전수한 주자학은 260여년 지속된 에도시대에 어떻게 변모하면서 발전해 가는지요? 주자학 외에 다른 유학파도 있나요? 조선 내 유학의 변모, 발전과 다른 점이 있다면 어떠한 것인가요?

🎩 이에야스의 자문역이 된 후지와라 세이카와 하야시 라잔 등의 주자학파 학자가 막부와 각 번의 요직에 앉아, 에도시대를 지지하는 신분 질서와 도덕 이념을 제시하죠. 미나미무라 등 남학의 해남학파가 또 하나의 주자학파로 맥을 잇고요. 에도시대 중기에는 주자학을 비판하는 양명학파와 고학파가 등장하여 한때 세력을 얻기도 해요. 양명학자로 나카에 도주와 구마자와 반잔 등이 있고, 고학자로 이토 진사이와 오규 소라이 등이 있죠. 고학파는 공맹의 원전을 직접 연구하는 학자를 지칭해요.

👩 양국 유학의 차이는, 일본의 토착 신앙인 신도의 가르침이 유교적 언어로 표현되고 양명학이 민간에서 수용되면서 독자적 유학관이 형성된 것에서 찾아볼 수 있어요. 관학은 유학이지만, 민간의 양명학이 맥을 유지하여 사이고 다카모리, 요시다 쇼인 등 지사들의 사고에 영향을 미치죠. 조선 유학이 질서와 서열 강화를 통한 체제 유지 이데올로기로 작용한 반면, 일본 유학은 본원 규범인 오

상五常(혹은 五德), 즉 인의예지신仁義礼智信이 수학과정에서 자연스레 몸에 배이도록 가르치는 등 교조적인 측면이 약했죠.

👩 유학 외 학문은 어떠한 것들이 있나요? 유학과의 역학 관계는 어떠한지요?

🎩 네덜란드 관련 학문인 난학과 막부 말기의 양학이 있어요. 양학은 난학자 등이 네덜란드보다 미국과 영국이 강국임을 알고 습득한 영어와 이들 나라의 학문과 기술을 지칭해요. 난학에선 1695년 상인 출신의 니시카와 조켄이 펴낸 일본 최초의 세계지리서 『화이華夷통상고』, 1715년경 막부 고관인 아라이 하쿠세키가 펴낸 선교사 심문 기록인 『서양기문』 등이 대표적인 저작이죠. 또 8대 장군 도쿠가와 요시무네의 금서완화로 한역 서양서가 유입되고, 서양 의학서가 『해체신서』로 번역, 소개되기도 하죠.

👱 에도시대 전반기의 2대 학문은 유학과 난학이라고 할 수 있죠. 마음과 정신세계, 신분과 사회 질서 탐구를 중시하는 유학과 달리, 난학에서는 의학과 천문학처럼 과학 기술 관련 실학 연구가 강조되어요. 서양의 종교와 신학 연구가 금지되어 그런 측면이 강했지요. 유학과 대립한 또 다른 학문으로 국학이 있어요. 막부 초기에는 유학의 융성으로 세력이 약했지만 말기에 이르러 영향력을 키우죠. 특히 국학이 신도와 연계되면서 막부 말기와 메이지 일본에 아주 강한 영향을 미쳐요.

🧑‍🦰 유학보다 난학·양학·국학 등의 분야에서 조선과 일본의 차이가 좀더 두드러지고, 이것이 이후 양국의 학문 발전과 근대화에 미치는 영향이 컸을 것 같네요.

🎩 그렇지요. 조선에는 난학이나 양학 같은 학문이 없었으니까요. 조선 후기에 서학자와 북학자 등이 실학 성향의 조사, 연구에 나서기도 하지만, 약간의 성과를 거둔 상태에서 단절되고 말지요. 이에 비해 일본에서는 난학이 양학으로, 또 근대 서양 학문으로 변모하면서 단계적으로 자국 내 학문의 토양을 키워 나가지요. 무엇보다 네덜란드어와 영어 등 서구 언어의 구사 인력이 여럿 있는 일본과 거의 없는 조선은, 양학 등 근대 학문에 접근할 수 있는 수단과 방법 면에서 차이가 컸죠.

👩 국학 분야의 차이도 커요. 조선 국학은 역사, 지리 분야 연구와 동학 등 민족종교 활동으로 정리할 수 있죠. 동학은 학자 등이 혁명투사가 되어 농민운동을 통한 사회 변혁을 추구하지만 정부의 탄압과 외세 개입으로 실패해요. 일본 국학에선 고도 분석파가 유학에 대항하는 사상체계를 만들어내고, 소수는 고전의 고증 활동에 몰두하죠. 여기에 국학의 일파로 에도시대 후반 제창된 복고신도는, 종교색이 더해지고 학자 대신 관료들이 나섬으로써 메이지 일본의 국교인 국가신도가 되지요.

🧑‍🦰 꼼꼼한 설명 덕분에 잘 이해할 수 있었습니다. 엄마가 마지

막에 들려주신 얘기인, 국학의 일파인 복고신도가 국가신도가 되어 메이지 일본의 국교화한다는 말씀이 기억에 남네요. 덧붙여 말씀하지 않았지만, 복고신도가 국가신도로 변질되면서 이후 우리나라와 중국은 물론 일본 스스로에게도 아픈 역사를 안겨주지 않았나 싶습니다.

🧑 그래요. 유학과 유교의 관계에서 보듯 학문은 종교색을 띨 수 있어요. 하지만 종교 이념의 방향성에 문제가 없으면 우려할 게 없죠. 그런데 일본의 국학인 복고신도가 국가신도로 모습을 바꿔 실질적인 국교가 되고, 왕을 살아있는 신으로 추앙하는 신국 일본과 군국주의 일본을 떠받치는 이념으로 자리 잡으면서, 일본과 일본군이 침략과 대량 살육 전쟁에 발을 내딛게 되죠. 이러한 역사적 사실로부터 정치와 종교의 밀착 외에 학문과 종교의 밀착에 대해서도 좀더 관심을 가져야 하겠네요.

근세 이후 학문 발전 : 일본

근세인 에도시대에는 어느 때보다 학문이 번성하고 교육열이 높았다. 장기간 평화가 지속되었기 때문이다. 에도시대 말기에 찾아온 서양인들은 일본의 교육은 '유럽 여러 국가들이 자만하는 것 이상'이라고 칭찬한다. 이 시기 학문과 교육의 터전은 막부 직할의 학문소와 각지의 번교, 향교, 사숙, 사자옥寺子屋 등이며, 이 곳을 통해 지역과 신분을 넘어 사회 전반에 배움의 문화가 확산된다.

한학으로 불린 유학과 한학숙

유학은 한漢학이라고도 하며, 주자학과 양명학 외에 한시문 등 한문서적을 통해 들어온 학문을 총칭한다. 막부와 번의 교육기관이 가르치는 주된 학문으로 병학도 포함한다. 한학숙은 네덜란드 학문을 배우는 난학숙과 더불어 2대 민간 교육기관이다. 지역별 대표적인 인물과 교육기관을 살펴보자. 에도에는 오규 소라이의 훤원숙, 이시다 바이간의 심학강사, 오미노쿠니(지금의 시가현) 다카시마에는 나카에 도주가 세운 등수서원, 조슈번 나가토노쿠니(지금의 야마구치현) 하기에는 막부말기에 이름을 알린 요시다 쇼인의 송하촌숙이 있다.

1720년 금서완화 조치로 서양을 배우는 난학 확산

난학은 1600년대 중반 이후 네덜란드를 통해 일본에 들어온 서양의 언어, 학술, 문화, 기술을 습득하는 학문이다. 네덜란드에 앞서 1500년대 중반 이후 포르투갈을 통해 들어온 학문은 만蠻학, 에도시대 말기와 개국 후 들어온 영국, 프랑스, 미국 등의 학문은 양학이라고 한다. 난학의 선구자인 니시카와 조켄은 히젠 나가사키 상인가 출신의 천문학자로, 48세 때 일본 최초의 세계지리서인 『화이통상고』를 낸다.

난학은 6대 장군 도쿠가와 이에노부대의 권력자 아라이 하쿠세키가 선교사 심문기록을 정리한 『서양기문』(1715년경)에서 해외 이해의 필요성을 인정하고, 8대 장군 도쿠가와 요시무네가 1720년 한역 난서의 수입 금지를 완화하면서 활성화된다. 요시무네는 어가인 아오키 곤요과 본초학자 노로 겐조에게 네덜란드어를 배우게 하며 실학을 장려한다. 1774년에는 스기타 겐파쿠, 마에노 료타쿠 등이 네덜란드 의학서[27]를 번역하여 『해체신서』로 간행한다. 또 시즈키 다다오는 뉴턴역학을 연구하여 『역상신서』를 번역한다.

지역별 대표적인 인물과 교육기관으로는 에도에 스기타 겐파쿠의 천진루, 오쓰키 겐타쿠의 지란당, 가쓰 가이슈의 빙해숙, 사쿠마 쇼잔의 상산서원(옥지서원), 오무라 마쓰지로의 구거당 등이 있다. 또 규슈 나카쓰번(지금의 오이타현 나카쓰시)에 후쿠자와 유키치의 경응의숙, 기이노쿠니(지금의 와카야마현)에 하나오카 세이슈의 춘림헌, 우와지마(지금의 에히메현)에 다카노 조에이의 오악당, 오사카에 오가타 고안의 적숙이 있다.

1850년대 개국 전후, 난학 대신 양학 붐 이뤄

실학의 성격이 강한 난학은 1850년대 개국을 전후하여 미국, 영국,

독일, 프랑스 등의 언어와 학문을 배우는 양학으로 바뀐다. 학자를 위시한 지도층이 네덜란드어보다 영어가 보편적인 언어이고, 국력도 이들 국가가 네덜란드보다 세다는 것을 알게 되기 때문이다. 막부와 웅번은 젊은 인재를 해외로 보내 현지 언어와 정보를 습득케 한다. 1868년의 메이지유신을 거치면서 이같은 움직임이 가속화된다.

이 시기 각지의 난학숙은 양학숙을 거쳐 대학 등으로 모습을 바꾼다. 변신에 성공한 사숙 중 대표적인 곳이 경응의숙과 적숙이다. 경응의숙은 유명 사립대인 게이오기주쿠대로, 적숙은 유명 국립대인 오사카대 의학부 등으로 바뀐다. 시대 변화에 적응하지 못한 사숙은 활동이 위축되고 폐쇄된다.

도쿄대학은 막부 교육기관과 메이지정부의 신설 교육기관이 통합하여 발족한 것이다. 막부 말기의 유학, 한학 중심의 교육기관인 창평횡은 천문학 등 양학의 개성소(1856년 발족 번서조소에서 개칭), 서양의학의 의학소(1858년 설치 종두소에서 개칭)와 더불어 주요 교육기관이다. 신정부가 이를 관립 창평학교로 바꾸면서 국학과 신도를 중시하자, 교내 유학파와 국학파 간 갈등이 커져 창평학교는 대학본교로 개칭되고 1871년 폐쇄된다.

막부의 창평판학문소는 창평횡, 창평학교로 바뀌는 과정에서 교원과 장소 상 본류로 인정되어, 도쿄대학이 발족할 때 구 개성소의 도쿄개성학교, 구 의학소의 도쿄의학교와 더불어 발족 계보에 이름을 올린다. 나아가 도쿄사범학교(지금의 쓰쿠바대학)와 도쿄여자사범학교(지금의 오차노미즈여자대학)의 원류로도 기록된다.

국학은 막부 말기와 메이지 초기 영향력 키워

국학은 한학과 난학의 융성으로 존재감이 점차 약해지다, 막부 말기에는 이들과 더불어 시대를 대표하는 학문의 하나가 될 정도로 영향력을 키운다. 특히 신도와 연계되면서 메이지 일본에 큰 영향을 미친다. 화和학, 황조皇朝학, 고학, 고도古道학 등으로도 불리며 국어학·국문학·음운학·문헌고증학·역사학·지리학·신학 등을 아우른다.

국학은 고도분석파와 고증파로 이분 가능

국학은 크게 나누어, 진언종 승려인 게이추 이후 일본인의 정신을 고찰하는 고도분석파와 고전 문헌을 실증적으로 고찰하는 고증파로 갈린다. 이름이 알려진 국학자의 대부분은 고도분석파다. 여기에는 국학의 4대인으로 알려진 이들이 포함된다. 이세노쿠니 마쓰자카의 모토오리 노리나가와 그의 제자인 데와노쿠니 구보타(지금의 아키타시)의 히라타 아쓰타네, 교토 출신 가다노 아즈마마로와 그의 제자 도토미노쿠니(지금의 시즈오카현)의 가모노 마부치가 그들이다. 앞의 둘은 의사이고 뒤의 둘은 가인歌人이다.

이들을 높이 평가하고 메이지 신정부의 신도 국교화에 일정한 영향을 미친 이와미노쿠니(지금의 시마네현) 쓰와노의 오쿠니 다카마사도 고도분석파에 속한다.

국학자들은 후학 양성을 위해 자택 등을 활용한 숙을 연다. 모토오리가 이세노쿠니 마쓰자카에 영옥숙, 히라타는 에도에 기취사, 오쿠니는 교토에 보본학사를 운영한다. 가다노는 저작을 막부에 보내 요시무네에게 국학 전용 학교 설립의 필요성을 호소하고, 가모노는 어삼경고산교의 하나인 다야스가의 화학和学어용괘로 도쿠가와 무네타케를 보좌한다. 가모노가 가다노의 가르침을 받기 전에 일시적으로 사숙을 운영했다는 기록이 있으나 둘 다 일정한 수준에 이르지 못한다.

숫자가 적은 고증파에서는 하나와 호키이치, 반 노부토모 등이 고전 기록을 비판적으로 검토, 분석하는 고증작업에 나선다. 고도분석파로 분류되는 이들 중에도 고전 기록의 비판적인 검토, 분석작업을 수행한 이들이 적지 않다. 그런데 이들은 고전에 담긴 선인의 사상과 윤리, 가치 등 고도의 분석에 초점을 맞춰 고증파와 다른 모습을 보인다. 실증주의 고증파는 메이지시대에 들어와 고나카무라 기요노리 등이 맥을 이어가면서 근대 국문학, 국어학, 민속학의 기초를 닦는 등 인문학의 한 분야로 발전한다.

히라타의 복고신도 제창으로 국학과 신도가 연계

고도분석파는 가다노와 가모노의 노력으로 유학에 대항하는 사상 체계로 확립되고, 도시민인 정인町人과 지주층의 지지를 받는다. 그런데 에도시대 후반 히라타가 복고신도를 제창하면서 국학의 종교색이 진해지고, 이어 존왕양이 사상과 정한론, 국수주의, 황국사관으로 발전한다.

국학은 메이지시대에 실용 학문 성격이 강한 난학, 양학과 다른 측면에서 일본 역사에 족적을 남긴다. 히라타의 문하생과 오쿠니 등은 국교인 국가신도 제정에 직간접적으로 관여한다. 이를 통해 국민의 정신 무장을 강화하고 국력의 총동원을 통한 군사대국화의 터전을 닦는다.

1800년대 전반에 활동한 히라타와 달리 문명개화기에 활약한 문하생 중에는 과격한 주장을 내놓는 이들이 있다. 사토 노부히로는 『혼동비책』(1823년)에서 규슈 등 서일본에서 출진하여 한반도와 만주, 중국, 필리핀 침략에 나서고, 왕실을 난징으로 옮기자는 등 정한론을 펼친다. 이는 막부 말기 경세가로 메이지시대 리더를 다수 배출한 송하촌숙의 개설자 요시다 쇼인 등에게 강한 영향을 미친다.[28]

메이지정부, 신도를 통치이념화하여 왕권 강화

여기서 국학이 히라타 아쓰타네가 제창한 복고신도를 통해 신도와 연계되어 국가신도 구축에 관여하고, 이어 손을 떼는 과정을 간략히 살펴보자. 1800년대 중반 전국의 신사 관장과 제사의 주관은 요시다가와 시라카와하쿠오白川伯王가가 막부 공인 하에 신기관대로서 사저에서 수행한다. 그런데 개국 여부를 놓고 막부와 조정의 양측이 경쟁적으로 전국의 유력 신사와 절에서 양이를 기원하고, 민간에서도 국학자 등이 국난 타개를 위한 신기관 부흥을 주장하는 등 신도 활성화에 나선다.

이때 막부 타도와 왕정복고에 성공한 신정부 세력이 신도가 지닌 또 다른 측면에 주목한다. 신도를 국교화하고 이를 통치이념에 반영함으로써 왕의 권위를 높이려 한다. 이같은 노선은 히라타의 문하생인 신도가神道家 오쿠니 등 쓰와노번 출신 국학자의 주장과 같은 맥락이다. 이들은 유신의 정신을 전설상의 인물인 초대 일왕 진무神武의 창업 정신에 두고, 왕정복고에 의한 제정일치 국가를 강조하여 이를 왕정복고대호령(1868년)에 반영한다.

신도의 국교화 후, 국학자 손 떼고 교파신도 독립

신정부의 신기관 부흥은 신도가와 국학자의 지지를 받지만, 국가신도화 작업은 지지를 받지 못한다. 이들은 국가신도가 종교가 아니라면서, 신사 참배가 도덕 수준을 넘어 국민의 의무로 이행되는 것을 수용하지 않는다. 신정부의 국가신도화는 일왕 정점의 사회 구축에 신도를 국민 통합의 지주로 이용한 것이다. 히라타파는 이같은 신도의 변화에 거리를 둔다.

오쿠니, 국학 통한 황도 부흥과 상무 국체 강조

신도가 국가이념이나 국교 수준으로 재구축되는 과정에 국학자 오쿠니 다카마사가 큰 영향을 미친다. 그는 신정부 발족 전부터 국학을 본학이라고 하면서 황도皇道 부흥과 상무尙武의 국체를 강조한다. 오쿠니의 이같은 주장에 이론적 기반을 둔 국가신도화 작업으로, 신정부 수립의 기본정신인 제정일치가 실현되고 서구권의 기독교에 버금가는 국교 체계가 확립된다.

메이지, 다이쇼, 쇼와시대로 이어져 오면서 국가신도는 국체신도나 신사신도, 혹은 줄여서 신사라고 일컬어지며 국민통합을 지향하는 일본의 국교가 된다. 내무성 신사국 통제 하의 신사가 행하는 국교로서의 제례가 된 국가신도는, 1876년 이후 종파신도로 독립한 13개 교파 신도 등과 구분된다.

패전 후 국가신도 폐지되고 정교 분리

1945년 일본이 패전하자 연합국군총사령부GHQ는 신도지령 (1945.12.15.)을 통해 국가신도를 폐지하고 신교 자유의 확립, 군국주의 배제, 신기원神祇院 해체 등 정교분리에 나선다. 신사와 행정기관의 접점이 끊기고 대동아전쟁, 팔굉일우[29] 등 군국주의를 연상시키는 용어도 금지된다. 1946년 1월 쇼와의 인간선언으로 왕의 신격이 부정되고, 1947년 5월의 황실령 폐지로 궁중제사는 왕가의 사적행위가 된다. 급격한 개혁으로 혼선이 일자 1949년 이후 신도지령의 적용조건 일부가 완화된다.

하지만 1952년 피점령에서 벗어나 독립하자 왕세자 결혼식(1959년)이 신도의례로 치러지고, 정국야스쿠니신사의 재再국영화 운동이 전개된다 (1967년). 이어 A급 전범 14인의 위폐가 정국신사에 합사되는가 하면(1978년), 일본 정계 리더들이 간헐적으로 정국신사 참배에 나서는 등, 신도는 일본인과 일본 사회에 여전히 강한 영향력을 미치고 있다. 신도는 더 이상 국교가 아니지만 다수 일본인의 마음에 각인되어 정신문화의 한 구석을 점하고 있다. 오늘날에는 패전 이전의 신도를 국가신도로 구분하여 부른다.

신도는 패전 후에도 일본 정신문화의 한 구석 점해

국학과 신도에 대한 조사, 연구는 니혼대학(1889년)과 고쿠가쿠인대학(1890년)으로 흐름이 면면히 이어지고 있다. 두 대학의 뿌리는 1882년 국가기관으로 설립된 황전강구소다. 이 기관은 신직神職을 교육, 양성하고 국전国典을 연구하고 국체의 의의를 제시하는 역할을 맡던 곳이다. 여기에 1889년 법률을 연구하는 일본법률학교, 1890년 역사와 국학을 연구하는 국학원이 설립된다. 패전 후 연합국군총사령부에 의해 강구소가 해산되면서 인력과 업무가 고쿠가쿠인대학으로 흡수된다. 1955년에는 이 대학에 일본문화연구소가 설치되어 강구소 업무를 이어가고 있다.

국학자, 복고신도가 중심인 정한론과 황국사관

지금까지 국학과 신도에 대해 꽤 상세히 살펴보았다. 배경에는 일부 국학자와 복고신도가가 제시한 정한론과 황국사관이 메이지시대에 현실화되고, 우리가 그 피해자가 되었다는 역사인식이 있다. 메이지 유신을 전후한 시기에 활약한 사상가요 경세가인 요시다 쇼인과 후쿠자와 유키치는 물론이고, 이들의 문하생 중 적지 않은 정치인들이 국수주의 성향이 강하고 황국사관을 지지하는 국학자들의 영향을 받는다. 그리고 이들이 중심이 되어 일제의 한반도와 대륙 침략이 시도된다. 우리가 일본의 근세 이후 학문의 변천과 발전을 주목하고 그 경과를 배워야 하는 이유가 여기에 있다.

👩 　지금까지는 조선과 일본이 근세 이후 보여준 학문의 변천 및 발전과 관련하여 양국에서의 전개 양상, 유사점과 차이점 등에 대해 여쭈어 보았습니다. 이제는 양국 간에 차이점이 있다면 그 배경에 무엇이 있는지에 대해 설명을 듣고 싶습니다. 그동안 배운 바에 따르면, 근대 이전까지는 양민의 삶의 수준과 국력 등 사회경제적 측면에서 양국간의 차이가 그렇게 크지 않았다는 것 같은데요. 그런데 두 분은 이같은 그간의 인식에 문제가 있다고 생각하시는 것 같던데요.

👨 　그래요. 1850년 이전의 조선과 일본은 인구와 국가경제 면에서 별 차이가 없는 것처럼 보일 수 있어요. 조선 대비 일본은 인구가 한 배 반에서 두 배, 주민 1인당 소득은 30% 전후 정도 높았을 것으로 추정되어요. 배경에는 농업생산력, 도로와 수로 등의 인프라 구축과 수레 이용도, 주거 및 상업 시설, 도시화, 화폐와 시장 경제의 발전도 등의 차이가 있지요. 물론 이 수치가 신뢰할 만한 통계에 근거한 것은 아니며 큰 틀에서 본 추정이지요. 당시 통계는 신뢰도가 낮아요.

👩 　할아버지 말씀이 근거 없는 얘기는 아니지요. 일본은 조선보다 전반적으로 따뜻하고 눈비가 많아 토지 생산력이 높아요. 나가사키를 통한 네덜란드와의 정기 교역, 중국·조선·류큐·동남아·에조치(지금의 홋카이도) 등과의 교역으로, 일본은 물자와 정보가 풍족한 편이었죠. 도시와 지방 간 이동 인구가 많아 도로와 수레를 이

용한 교통 외에 상업과 숙박업이 발달했어요. 에도, 오사카의 상업과 공연·출판문화는 세계적인 수준이었죠. 통신사 기록에도 물자가 풍족하고 출판문화가 발달한 사실이 서술되어 있어요.

👧 본 주제인 학문 발전의 차이를 설명하기 전에, 이러한 부분에 영향을 주는 주변 여건과 환경의 차이에 대해 얘기하신 것 같네요. 평소 생각해보지 못한 부분인데 두 분의 설명으로 이해에 꽤 도움이 될 것 같습니다. 본 주제로 들어가겠습니다. 학문 발전에 차이가 난 배경과 이유를 칼럼에서는 여섯 가지로 나눠 설명하는데, 가장 중요한 것은 무엇일까요? 왜 그렇게 볼 수 있을까요?

🎩 첫 번째인 지도자의 깨인 대외 인식과 교류 시도이겠지요. 이것이 두, 세 번째에도 영향을 미치니까요. 깨인 지도자라면 인재를 귀히 여기고 인재 양성에 힘쓰지 않겠습니까? 그러면 어떻게 해야 깨인 사람이 지도자가 될 수 있을까요? 지도자를 각축과 경쟁을 통해 선발하면 그렇지 않을 때보다 더 나은 역량의 지도자가 나올 가능성이 높겠지요. 문인 지배의 조선에선 왕이 세습과 추대로 보위에 오르지만, 무인 지배의 일본에선 세습과 추대 못지 않게 싸움의 승리자가 최고지도자가 되는 때가 적지 않죠.

👧 전투에서 살아남은 무인 지도자가 세습과 추대로 선발된 문인 출신 왕보다 늘 깨인 인물이라고 단정할 수는 없어요. 하지만 그럴 가능성은 높겠지요. 불확실성이 큰 전투에서 이기기 위해선 많

은 경우의 수를 가정해 대비책을 강구해야 하죠. 이러한 과정을 거친 지도자라면 외국인과 외국의 문물에 강한 호기심을 가질지 모르죠. 혹시나 더 강한 무기와 선박, 더 나은 전략가를 얻고 독점 이윤을 챙길 수 있는 기회를 만들 수도 있으니까요. 실제로 일본 지도자 중 다수가 대외 무역을 독점해왔죠.

조선의 최고 지도자는 왕이지만 많은 경우에 왕 주변 고관대작들이 실질적인 권력을 행사하지 않았나요? 이런 이들은 과거에 합격하여 등용된 이들이 대부분이죠. 그런데 과거시험은 경쟁이 꽤 심하잖아요. 어려운 과거의 문을 거친 이들이라면 깨인 지도자가 될 가능성이 높다고 할 수 있을 것 같은데요.

때에 따라선 그렇게 볼 수도 있겠지요. 다만 왕과 달리 권신은 국가의 이익보다 자신과 당파의 이해관계를 고려한 정략적 판단을 내리거나, 깨인 지도자의 시각으로 판단할 때와 다른 결정을 내릴 때가 적지 않아요. 꼭 그래서만은 아니겠지만 일본의 에도막부는, 평화기임에도 필기시험으로 막부의 고급관료를 선발하지 않고 장기간 천거에 의한 임명 방식을 고집해요. 필기시험으로 이들을 선발한 것은 1792년으로 꽤 늦죠. 근대적인 고급관료 선발 시험은 1894년 시행의 고등문관시험이 최초이고요.

조선 왕 중에는 왕권을 제대로 행사한 이들도 있지만, 유약하여 외척정치나 권신 중심의 세도정치 등을 허용한 이들도 꽤 되죠. 조선은 왕과 조정 대신이 숙의를 거쳐 의사를 결정하는 경우가 많아 힘 있는 왕이라도 독선적 결정을 내리기 힘들었어요. 그런데 이같은 과정을 거쳐 내려진 판단이 깨인 지도층의 것이라고 보기 힘든 사례가 하나둘이 아니죠. 앞의 가도 논의에서 나오듯이, 전국의 간선 도로 정비와 수레바퀴 운송 수단 사용이 제대로 논의되지 않거나 안건에 오르더라도 부결되는 것이 그 예죠.

🧑 과거 시험 합격자로 능력을 인정받아 대신 등으로 출세하더라도 깨인 지도자로 평가받기 어려운 상황을 설명해 주신 것 같습니다. 그러면 지도자의 깨인 인식과 교류 시도 다음으로 중요한 것은 무엇이라고 할 수 있을까요? 왜 그렇다고 말할 수 있을까요?

🎩 실용 학문 종사자가 많은 일본과 그렇지 못한 조선을 지적한 네 번째 아닐까요? 조선에는 18세기 중반 이후 중국 경유로 서학과 북학이 유입되지만, 다수는 유학의 테두리나 연장선에서 이들 분야에 관심을 갖고 연구하고 응용에 나서지요. 반면 일본에는 1720년의 금서 완화 조치 후 활성화된 난학, 난학에서 분화하여 변모한 서양 의학·천문학·군사학·토목수리학·건축·화학·농학 등 자연과학과 응용과학 분야에 관심을 가진 학자들이 많아요. 이때부터 일본과의 학문상의 격차가 벌어지기 시작하죠.

👤 조선의 선조, 광해군 때 활약한 허준이 펴낸 『동의보감』(1613년)은 중국, 일본으로 넘어가 의사는 물론이고 일반 가정에까지 펴

졌다고 하죠. 일본 번주들은 영민들에게 『동의보감』을 소개하면서 질병에 유용하게 활용하라는 지침을 내리기도 해요. 하지만 그 이후 조선에선 추가적인 의학서가 나오지 못하죠. 『동의보감』에 의존하던 일본 의사들은 1774년 이후 일어판 신체 해부서인 『해체신서』[30]를 접해요. 이 서적의 출판과 보급이 근대 과학과 의학이 일본에 뿌리를 내리는 계기가 되죠.

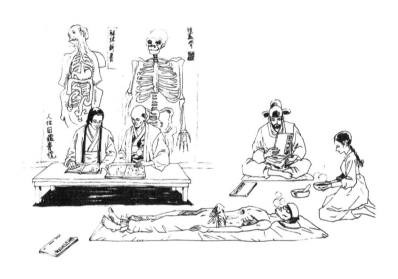

허준 얘기는 많이 들어 어느 정도 알고 있습니다. 그도 무인 가문의 양반 자녀지만 서얼이라는 신분상의 제약으로 의사의 길을 택했다고 들은 것 같습니다. 신분이 학문에 영향을 미쳤나요? 양반이라는 신분 때문에 실학에 몸을 담그지 못한 이들도 있나요?

그렇지요. 조선의 학자층은 서얼을 포함한 양반이 주류를 이루지요. 출세를 준비하는 이들보다 시대상황과 신분 등의 이유로 출세 길이 막힌 이들이 많았어요. 학문에 매진한다고 출세 기회가 주어지지 않기 때문에 소일거리나 즐기기 위해 학문하는 이들도 있었죠. 반면 일본 학자층은 하급무사, 중인(의사, 통사 등), 서민 출신인데, 신분 상승의 유력한 길이 학문을 통한 명성 획득과 출중한 검객이 되는 거였죠. 이러한 분위기에서 학자들이 실용성이 떨어지는 유학보다 난학과 양학에 종사하게 되죠.

설명으로 이해하는데 큰 도움이 되었습니다. 이제 얘기를 정리하는 질문을 드립니다. 조선시대에 나타났던 근세 학문이 근대 학문으로 계승되어 발전하지 못한 것을 어떻게 이해해야 할까요? 유학에 문제가 있나요? 아니면 다른 데 이유가 있나요?

유학은 근세 이후 일본의 2대 학문이라고 할 수 있지만 근대로 이행하면서 난학·양학·국학 등에 밀리죠. 반면 조선에서는 성리학이 최고 학문으로 자리 잡아, 그 위상이 조선시대 내내 이어지죠. 유학자 중 일부에 의해 서학과 북학 연구가 시도되지만, 서학과 서교(기독교)를 동일시한 당국이 서교의 박해에 나서자 학문 연구도 자취를 감추죠. 결국 조선의 근대 학문은, 근세 학문이 분화와 융합을 통해 내부적으로 학문의 저변을 마련하지 못한 상태에서 선교사와 일본인 등 외국인에 의해 이식되어요.

한 · 일 학문 발전의 차이 : 배경과 이유

여기서는 근세 이후 양국 학문의 발전에 차이가 생기고, 이것이 양국 근대화의 차이에 영향을 미친 배경과 이유를 여섯 가지로 구분하여 살펴본다.

1. 지도자의 깨인 대외 인식, 대외 교류 시도

첫째, 최고 지도자의 대외 인식과 교류 시도 여부가 서양의 학문과 지식 정보 등에 대한 양국의 대응 차이를 가져온다. 일본에서는 오다 노부나가가 기독교 포교를 허용하고 서양과 교역에 나서는 등, 서양의 정보와 문물에 관심이 많았다. 이어 권좌에 오른 도요토미 히데요시와 도쿠가와 이에야스도 정도 차이는 있지만 서양의 문물 도입에 개방적인 입장을 지닌다.

특히 이에야스는 표류한 네덜란드선의 영국인 항해사인 애덤스를 외교고문으로 두고, 그의 주선으로 생애 후반기 십수 년 사이에 네덜란드, 영국, 스페인 국왕 사절단을 면담하고, 이들 국가와 교역을 트면서 서구 동향에 대한 정보를 얻는다. 이때 그가 접한 지식과 정보의 적지 않은 부분이 구전과 문서 등으로 후대 장군과 가신단에 전수된다.

지도자 대외 인식 : 폐쇄적인 조선 vs 열린 일본

한편 그 무렵 조선에서는 권좌에 앉은 선조, 광해군, 인조, 효종 등의 최고 지도자로서 서양인과 서구 문물에 개방적이고 적극적인 태도를 보인 이가 없다. 이들 주변의 주요 대신 중에도 그러한 이들이 거의 없다. 이는 1627년(인조 5년) 제주에 표착한 네덜란드인 벨테브레이와, 1653년(효종 4년) 역시 제주에 표착한 하멜과 그 일행에 대한 우리 측의 대응에서 유추할 수 있다. 벨테브레이는 귀화하여 훈련도감에서 총포의 제작 및 운용 업무 등을 맡다가, 1636년의 병자전쟁 때는 출전하여 청군과 싸운다. 표류가 26년 늦은 하멜 일행은 제주, 전라도 등지에서 14년간 억류되어 있다 탈출한다.

조선 왕 곁에는 애덤스 같은 사람 없다?

조선의 지도자는 이에야스가 애덤스 일행을 대한 것과 너무 대조적인 행동을 보인다. 이들은 네덜란드를 위시한 서양 국가와 국교를 트고 통상에 나서 서양 국가의 앞선 문물을 받아들일 생각조차 못한다. 표착한 외국인을 총포제작자나 군인, 일꾼 등으로 부리면서 중국과 일본 측에 이들의 존재를 감춘다. 지도자들은 중국 외 국가에 대한 관심과 서구 문명권에 대한 지적 호기심이 거의 없었다.

이같은 차이가 발생한 이유로는 여러 가지를 고려해 볼 수 있다. 가장 중요한 이유는, 왕과 주변 권력층의 고집스런 쇄국 노선과 해외 지식·문명에 대한 기피증에서 찾아볼 수 있다. 납득하기 어려운 것은, 임진전쟁과 병자전쟁 등 대형 국난을 겪으면서 총포나 대포 등 서양 신무기의 위력과 대외 교류의 소중함을 알았을 터인데도 이같은 자세를 보였다는 것이다.

유교국가 체제 덕분에 양 전쟁 후 왕조 유지?

강력한 유교국가의 완성이 가져다주는 체제의 안정성에 대한 조선 지도자들의 믿음에서 비롯했는지도 모른다. 임진전쟁의 여파로 왕조와 지배 정권이 바뀐 중국, 일본과 달리, 큰 피해를 입은 조선은 기존 왕조 체제를 유지하는 기이한 현상을 보인다. 전쟁을 치르면서 지배 권력에 도전할 수 있는 민중세력과, 이성계처럼 쿠데타를 일으킬 수 있는 잠재력 있는 무인세력이 함께 몰락했기 때문인지 모른다.

개방·교류가 체제 안정성 해친다?

역사적인 대사건을 거치고도 유교국가 체제가 살아남자, 조선 지도층은 기존 체제에 대한 자신감으로 개방과 교류 등을 통한 신사상 도입의 필요성을 느끼지 못한다. 140년 이상 교류없이 지내던 일본과 큰 전쟁을 치른 후, 일본 측 요구로 국교를 트고 교류하는 것이 달라졌을 뿐, 조선은 여전히 쇄국노선을 유지한다. 유교국가 체제는 임진·병자전쟁의 혼란기를 거치면서, 해체되거나 약화되기보다 17세기 중반 이후 2백여 년에 걸쳐 오히려 완성되고 굳건해지는 모습을 보인다. [31]

서양 등의 앞선 문명에 대한 기피 내지 결벽증을 보여준 조선 지도층은, 종교적 신념을 이유로 현대 문명의 이기를 배제하며 질박한 중세 시대형 삶을 추구하는 미국의 아미쉬Amish 공동체 집단과 비교할 수 있을지 모른다.

조선 지도층의 약한 호기심, 유교만으로 설명 못해

조선 왕에게 유교 이념은 신민의 지배를 용이하게 하는 왕도 정치의 기반으로 일종의 종교 교리와도 같았다. 따라서 기독교 등 서구의 가치관과 사상이 유입되어 기존 가치 질서가 흔들리는 사태를 두려워한다. 왕 주변의 권력자들도 동일한 논리로 중국 외 외국에 대해 알려고 노력하지 않았다. 벨테브레이와 하멜 그리고 이들의 출신지인 네덜란드 관련 정보가 『조선왕조실록』 등 주요 문헌에 이들의 표착 기록 정도를 제외하고 없다는 사실이 이를 입증한다.

조선 전기 이백 년의 평화가 유교국가 체제 덕분이라고 판단한 지도층은, 양 전쟁의 혼란과 충격에도 불구하고 현 체제의 유지와 강화에 나선다. 이같은 근시안적 판단이 서양 문물에 대한 무관심으로 이어진다. 이는 유교의 본거지 중국이 청대에 서양인과 기독교 등의 서양 문물에 높은 관심을 보이고, 유학을 받아들인 도쿠가와막부가 서양 문물의 도입에 일정한 관심을 보인 것과 크게 대조된다.

쇄국기에도 네덜란드 등과 교류한 일본

일본에서도 1639년 이후 에도막부가 기독교를 탄압하고 쇄국 정책을 강화하면서, 80년 이상 지속된 서구권과의 인적, 물적 교류가 중지된다. 배경에는 발족 초기의 막부체제 안정 등 정치적 이유가 있다. 하지만 이 시기에도 국교를 트지 않은 네덜란드, 중국과 무역 교류를 허용하여 이들 지역의 정보를 지속적으로 입수한다.

1720년 8대 장군 도쿠가와 요시무네가 기독교 외 서양서적과 문물, 정보의 유입을 허용하면서, 네덜란드를 통해 들어온 유럽의 학술·문화·기술인 난학이 활성화되면서 근대 학문의 싹이 튼다.

2. 해외사정 아는 자에 대한 인식 차이

둘째, 일본은 해외사정 아는 자를 소중히 여긴 반면 조선은 그렇지 못한다. 이는 위에 서술한 조선 지도자의 깨이지 못한 대외인식과 연관이 있다. 일본 지배층은 표류 후 해외 체재나 유학 등으로 서양 언어를 해득하거나 서양 사정을 알게 된 자국민을 신분의 고하에 관계없이 소중히 여기고, 이들로부터 귀중한 정보를 입수하려고 노력한다.

1800년을 전후하여 표류 끝에 외국에 상륙한 어민과 상인 중 일부가 러시아나 미국 등지에서 일정 기간 체재한다. 이들이 송환되면 막부와 번의 관료, 학자들은 이들을 피의자 신분으로 조사, 신문한다. 이 과정에서 자연스럽게 서양의 문명과 실태에 대한 정보가 얻어진다. 조사자는 이런저런 사정으로 공식적인 보고서 등에 관련 정보를 남겨놓지 않는 경우에도 별도로 관련 자료를 정리해 놓는다. 따라서 필요시 관계자들이 이들 자료를 보고 서양사정을 이해할 수 있었다.

표류민 통해 얻은 서구 정보, 정리 유지해온 일본

에도시대 후반에 이르면 국교가 없는 러시아, 영국, 미국 등과의 외교관계가 문제가 된다. 1792년과 1806-1867년의 러시아에 의한 개국과 무역 압박, 1808년 영국 군함 페톤Phaeton호의 나가사키 침입, 1845년 미국 포경선 맨하탄Manhattan호의 우라가 입항과 표류민 인도 등의 사태가 발생하면서 구미와의 협상이 필요해진다. 이때 일본 지배층은 해당국 언어를 아는 표류 어민이나 상인을 통역이나 자문으로 동원하여 국익 보호에 나서게 한다. 해외 체재 경험이 있는 자를 신분의 고하에 무관하게 적절히 이용한 것이다.

당시 표류한 일본 어민이나 상인 중 일부는 러시아와 미국 등지에 장기 체재하여 러시아어와 영어를 구사할 수 있었다. 이들은 서구에 관심 있는 관료나 난학자 등의 면담 조사 대상이 되기도 했지만, 외국과의 협상 자리에서는 존재감을 발휘한다. 서구 열강의 개국 요구 시, 화친조약과 수호통상조약 체결 협상에 참여하여 국익을 지키는 데 일조한다.

이는 메이지 신정부가 적대세력인 구 막부와 도호쿠東北번 측 유학파 인사에게 국가에 봉사할 기회를 부여한 것과 일맥상통한다. 이를 통해 부국강병과 식산흥업이라는 메이지 정부의 목표를 조기에 효과적으로 달성하고, 통상 협상 등에서 입을 수 있는 불이익을 줄이며, 개국 후 체결한 주요국과의 불평등조약 개정 작업 추진에 도움을 얻는다.

서양 사정 어둡다 보니 쇄국정책 고수(조선)

조선의 경우, 표류 등으로 귀화한 외국인이 있었지만 개화기 무렵에는 영어와 러시아어를 구사하는 국내 인재가 거의 없었다. 게다가 조정의 고관 다수가 서양 사정에 어두워 서양인과의 접촉이나 협상에 두려움을 가진다. 이러한 사실이 1860~70년대 조선 지배층이 국제 시류에 역행하는 쇄국정책을 고집하는 배경이 된다. 조선에선 "쇄국정책이 기본인데 무엇 때문에 해외사정 아는 자를 양성하고 우대하느냐"는 단선적이고 근시안적 사고가 팽배해 있었다.

서양 정보 축적으로, 쇄국정책 곤란 판단(일본)

쇄국정책이 먼저인지 서양 사정에 어두운 것이 먼저인지를 가려내기란 쉽지 않다. 관련하여 일본 사례에서 시사점을 얻을 수 있을지 모른다. 에도막부는 쇄국을 외교정책의 기조로 삼지만 조선만큼 서양 사정에 어둡지 않았다. 그러다 막부 말기에는 각 번의 영주와 무사, 학자 중 서양사정을 아는 이들이 나타나기 시작하고 점차 그 숫자가 늘어난다. 이러한 국내 상황에서 미국 등 외국의 개국 압력이 현실화하자 막부는 쇄국정책을 재검토하게 된다.

그런데 조선에서는 왕과 주변 지도층 대부분이 외국어를 해득하지 못하고 서양사정에 어두웠다. 그래서 그간의 쇄국정책을 고집하고 해외 사정 아는 자를 소중히 여길 필요가 없다고 판단했다. 1600년을 전후한 시기에, 쇄국체제 하의 미흡한 대외 정보와 그에 따른 판단 착오로 두 차례나 큰 전쟁을 치른다. 하지만 이후에도 해외 사정에 밝은 자를 양성하고 우대하지 않았다. 이로 인해 개화기 이후 참으로 가혹한 대가를 치른다.

3. 해외 사정 아는 인재 양성 : 유학·해외 시찰·국내 연수

셋째, 지도층이 신하나 부하 중 장래가 촉망되는 젊은이를 해외에 파견하여 신정보를 얻고 지식과 기술을 배워오도록 하는 인재양성 측면이다. 일본에선 개국 후, 막부와 번이 필요한 지식과 기술 등의 정보를 입수하고 인재를 키우기 위해, 유학과 해외시찰단을 파견한다. 그 결과 해외사정에 밝은 관료, 군인, 학자 등이 다수 배출된다. 이는 조선이 개국 전은 물론이고 개국 후에도 정부차원의 유학생 파견에 소극적이었던 것과 대조된다.

막부·번과의 관계를 강화하고자 하는 영국과 프랑스는, 일본인 유학생과 연수생의 자국 파견을 지원한다. 이 과정에서 두 나라는 중국과 일본을 상대하는 무기와 약품 수출업체 및 수입상 등 자국 민간 기업의 지원을 끌어낸다. 이때 노중, 번주, 가로 같은 막부·번의 지도자들의 판단이 중요한 역활을 한다. 이들이 기회의 소중함을 인식하지 못했다면 해외 파견에 동의하지 않을 터이고, 자체 재원을 마련하여 유학생을 파견할 생각조차 못했을 것이기 때문이다. 막부와 번에 재정적 여유는 없었지만 서양을 배우고 인재를 키우는 것이 우선 과제라고 깨달은 것이다.

재정적 여유 없어도 미래 보고 투자한 막부와 번

이들은 서양인을 접하면서 처음에는 다수가 두려움과 배척의식이 강했다. 하지만 시간이 지나면서 서양의 지식과 문화, 문명에 경외감을 느껴 이를 배우고 받아들이려는 자세를 가진 이들이 하나둘 늘어난다.

조선이 그렇게 하지 못한 것을 놓고 정부 재정의 어려움이나 핍박 등을 이유로 거론한다. 하지만 그 배경에 '최소한 이것만은'이라고 판단해 밀어붙이지 못한 지도층의 흐린 정세 판단과 약한 결단력이 있음은 부정하기 힘들 것이다.

메이지유신을 전후한 10년 사이에 서양에 파견된 일본인 유학생이 650여 명에 달한다. 유신 전 막부와 각 번이 파견한 숫자가 150여 명이고, 유신 후 5년 사이에 5백여 명이 유학에 나선다. 대상국은 영국, 미국, 프랑스, 독일, 러시아 등이다. 별도로 외국인 도우미가 대거 초빙되어 학문과 지식, 기술의 전수와 자문 프로그램에 참여한다. 각 분야에서 일본인을 훈련하고 연수시킨 이들은 영국인을 필두로 2천 명이 넘으며, 이들에게는 꽤 높은 급여가 지급된다. 이들은 일본이 약한 물리, 화학 등 이학과 의학 분야·건축·전기·조선·토목·철도·수리 등 공학 분야 교수요원이다.

신학문과 기술의 전습이 이루어진 곳은 막부와 메이지 신정부가 세운 공적 학문소, 사숙인 일부 난학숙과 양학숙이다. 이 중 일부가 1870년대 이후 대학으로 모습을 일신한다. 기술 등의 전습은 막부 말기에는 막부와 번의 시설에서 행해지다, 메이지시대에는 공부성과 병부성(1872년 이후 육군성, 해군성) 산하의 정부기관과 민간 대기업 등에서 행해진다.

일본의 초창기 교수 요원, 외국인 + 해외유학파

외국인 도우미 중 일부는 계약 종료 후 일본의 대학과 연구소 등에 남는다. 이 시기 대학의 교수요원은 외국인 초빙교원, 해외유학파, 서양인 도우미 밑에서 수학한 국내인으로 채워진다. 이때 교수나 정부와 민간 기업 기술자로 활약한 이들 중 다수는 훗날 각 분야의 태두나 일인자로 인정받는다.

이처럼 일본이 개국 전후에 유학과 해외시찰 등으로 서구 학습에 나선 것은, 지도층 인사들이 군사력과 경제력 등 여러 면에서 서구 국가와의 격차가 크다는 사실을 절감했기 때문이다. 이 시기에 일본을 찾아온 외국인은 주로 미국, 영국, 프랑스, 러시아, 네덜란드 출신이다. 일본 지도층은 이들과의 협상이나 면담 등을 통해 분야별로 다르지만 일본이 50년에서 100년 이상 뒤쳐져 있음을 감지한다. 그래서 유신 전에는 막부와 웅번이, 유신 후에는 메이지 정부와 민간이 경쟁적으로 잠재적 인재를 해외로 파견하여 교육시킨다.

조선의 초창기 교수 요원, 외국인(유학파 거의 없음)

한편 조선에서는 소수 엘리트층이 정부 지원과 민간 등 관계 기관의 지원으로 유학에 나선다. 배경에는 왕과 주변 지도층 인사들의 위기의식이 약하고 사고가 우물 안 개구리 식이었다는 점, 그리고 무엇보다 정부 재정이 너무 열악했다는 사실이 있다. 그 결과 초창기 교수 요원은 대부분 외국인이고 유학 후 귀국한 교수 요원은 극소수에 불과하다.

이 무렵의 조선에선 농업생산성이 낮은데다 부패한 관료에 의한 수탈 행위가 극성을 부려 농민들의 살림살이가 악화된다. 정부 재정사정 또한 크게 나빠지면서 교육과 인재 양성에 투자할 여력이 한층 약해진다.

당시 일본에서는 막부와 웅번의 노력으로 농업과 공업의 생산성이 높아지고 생사 등의 수출로 경제력을 키운다. 이를 바탕으로 군비를 확장하면서 초등 교육을 위시한 인재양성 분야에 대한 투자를 늘린다. 유신 후 40년이 경과한 20세기 초에는, 분야별로 차이는 있지만 서구 국가 평균의 40~80% 수준까지 따라잡는다. 이 무렵 조선이 개국 후 배움을 통한 체계적인 자강自强에 실패하면서 양국의 격차는 더 벌어진다.

4. 실용 학문 종사자의 양적·질적 차이

넷째, 실용학문 종사자수에서 양국은 큰 차이를 보인다. 일본 학자들은 유학 못지않게 다수가 난학, 양학 등의 실용학문에 종사한다. 이에 비해 조선 학자들은 절대 다수가 유학에 매달리고, 소수가 유학의 테두리 안이나 연장선상에서 실용학문 성격을 지닌 서학과 북학에 관심을 갖는다.

일본 학자의 다수는 1720년의 금서 완화 조치 이후 활성화된 난학, 여기서 발전, 변모한 양학을 통해 의학·천문학·군사학·토목수리학·건축·화학·농학 등의 실용학문에 종사한다. 네덜란드어 외에 영어 원서까지 접근이 가능해지면서 한역 서적에 의존하던 때보다 학문의 수준이 크게 높아진다. 이들은 에도시대 발족 후 막부의 통치 이념으로 자리매김한 유학과 일정한 거리를 둔다.

이에 비해 조선 학자들은 중국을 통해 유입된 북학을 독자적인 학문으로 받아들이기보다 기왕의 유학과 접목하거나 확장하는 형태로 받아들인다. 결과적으로 조선의 학문 흐름은 이념과 방법론 면에서 유학의 큰 틀을 벗어나지 못한다.

유학 틀에 갇힌 조선 vs 실용학문 중시로 방향 튼 일본

일본 내 영어, 독어, 프랑스어 등의 해득자와 이들의 문하생 그룹은, 개국 후 물밀듯이 밀려오는 다양한 서구 문물과 최신의 지식, 기술, 정보를 순조롭게 정리, 소개한다. 난학에 대한 학습 경험이 있는 일정수의 전문가 집단이 있었기 때문이다. 이들은 한 단계 높은 신학문과 지식, 기술을 도입하는 과정에서 일본의 실정을 고려하여 도입 여부와 완급, 활용의 방향성 등을 적절히 조절한다. 아울러 새롭게 받아들인 내용을 기존 지식과 기술에 접목하거나 융합하여, 사숙과 관학 등을 통해 후학들에게 전수한다. 이처럼 일본은 적은 비용으로 서구 문물과 지식을 수용하고 정착시켜 단기간에 서구권 수준에 근접해 간다.

서구 문물을 낮은 비용으로 단기에 도입, 일본

반면에 조선은 국학 관련 일부 인문학을 제외하고 근세 학문이 근대 학문으로 계승, 발전하지 못한다. 조선에도 유학자 겸 실학자로 이름을 떨친 양명학파와 경세치용파 학자, 서학을 포함한 북학파 학자, 국학운동파에 속하면서 각 분야에서 일정 성과를 이뤄 낸 이들이 있다. 하지만 일본의 난학자, 양학자 등이 1800년대 중후반 개화기에 활약했던 것에는 미치지 못한다. 조선 학자 중 개화기의 정치, 사회경제의 근대화에 기여하여 (학문의) 선구자로 이름을 남긴 이들은 거의 없다. 자신의 학문을 양학과 접목하거나 융합하는 데 실패했기 때문이다.

학문으로 신분 상승 : 조선(x) vs 일본(o)

조선의 상황이 이렇게 된 배경에는 우선 학자층의 신분 문제가 있다. 18세기 전반 이후 활약한 학자들은 양반 출신으로 경화세족이 다수지만 서학에 몰두한 이들 중에는 서얼 출신이 많았다. 이들은 학문을 통해 입신출세할 가능성이 희박해 대개 소일하거나 즐기기 위해 학문을 했다. 일부 실용학문에 종사하는 이들도 있었지만 양반 신분이 한계점으로 작용하여 일정 수준을 넘지 못했다.

한편 일본 학자들 중에는 하급무사, 의사, 스님, 기타 전문직 등 중인 계층이나 서민이 많다. 당시 이들 그룹이 신분을 상승시킬 수 있는 유력한 길은 학문에 종사하여 명성을 얻거나 출중한 검술을 익히는 것이었다. 이러한 흐름 속에 학자들은 허학이라고 비판받기 쉬운 유학보다 실용 학문에 다수 종사한다.

서교와 서학을 동일시한 조선 왕과 그 주변

다음으로 조선의 왕과 주변 지도층이 서교(기독교)와 서학을 동일시하여 학문 탐구를 금지시킨 조치를 들 수 있다. 당대 집권그룹인 노론

세력은, 기존 통치 이념과 지배 질서에 미칠 잠재적 혼란을 우려하여 초기에 허용하던 서교 신앙을 18세기 후반부터 약 백 년간 박해한다. 이 과정에서 서학 종사자 상당수가 서교에 연루되면서 서학도 응징 대상이 된다. 이로써 당시 뜻있는 조선 지식인층에서 극도로 사변思辨화한 유학과 유교국가 질서를 변혁시킬 방편의 하나로 인식되던 서학이 자취를 감춘다.

조선의 약한 외국어 실력, 서구의 실용서 이해 못해

나아가 학자층의 외국어 해득력이 약해 명망 있는 조선 학자 중 영어, 러시아어, 독어를 해득할 수 있는 이들이 전무했다. 일본어 해득자도 극소수다. 북학과 서학에 관심이 있는 학자들도, 중국 체재 예수회 신부나 중국 양학자와의 필담이나 한역 서적을 통해 얻는 정보가 고작이었다. 서양인과 서양서적으로부터 직접 정보와 기술을 얻고 배운 이들은 없었다.

정보 입수 대상 : 한역 서적(조선) vs 원서 포함(일본)

실용학문의 대가 중 대표적 인물의 한 사람인 홍대용도 마찬가지였다. 상황이 이렇다 보니 지전설 등 선구적이라고 평가받는 그의 천문학 분야 주장도, 자신의 측량과 관측에 입각해 얻어낸 결과가 아니고 북경에서 만난 신부와 중국인 학자와의 소통, 그들을 통해 입수한 한역 서학서에 입각해 제시된 것이다. 그가 중국 북경에 체재한 기간은

2, 3개월에 불과하여 지식과 기술을 체계적으로 배우고 익힐 만한 시간적인 여유가 없었다. 실용학문에서 중국인과 한역서적을 통해 입수 가능한 정보는 본래 한정적이었다.

그런데 1800년대에 들어와 권력이 극소수 경화세족으로 집중되면서 서학은 서교와 함께 탄압의 대상이 된다. 이로써 조선의 서학은, 일본의 난학과 양학이 보여준 중국인과 한역 서적의 한계를 넘어서는 그러한 단계로까지 발전하는 모습을 보여주지 못한다. 결과적으로 서학과 서학자는 조선의 근대화에 기여하는 생명력 있는 학문과 학자층으로 자리매김하지 못하고, 한때 존재했던 것으로 치부된다.

5. 관학·사숙의 대학 내 전공으로 변신 여부

다섯째, 근세 이후 유지되어온 교육기관이 정치가, 관료, 뜻있는 학자 등에 의해 대학 등 근대 고등교육기관으로 발전했는지의 여부다. 에도막부의 교육기관과 사숙인 한학숙·양학숙·국학숙 등의 운영에 깊숙이 관여한 일본의 학자 그룹은, 오사카대·게이오기주쿠대 등 근대 고등교육기관의 설립에 기여한 것은 물론, 구학문이 근대 신학문으로 거듭나거나 일신하는 과정에서도 큰 역할을 한다.

오사카대·게이오기주쿠대 설립자 오가타·후쿠자와

오사카대 발족에는, 의사이며 난학자로 적숙을 개설한 오가타 고안과 적숙의 숙장을 역임한 난학자 후쿠자와 유키치 등이 관련되어 있다. 또 게이오기주쿠대는 후쿠자와에 의해 설립된다. 이밖에도 메이지 시대에 많은 대학들이 양학자와 국학자 혹은 해외유학파에 의해 건립된다. 물론 정치가나 관료 출신이 건립한 학교도 적지 않다. 총리 출신의 오쿠마 시게노부가 세운 와세다대, 문부장관 출신의 모리 아리노리가 세운 히토쓰바시대 등이다.

조선에서 해외 유학 경험이 있는 학자는 1880년대 후반까지 전무했다. 개화기에 설치된 고등 교육기관은 대학이 아닌 전문학교 수준이고 숫자도 극히 적다. 설립자에는 선교사와 종교재단, 유력 정치인 등이 있고 학자는 없다. 교수진도 선교사와 외국인 전문가가 중심이고 국내 학자 출신은 극소수다.

성균관의 위상, 개화기에 크게 실추

유서 깊은 성균관도 개화기에 위상이 크게 약화된다. 경학원(1887년)으로 개칭된 후 1894년 폐지된다. 1895년 유교교육기관으로 개편되어 3년제 경학과가 설치된다. 수학 내용은 유교경전 외 역사학·지리학·수학 등이지만 중심은 고전이다. 이때의 개편으로 성균관은 학교로서의 교육기능이 거의 상실된 것으로 평가된다. 고려대 전신인 보성(전문)학교가 이용익에 의해 설립된 것은 국운이 기운 1907년으로 다른 학교에 비해 늦었다. 다만 1883년 이후 중등학교나 실무자 양성 학교가 여러 곳 생긴 것은 주목할 점이다.

양국에선 유학과 난학, 양학 등 기존 학문이 분화나 융합과정을 거쳐 대학 등의 전공 형태로 계승되는 과정에서, 적지 않은 혼란이 빚어진다. 대학 등에서 전공의 자리를 얻지 못한 구학문과 관련 학자들의 존립 기반이 와해되었기 때문이다. 이 무렵 시대가 요구하는 과학적이고 실용적인 학문의 대부분이 서구에서 전래되었으며, 시대에 적응하지 못한 학문은 도태된다. 일본도 비슷하지만 조선의 학문 도태는 더욱 심각했다.

일본, 교수 요원 전면 대체에 40~50년 소요

서구에서 전래되어 온 신학문의 초기 교수 요원은 양국 모두 외국인이 주류를 이룬다. 일본에서는 전래 후 40, 50년 정도가 경과한 20세기 전반까지 거의가 일본인 교수 요원으로 대체된다. 이 시기까지 명맥을 유지한 구학문은 역사·지리·철학(유학 등)·국어학·문학·문헌서지학 등 국학 계열의 인문학 정도다.

의학·수의학·법학·신학·군사학·경제학·사회학·심리학·행정학·수학·과학(물리·화학·생물 등)·공학(수리·건축·토목·기계·전기·철도 등) 등 서구의 유서 깊은 전통학문, 특히 사회과학과 이공계 학문은 새롭게 습득해야 할 분야였다. 이들 분야는 낯선 분야이지만 150년 전부터 난학과 양학 형태로 접촉한 경험이 있어, 일본 학자들은 마찰을 최소화하면서 20세기 초반 이후 단계적으로 정착시킨다.

외부요인으로 학맥 끊긴 조선 학자, 개혁에 기여 못해

양국에서 신학문이 정착하는 과정은 차이점을 보인다. 조선에서는 서학 등 근대 학문을 연구하는 학맥이 외부 요인에 의해 단절되면서 심화된 연구를 지속하지 못하고 서학자를 포함한 학자 그룹 전반이 새 시대를 여는 개혁 세력의 일원이 되지 못한 점 등이 거론될 수 있다.

일본에서는 난학과 양학에 대한 강력한 전방위적 규제가 없고, 난학자와 양학자 일부가 유신 세력의 일원이 되거나 그 지원 세력으로 활동하여 유신 후에도 일정한 영향력을 행사한다.

또한 조선의 경우, 20세기 초 망국의 기운이 드리워지는 날까지 서학을 제대로 습득한 학자가 극소수였다. 접근 루트가 중국인데 내부 규제 강화로 뿌리를 내리지 못했기 때문이다. 이로 인해 근대 학문과 기술의 대부분은 일제강점기에 일본인 학자와 기술자 등에 의해 이식된다고 해도 과언이 아니다. 물론 이때의 지식과 기술의 원형이, 일본인이 다양한 시행착오를 거치면서 체득한 서구 지식과 기술의 일본 버전이었음은 말할 필요도 없다. 나아가 이를 정착시키고 수준을 높인 것은 한국인 제자나 늦게 등장한 해외유학파들이다.

서구 학문 개념, 기술 용어 번역과 조어 능력

여섯째, 서구의 학문을 받아들이는 과정에서 필수적인 각 분야의 전문 용어 번역 작업 시, 훌륭한 조어 능력을 보여줄 수 있느냐는 점이다. 학문의 개념과 이론, 새로운 기술과 정보, 전문적인 용어 등의 서구 문물을 받아들이는 과정에서 필수적인 작업이 자국어로의 번역이다. 이 과정에서 없던 말을 새롭게 만들게 되는데, 일본의 전문가 그룹은 기발하고 멋진 한자 용어를 창안함으로써 후학의 학문 연구를 지원한다.

용어 선정 시 숙고하는 관행, 근현대까지 이어져

전문가 그룹이 숙고해 적합한 용어를 만들어 소개하는 관행은 1860년대 이후 서구 학문의 대량 유입기에도 그대로 이어진다. 덕분에 후대 일본인들은 일본어 용어를 통해 개념과 내용을 쉽게 이해하고 신지식의 지평을 넓힐 수 있었다. 문학 작품의 번역이 또 다른 창작이라고 일컬어지는 경우가 많은데, 개념과 용어의 번역 또한 그 연장선상에서 접근할 수 있다. 번역 작업을 주도한 이들은 당대의 관료, 난학자, 양학자, 국학자, 혹은 관계 분야 전문가다.

이들이 새롭게 만들거나 확산시킨 용어를 살펴보자. 과학 분야에서는 의사이자 양학자인 우다가와 겐신에 의한 腺선, 膵췌, 우다가와 요안에 의한 酸素산소, 水素수소, 窒素질소, 炭素탄소, 白金백금, 元素원소, 酸化산화, 還元환원, 溶解용해, 分析분석, 細胞세포, 屬속, 珈琲커피 같은 용어의 창안이 대표적이다.

조어 못지않게 중요한 용어 사용 확대

인문 분야에서는 관료이며 사상가, 교육자이기도 한 니시 아마네에 의한 希哲学희철학, 藝術예술, 理性이성, 科學과학, 技術기술, 心理学심리학, 意識의식, 知識지식, 槪念개념, 歸納귀납, 演繹연역, 定義정의, 命題명제, 分解분해 등의 창안이 두드러진다. 난학자로 게이오기주쿠대를 설립한 후쿠자와 유키치는 経済경제, 文明開化문명개화, 動物園동물원, 演説연설 등을 조어하고, 自由자유는 그의 저서 『西洋事情』을 통해 널리 알려진다. 국학자 이치카와 세이류는 근대 도서관 창설의 공로자 중 한 사람인데 博物館박물관이라는 용어를 만든다.

문학 분야에서는 조어를 일반에게 널리 확산시킨 이들이 많다. 메이지시대 문호이자 군의이고 관료인 모리 오가이는 교향악, 교향곡 등의 용어를 만들고, 다섯 살 아래의 문호 겸 교육자인 나쓰메 소세키는 浪漫主義낭만주의라는 말에 생명력을 불어넣고, 新陳代謝신진대사, 反射반사, 無意識무의식, 価値가치, 電力전력, 肩が凝る어깨가 무겁다·긴장된다, 高等遊民고등유민, 瓜二つ쏙빼닮음, 露悪者노악자, 月並み평범 등을 확산시킨다.

이들 단어 외에 意識의식, 右翼우익, 左翼좌익, 運動운동, 階級계급, 共産主義공산주의, 共和공화, 失恋실연, 進化진화, 接吻접물(키스), 唯物論유물론, 文化문화, 民族민족, 思想사상, 法律법률, 資本자본, 警察경찰, 分配분배, 宗教종교, 感性감성, 主観주관, 客観객관, 物理물리, 化学화학, 分子분자, 原子원자, 質量질량, 固體고체, 時間시간, 空間공간, 理論이론, 文学문학, 電話전화, 美術미술, 喜劇희극, 悲劇비극, 社会主義사회주의 등은 한국과 대만은 물론이고 한자 발원지인 중국에서도 수용된다. 물론 중국이 자체 한자를 만들어 이들 단어와 경합하는 사례도 있다.

한자 단어 만든 배경? 당장의 필요 때문

이러한 단어들은 당장 필요해서 만들어졌다. 서구에서 전파된 각종 지식과 문물을 받아들이는 과정에서 해당 개념을 적절한 한자로 바꿔 표기해야 했기 때문이다. 초기에는 복수 후보가 거론되다가 최종적으로는 사용자들의 선택으로 정해진다. 이 과정에서 모리 오가이나 나쓰메 소세키 등 당대 문호들의 용어 사용이 적지 않은 영향을 미친다.

조선이 만든 국자, 한자 문화권에 영향 못 미쳐

아쉽게도 개화기 후 조선에서 만들어진 한자인 국자國字 중 서구의 지식과 문물을 소개하는 글자는 없다. 우리말이나 문화의 특성을 반영해 만들어진 국자가 적지 않지만 지식과 학문, 문화와 문명에 관한 글자는 거의 없다. 국자가 중국이나 일본 등 한자문화권에 수출되어 사용되는 사례도 거의 없다. 서구의 지식, 문물에 접하는 시기가 중국과 일본에 비해 20년 이상 늦고, 서구 유학과 등 신지식과 문물에 밝은 학자, 관료가 훨씬 적었기 때문이다. 이러한 차이가 양국의 근대 학문의 발전에 영향을 미쳤음은 말할 것도 없다.

두 분의 설명과 칼럼에 대한 해설로 근세 이후 학문의 변천에 대해 큰 윤곽을 잡을 수 있었습니다. 세부적인 내용에 들어가면 여전히 모르는 게 훨씬 더 많겠습니다만. 궁금한 점은 근대에 접어든 후 오늘에 이르기까지 유학(혹은 유교)의 현 주소가 어떠했는지입니다. 근대 진입기까지는 조선은 물론이고 일본에서도 유학이 차지하는 비중이 컸을 것 같은데요. 오늘의 유학은 학문이나 이념 혹은 이데올로기 등의 측면에서 양국 사회에서 존재감을 상실했나요?

흥미로운 질문이네요. 앞에서 유학은 오늘날 동양철학과 동양사상 분야에서 다뤄진다고 했어요. 또 정치사상·윤리·자연철학 분야에도 연관된 내용이 있지요. 그런데 학문으로서의 위상이 위축되어 앞으로 유학 연구자가 줄거나 없어질지 모른다는 우려가 커요. 역사상 '최대의 학문적 전환기'에 처해 있다고 보는 전문가도 있죠. 핵심은 현대사회에서 부각되는 각종 이슈에 마땅한 해법을 내놓지 못해 사회적 수요가 줄어들었다는 사실이죠. 일부 제시된 해법도 추상적이어서 실천가능성이 낮은 경우가 많고요.

그렇다고 유학이 사멸할 학문은 아니죠. 면면히 맥을 유지해 역사가 2천 년 이상에 달해요. 20세기 후반에 들어와 일본·싱가포르·대만·한국 등 동아시아 유교권 국가가 경제성장에 성공하자, 아시아계 미국 학자 일부가 아시아적 가치[32]를 상징하는 것으로 유학에 주목하여 이 지역의 경제성장을 설명하려 한 적이 있죠. 1997년 후반 아시아 금융위기 후 관심이 약해졌는데, 21세기 초 중국이 경제성장을 토대로 2대 강국으로 부상하자 중국 안팎의 학계에서 유학의 기능과 역할이 재조명되고 있어요.

👩 엄마가 마지막에 언급하신 내용이 흥미롭네요. 중국이 부상하면서 유교와 유학이 재조명되고 있다고요? 이 부분을 좀더 자세히 듣고 싶네요. 처음 들어본 얘기이고 정말 그럴까 하는 생각도 들거든요.

👩‍🦱 근간의 유학 연구는 수명이 끝난 체제 측면보다 심성 윤리 측면이 중심이죠. 서구에선 특히 그래요. 그런데 중국이 연구를 주도하면서 상황이 달라지고 있어요. 심성 윤리의 유학이 아닌 정치, 사회 체제와 연관된 유학이 주요 영역으로 부상해요. 연구 차원을 넘어 체제의 합리화나 재구축의 실마리를 찾아보려는 열정이 감지될 정도지요. 19세기 중반 이후 서구 제국주의와 일본 군국주의에 저항하는 과정에서 구축된 공산당 일당 지배체제가, 크게 바뀐 경제사회 여건에 흔들리지 않도록 하려는 의도가 있죠.

🎩 21세기 초반까지 중국 내 유학 연구는 활성화되지 않았어요. 교과내용이 공자학과 고전 암송 중심인 초등학교, 셰익스피어 작품 암송으로 영어수업을 진행하는 초등학교 등이 화제가 된 적도 있지만, 큰 흐름은 한일의 초등학교 본뜨기와 서구 따라잡기 식 교육이죠. 그런데 원리주의자 등 극단적 성향의 그룹이 등장하여 '정치유학' '유학헌정' 등의 개념을 제시하며 유학을 정치와 연계시키고

있어요. 공산당 독재의 정치적 정통성 입증이 절실한 중국 지도부가 이들을 지지하고 있는 거죠.

👩 총본산인 중국에서 근래 유학이 다시 활발하게 논의되고 있다는 사실은 흥미롭네요. 왜냐하면 유학은 1960년대 문화대혁명 당시 마오쩌둥과 홍위병 등의 추종 세력에 의해 완전히 부정되지 않았나요? 이 때문에 중국 사회 전체가 뒷걸음질하며 큰 손실을 입었던 것으로 아는데요.

🎩 1966년부터 10년 이상 지속한 사회적 혼란으로, 중국에서 유교 문화 유적과 관련 서적, 지식인, 자본가 계층이 일소되는 큰 손실이 발생하죠. 이름만 문화혁명이지 실질은 권력을 뺏긴 마오쩌둥이, 복권을 위해 중고등학생을 비롯한 청장년층을 선동하여 반대세력을 척결한 복수극이자 권력투쟁이죠. 그 와중에, 정상 교육이 장기간 중지되고 강제 농촌 이주로 사회경제가 멈춰서거나 뒷걸음질해요. 최근 미국 이민 세대 등을 중심으로 이를 반성하는 증언이 나오고 있어요.

👩 중국 사회에서 문화대혁명 때 일은 아직도 터놓고 얘기하기 힘든 사안으로 터부시되죠. 한 집안에서 부자, 모녀가 서로를 고발하는 등 가족과 사회 전반이 갈기갈기 찢기는 시기였으니까요. 잘못을 반성하지 않는 것은 문제가 있지만, 중국에서 이때의 일이 제대로 평가되려면 시간이 더 걸릴지 몰라요. 최고 권력인 공산당의

시발점에 마오쩌둥이 있기 때문이죠. 그래서 삶의 질을 높여준 덩 샤오핑과 그의 정적 마오쩌둥을 함께 숭배하는 이들이 적지 않아 요. 텐안먼 광장의 마오쩌둥 사진이 현실을 말해주고 있죠.

🧑 　유학의 재논의와 부흥 등에 대해 들려준 중국 얘기는 여간 흥미롭지 않네요. 먼저 들려준 아시아적 가치와 더불어 중국 내 정 치 유교가 앞으로 어떻게 논의되어 갈지 궁금하네요. 마지막으로 국내에서는 유학에 대해 새로운 논의가 없는지 여쭙습니다.

🧑 　중국에서 논의되는 정도의 넓이와 방향성이 있는 것은 아니 지만 국내에서도 관련 연구가 있죠. 새로운 시점을 제시한 한 연구 자[33]는 유교에 내재한 '정치적 무의식'에 주목해요. 유교는 비판과 윤리, 공공성, 민의 복리, 안정된 항산恒産 정책, 평화와 공존의 추 구에서 알 수 있듯이, 근대 문명사회가 요구하는 가치 질서와 시민 사회 이념의 근간을 담은 사조라고 주장해요. 유교에 길들여진 한 국인은 무의식적으로 이들 가치 질서와 이념에 입각한 동아시아문 명의 한 축을 구축해 왔다는 시각이죠.

🧑 　동아시아 외환위기 전인 1990년대 초에는 유교르네상스론 과 유교자본주의론이 관심을 끌어요. 중국이 부상하기 전의 동아 시아 지역 경제발전과 유교를 연관지어, 서구 자본주의와 개발경제 학의 한계를 지적하면서 신 아시아문명의 도래를 전망한 주장이죠. 주장자들은 유교의 사상과 질서 원리가 이 지역의 근대화 과정, 기

업경영과 노사관계, 가정내 구성원의 관계 등에 미치는 영향을 검토해요. 하지만 유교자본주의론은 일본 주도 기러기편대발전론[34]의 아류로 치부되기도 하죠.

👧 지금까지 두 분이 설명해주신 내용으로, 중국과 우리나라에서 논의되고 있는 근간의 유교 논의에 대한 개요를 이해할 수 있을 것 같습니다. 추가적으로 들려주고 싶은 얘기는 없는지요.

🎩 최근에는 우리보다 중국의 유교 논의가 더 활성화되어 있지요. 신유학, 신신유학[35]의 이름으로 다양한 연구와 현실 응용이 시도되고 있어요. 사회 전반의 약해진 도덕규범을 세우기 위해 '도덕건설'이 정책 목표로 강조되기도 해요. 21세기에 접어들어 추진되고 있는 일련의 작업은, 중국의 부상을 2천 년 역사의 유교(혹은 유학)의 부활·복권과 연계지어, 중국을 포함한 동아시아 유교 문명의 역사적 정통성을 확립하고 공산당 독재 체제를 합리화하는 것을 최종 목표로 삼고 있는 것으로 보이지요.

👩 엄마는 유학에 친숙한 동아시아 인사들이 즐겨 쓰는 경구로 마무리할게요. 유교 경전의 하나인 『예기禮記』 예운대동禮運大同편 '大道之行也 天下爲公 選賢與能 講信修睦'에서 따온 '천하위공天下爲公'이죠. 큰 정치는 천하를 공유물로 보고, 어진 이와 재능 있는 자를 뽑아 신의를 펼치고, 화목을 도모한다는 뜻이죠. 중국 국부인 쑨원, 김구 외 많은 이가 정치 신조로 삼았지요. 조선 망국 시의 고관 중에도 있

을지 모르죠. 문제는 읊기만 하고 행동으로 옮기지 못한 거죠. 예나 오늘이나 실천이 중요해요.

👩 엄마가 얘기해주신 '천하위공'의 뜻도 처음 알았지만, 2천 년 이전에 나온 이 말을 정치신조로 삼는 이들이 의외로 많다는 것이 여러 가지를 생각하게 하네요. 주제였던 학문의 변천과 발전과 관련하여 마지막으로 한마디씩 부탁합니다.

👨 '중층근대성' 개념과 신방법론으로 새 주장을 내놓은 앞의 연구자도, 심오한 유교의 본질을 '천하위공'으로 요약해요. 공공성과 정의 실현이 천하가 추구할 일이고 거기에 유교가 추구하는 큰 가치가 있다는 거겠죠. 연구자는 불의와 폭력이 범람하여 '천하위공'이 위태로워질 때 우환의식이 작동하며, 유학자가 공맹처럼 윤리적 고통을 느낀다고 해요. 헌데 여건 변화로 국운이 위태로운 지경에 이른 구한말, 우리의 유학자들은 왜 우환의식을 갖고 윤리적 고통을 느끼고 망국의 흐름을 막아내지 못했을까요.

👩 할아버지의 지적에 공감해요. 조선 말기, 중심 학문인 유학이 망국 사태를 막지 못한 것을 제대로 설명하지 못하면서, 1세기 가까운 굴욕의 시기를 거쳐 국가와 민족이 되살아나자, 배경에 무의식으로 깔려 있는 비판과 윤리, 공평과 복리 추구 등 유교의 본질을 거론한다면 납득하기 힘들겠죠. 시대와 여건 변화에 적응하여 신학문으로 분화, 융합하고, 식산흥업에 기여할 양학을 배척하지

않고 공존하는 등 현실적합적인 대응을 보였다면, 지금의 신 해석이 주는 공허감이 줄어들지 모르지만요.

🧑 주제가 학문의 변천과 발전이다 보니 얘기가 무척 딱딱했던 것 같습니다. 칼럼에 대한 해설에서 제시되듯이, 선교사와 일본인 등 외국인을 통해 의학 등 이공계 학문이 국내에 소개된 후 이제 백 년이 조금 넘는 것 같습니다. 아무쪼록 빠른 시간에 우리도 과학 분야에서 노벨상 수상자를 배출하는 국가가 되었으면 하는 바람입니다.

함께 생각해봅시다

1. 근세 이후 학문의 변천과 발전이 양국 역사의 품격에 어떤 영향을 미칠까요?

2. 학문의 변천과 발전사 중 어느 시대, 어떤 장면이 우리 역사의 품격에 가장 큰 영향(마이너스 포함)을 미칠까요? 왜 그렇게 생각하나요?

3. 학문의 변천과 발전사 중 어느 시대, 어떤 장면이 일본 역사의 품격에 가장 큰 영향(마이너스 포함)을 미칠까요? 왜 그렇게 생각하나요?

4. 학문의 변천과 발전에 관련된 인물 중 어떤 이가 양국 역사의 품격에 가장 큰 영향(마이너스 포함)을 미칠까요? 왜 그렇게 생각하나요?

5. 근세 이후 양국 학문의 변천과 발전의 역사에서 아래 '실격의 역사' 유형에 해당하는 시대나 장면을 찾아볼 수 있을까요? 유형은 중복될 수 있습니다.

유형I: 잘못된 정치·정책으로 역사적 비극과 대실패 초래(역사 암전·퇴보)

유형II: 역사적 사실에 대한 조사, 기록, 교육이 없거나 약함(역사 누락)

유형III: 역사적 사실의 미화 분식과 조작(역사 왜곡)

X. 왕과 정치체제

🧑‍🦰 　열 번째는 양국의 왕과 정치체제에 대한 비교입니다. 지금
이야 대통령과 총리가 정치권력의 정점에 있지만, 20세기 초까지
양국의 최고 지도자는 왕이었습니다. 일본의 왕제는 한반도 국가의
그것과 달리, 507년부터 531년에 재위한 것으로 알려진 게이타이(26
대) 이후 한 핏줄의 왕가가 이어져 오고 있다고 합니다. 역사적으로
양국 왕제의 유사점과 차이점을 어떻게 설명할 수 있을까요?

🎩 　큰 틀에서 보면 Erin이 말한 대로지요. 한반도 국가의 명실
상부한 최고권력자는 19세기까지 왕이었으며, 왕이 어리거나 유약
하여 유력 신하(혹은 대왕대비 등)가 대신 권력을 행사할 때에도 법제
상의 최고 지도자는 왕이었지요. 일본에선 왕이 명목상의 최고권
력자였던 시기는 1160년 까지로, 이후 왕은 대외적으로 일본을 대
표하지만 일부 시기를 제외하고 정치권력을 갖지 못해요. 그러다가

1868년부터 다시 정치권력의 전면에 서게 되죠. 그 사이 7백여년은 무인정권기로 권력이 이중, 삼중 구조로 나뉘어 있었죠.

👩 유사점은, 시기는 다르지만 양국에서 왕이 명실공히 최고권력자인 시기가 있었다는 것, 시간이 흐르면서 왕위 계승이 형제간 계승에서 부자간 계승으로 바뀌었다는 것 정도를 들 수 있을까요. 차이점은, 일본에선 이중 권력 구조로 인해 왕과 정치권력자가 다른 시기가 긴 반면 한반도 국가에선 그렇지 않다는 점, 일본에서 장기에 걸쳐 한 왕조가 이어져 온 반면 한반도에선 왕조 교체가 있었다는 점, 일본에선 지금도 왕제가 유지되지만 한반도에선 왕제 폐지 후 공화정이 시행되고 있다는 점 등이겠지요.

👧 엄마의 설명을 들으니 이해하기 쉽네요. 그런데 궁금한 점이 있어요. 일본에선 새로 부상한 정치권력자가 왕위를 탐해 자신의 왕조를 세우지 않잖아요. 배경에는 왕을 신성불가침한 권위의 상징처럼 여기는 일본인의 정신문화가 있다고 배운 것 같습니다. 다른 국가에서는 찾아보기 힘든 사례같은데요. 왜 이같은 왕제가 일본에서 성립하였을까요?

👩 가마쿠라막부 발족 시 생겨난 권력의 이중 구조와 그 배경에 있는 일본인의 정신문화에서 원형을 찾아볼 수 있을지 모르죠. 미나모토노 요리토모는 귀족화한 전 권력자 다이라노 기요모리의 실수를 반복하지 않으려고, 막부를 왕과 조정이 있는 교토에서 꽤

떨어진 가마쿠라에 세우죠. 면면히 이어져온 왕통과 조정의 권위를 무시하지 않고 이들 세력과 권력을 분점하며 공존하는 길을 택한 것이죠. 그는 조정이 혼란한 틈을 타고 장군선하 의식을 밀어붙이고 이를 통해 실질적인 통치 대권을 장악하죠.

😀 막부 체제에서 무인 권력자는 왕과 조정의 역할을 문화, 전통의 계승자로 간주하여 일정한 권위를 부여하면서 정치적으로 이용해요. 무인이 흉내 내기 힘든 우아함과 격식을 이들에게서 찾아낸 거죠. 물론 자신들의 권력을 확고히 하기 위해서겠지만요. 역대 무인권력자 중 누구보다 문화에 심취한 이가 무로마치막부 3대 장군 아시카가 요시미쓰죠. 그는 한때 왕위에 오를까 하고 생각해봤을지 몰라요. 이후 들어선 에도막부는 금중병공가제법도禁中並公家諸法度로 왕과 공가의 역할을 강력히 견제하죠.

👩 우리 역사에서 보면 무인인 왕건과 이성계가 권력을 잡은 후 자신의 왕조를 세우잖아요. 중국과 서양 역사에서도 이러한 집권 양상을 많이 볼 수 있고요. 그런데 일본에는 그런 사례가 없거든요. 어떤 특별한 이유나 계기가 있는지요? 미나모토노 요리토모와 아시카가 요시미쓰를 예로 들어 설명하셨는데 그것이 다인가요?

😀 천황 호칭에서 한 가지 이유를 찾아볼 수 있을까요. 정사에선 쿠데타로 정권을 잡은 덴무(40대)가 이전의 '대왕'을 '천황'으로 바꾸었다고 기록해요. 중국의 황제에 대응하는 지위지만 종교적인 의

미가 담겨있고, 기존의 최고지도자인 왕을 넘어서는 각별한 의미가 부여된 호칭이죠. 또 덴무는 재임 중 실권을 쥐고 강력한 개혁 정치에 나서, 백촌강전투 패배 후 위기 상태에 있는 야마토 조정을 부활시키는 등 큰 일을 하죠. 이같은 덴무의 이미지가 후대인에게 천황을 신 같은 존재로 인상 지우는지 모르죠.

👩 　거명한 둘 외에도 여럿이 있지만, 모두가 이름뿐인 왕을 놔두고 신하의 지위에서 통치권을 행사하죠. 권력자 덴무의 이미지는 시간이 지나면서 퇴색하지만, 권위의 상징이자 제사장으로서의 덴무 이미지는 전통 속에 남아 있는 거죠. 각축 끝에 등장한 신 권력자는 왕위를 넘보기보다 스스로의 권력 기반 안정화에 급급한데, 이때 천황제 존속이 자신에게 득이라고 본 거겠죠. 덴무 이래 구축되어온 '천황은 권위의 상징으로 불가침'이라는 정신문화 유산이 불문율로서 후대의 권력자들을 구속해 왔는지 몰라요.

👩 　지금까지 들려주신 일본 왕의 실제 위상은 그동안 들어오던 것과 다소 거리감이 있네요. 제 머릿속에 들어있는 일왕의 이미지는, 메이지시대 이후 근대국가로 또 열강의 일원으로 발돋움하면서 청나라, 러시아를 상대로 전쟁을 벌여 승리한 국가의 최고지도자, 신격화된 존재로서의 일왕이거든요. 물론 태평양전쟁의 패배로 크게 바뀌었다고 들었지만요.

🎩 　많은 이들이 Erin처럼 생각할지 모르죠. 우리를 식민지배하

고 중국과 동남아 각국을 침략한 왕인 메이지_{무쓰히토}, 다이쇼_{요시히}_토, 쇼와_{히로히토}의 이미지가 강하겠지요. 아픈 역사의 기억이 생생한 지난 세기의 일이므로 그런 생각이 드는 것은 당연할 수 있죠. 메이지유신 후 부국강병과 식산흥업의 기치를 내걸고, 근대 중앙집권 국가의 기초를 닦아 열강의 일원이 된 이 시기는 모두 합쳐 80년이 조금 안돼요. 그렇지만 이 시기의 왕은 역사상 어느 때보다 강력한 권위와 권력을 지닌 신 같은 존재였지요.

🙎 에도막부 시절 바닥으로 떨어진 왕의 권위와 힘을 되찾아 준 것은 긴 에도시대 평화의 원동력인 유학이죠. 유학이 막부 장군을 왕자王者 아닌 패자霸者로 가르침으로써, 삿초동맹이 존왕론과 왕정복고론을 내세워요. 그런데 이같은 유학 사상의 뿌리는 15대 장군 출신지인 미토번 도쿠가와가문이죠. 도쿠가와 장군가를 앞장 서서 지켜야 할 장군이 존왕론 사상에 물든 거라고 볼 수 있어요. 또 왕정복고 후 왕제가 국가신도와 결합되면서 왕이 군국주의의 상징이 된 것은 일본과 주변국에게 좋은 일이 아니었지요.

🙎 이어서 정치 체제에 대해 여쭙겠습니다. 주요국의 역사를 배울 때, 서구 국가의 역사는 중세 봉건주의 체제를 거쳐 근대 민주주의 체제로 발전해 왔다고 들었습니다. 일본과 우리도 그러한 역사를 지니고 있는지요?

🙎 일본의 경우 서구와 같지는 않지만 큰 틀에서 비슷해요. 봉

건주의의 주된 특징은, 권력을 나누어 행사하는 분권으로 오늘날의 지방자치와 비슷하죠. 다만 서구 봉건주의의 완전 자치에 비하면 일본의 자치 수준은 다소 약해요. 일본에선 무사 영주가 통치하는 봉건주의 체제가 메이지유신으로 끝나고, 메이지 초기의 군주전제 체제와 중기 이후의 입헌군주 체제가 이어지죠. 패전 후에는 외형상 입헌군주 체제이지만 정당 주도 민주주의 체제로 바뀌어요. 주권이 왕으로부터 국민에게 돌아간 거죠.

일본사에는 영국, 프랑스에서 볼 수 있는 시민이 중심이 된 밑으로부터의 혁명이 없어요. 귀족과 무사 등에 의한 위로부터의 변혁으로 정치체제가 바뀌어 오다, 패전 후 서구형 민주주의 체제가 점령군에 의해 이식되죠. 우리는 일제강점기 전까지 군주전제 체제가 지속되어요. 물론 시대에 따라 군주의 전제 수준에 차이는 있어요. 해방 후 미국 주도로 서구형 민주주의 체제가 이식되죠. 그런데 식민사관론자 등은 봉건체제가 없는 정치체제 변천사를 이유로 한국사를 정체기가 긴 역사로 보기도 해요.

마지막으로 정치체제의 변혁이나 분수령이 되는 정권 교체 같은 국면의 대전환기에, 신권력자와 측근 세력에 의한 구체제나 구 정권 지배층 인사의 처리에서 양국 간의 차이가 있는지요? 그리고 이러한 대응상의 차이가 양국 역사의 품격에 영향을 미쳤다고 할 수 있을지 궁금합니다.

👩 　일반적으로 '인적 청산'이라고 하지요. 구시대 지배층 인사에 대한 응징 조치를 가리키는데요. 양국 간에 제법 차이가 있죠. 일본사를 돌아보면, 12세기 후반의 가마쿠라 막부 발족 후 새 막부나 지배체제가 들어설 때마다, 구체제 인사에 대한 인적 청산이 시도되어요. 20세기 중반의 태평양전쟁 패전 후에는, 연합국군 주도하에 일본 군국주의체제하의 전쟁 책임자 등에 대한 인적청산이 시도되었지요. 이같은 인적 청산은 신 시대 개막에 맞춘 질서체계 확립을 위해 필수 불가결한 것인지 모르죠.

🎩 　일본에 비해 우리의 인적 청산은 꽤 약해요. 조선 개국 후 고려의 공양왕과 측근 세력에 대한 인적 청산을 제외하면 눈에 띄는 게 없어요. 후삼국 시대를 마감지은 고려의 왕건은 신라의 경순왕과 측근 세력을 살려주고 이후 배려까지 하죠. 고려 무인집정도 일부를 제외하고 다수는 구 세력과 협치에 나서죠. 조선 지배층에 대한 인적 청산은 망국으로 때를 놓치지만 해방 후에도 안 되고 있어요. 반면 조선시대에는 국면의 대전환기도 아닌데 붕당 싸움으로 '~사화'라는 대규모 인적 청산이 이뤄져요.

👩 　설명을 들으면서 인적 청산이라는 역사상의 이슈에서도, 양국 간에 적지 않은 차이가 있다는 사실을 실감할 수 있겠습니다. 두 분이 말씀해주신 인적 청산에 대한 양국의 대응 차이가 역사의 품격에 미칠 이런 저런 영향에 대해서는, 후반부의 자습문제에서 생각해보도록 하겠습니다.

한 · 일의 왕과 정치체제

근대 이전 양국의 최고 지도자는 형식상으로 늘 왕이었다. 무인정
권기에도 실제 권력과 관계없이 제도상의 최상위 지위에는 왕이 자리
하고 있다. 이때의 왕은 권위의 상징일 뿐으로 정치권력을 거의 행사하
지 못한다. 여기서 무인정권기는 한반도 국가에서는 고려 중후반의 백
년, 일본에서는 헤이안시대 말기부터 에도시대에 이르는 칠백 년을 지
칭한다.

양국의 무인정권기에도 왕은 형식상 최고지도자

무인정권기가 긴 일본에서는, 상왕을 포함하여 왕이 무인과 공동
통치하거나 일시적으로 정치권력을 되찾은 때도 있다. 헤이안시대 말
기, 가마쿠라막부 말기와 무로마치막부 발족 무렵이 이에 해당한다. 그
렇지만 기간이 짧고 이후 역사에 미친 영향이 작아 통상 칠백 년간의
최고 지도자를 무인으로 간주한다.

무인정권기의 지도자는 법제상 왕의 신하로, 지위와 명칭은 태정대
신·장군·집권·관백·태합 등과 같이 시기에 따라 조금씩 다르다. 장군
지위에 있던 이들이 가장 많은데, 여기서 장군은 정이대장군을 줄인
말이다. 일부 문헌에서 장군을 '일본국왕'으로 표기했지만, 이는 일본
의 정치 질서를 이해하기 힘든 외국 관련 외교상의 조치로, 일본에서
공식적으로 통용되는 용어가 아니다. 양국에 장기간 존재했던 왕제를
세 가지 관점에서 비교해 본다. 왕과 왕제에 대한 역사적 인식, 왕위에

오르는 과정, 왕의 지위와 권한이 그것이다.

중국 영향 받은 우리, 왕은 강자가 차지하는 자리

첫째는 왕과 왕제에 대한 역사적 인식이다. 한반도 국가에서는 가장 강한 권력을 가진 자가 왕이 되어 군을 통솔하고 제사 등 종교 행사를 주관한다. 왕권의 계승은 형제, 부자, 부녀 등으로 일정하지 않지만 시간이 경과하면서 부자간 세습이 주류가 된다.

왕권의 범위와 계승을 포함한 왕제는 중국 대륙의 영향을 크게 받는다. 왕이 군주로서의 소임을 다하지 못하거나 신하들의 신임을 받지 못하면, 폐위되어 새 왕이 옹립되거나 왕조 자체가 망하고 새 왕조가 들어선다. 신하가 왕을 토벌하고 다른 성姓의 왕조를 세우는 역성혁명은 정치 명분이 확실할 때 옹호될 수 있다. 대륙권의 영향이 컸던 왕제는 훗날 이식된 법제인 율령제와 더불어 정치 지배체계의 근간을 이룬다.

일본의 역대 실권자, 왕위 탐내지 않아

일본의 왕은 초기부터 통합과 화합을 위한 권위의 상징이자 제례 의식의 주관자다. 군사력이 강한 자가 아닌 추대 받은 자가 왕위에 오른다. 고대 야마대국의 여왕인 히미코를 위시하여 역대 왕은 대부분 추대 받아 왕이 된다. 군사력을 토대로 왕이 된 이는 덴무(40대) 등 극소수다.

왕에 대한 인식이 이렇게 형성되다 보니, 일본을 지배하는 실권자들은 왕과 일정한 거리를 두어 충돌을 피하면서 정치적 실리를 추구한다. 상징적 존재인 왕이 전통적인 지위에서 제사 등 일정 역할을 하도록 하고, 자신은 신하의 지위에서 왕의 위임을 받아 정치권력자로서 치세하는 방식을 택한다. 외형적으로 보면 권력의 이중 구조, 삼중 구조처럼 보일 수 있다. 1200년대의 가마쿠라막부 이후 칠백 년이 이러한 권력구조를 보인 시기다. 왕은 군림하지만 통치하지 않는 정치권력 측면에서는 존재감이 거의 없었던 시기다.

권위 상징의 왕실 하나라야, 일본 사회의 암묵지暗默知?

다이라노 기요모리, 미나모토노 요리토모, 아시카가 요시미쓰, 오다 노부나가, 도요토미 히데요시, 도쿠가와 이에야스 등은 마음만 먹으면 왕실의 대를 끊고 스스로 왕위에 오를 수 있었던 무인들이다. 그런데 결과적으로 이들은 왕위를 탐내지 않았고 일본 왕실은 오랫동안 명맥을 유지한다.

메이지유신 후에는 신정부의 신도 국교화로, 왕은 신격화되어 이전 어느 시대보다 강한 권위와 권력을 지닌 신성불가침의 존재로 자리매김한다. 1945년 패전 후 일본국헌법 제정으로 상징 일왕으로 지위가 약화된다. 이후 왕이 인간 선언을 함으로써 국민들의 인식도 차츰 바뀐다. 하지만 일본인에게 왕은 여전히 신비스러운 힘을 지닌 존재이고 국민 통합의 상징이다. 이처럼 특유한 일본의 왕제는 국체國體로까지 인식된다.

왕위 계승, 지명·추대(일본) + 권력투쟁(우리)

둘째, 왕과 왕제에 대한 인식이 다르다 보니 왕위에 오르는 과정에서 차이를 보인다. 한반도에서는 삼국, 신라-발해, 고려, 조선시대까지 중앙집권의 왕정이 펼쳐져, 왕이 권력의 최정점에 있다. 역대 왕은 무력을 수반한 권력투쟁에서 이겨 왕조를 세우거나, 선왕의 지명이나 유력한 전 왕비·신하 등의 추대로 왕위를 세습한 이들이다. 다수는 선왕의 지명에 의한 왕조 내 세습이 주류지만, 권력투쟁 끝에 왕위에 오른 이들도 없지 않다. 또 반정에 따른 선왕의 폐위로 왕에 추대된 이들도 있다.

앞에서 서술했듯이 일본의 역대 왕 중에서 권력투쟁에서 승리하여 왕에 오른 이는 매우 적다. 조카 고분(39대)을 무력으로 제압하고 왕좌에 오른 덴무(40대) 정도다. '진신의 난'으로 알려진 이 사건은 신격화된 왕실의 치부를 드러낸 싸움이라는 이유로 1945년 이전 역사 교과서에는 거의 수록되지 않는다. 패전 전에 학창 시절을 보낸 세대의 대부분은 이 난이 있는지조차 모른다.

전투까지는 아니어도 후계 왕 선임 과정에서 유력 후보 간의 암투는 늘 있는 일이다. 부자(부녀, 모녀 포함) 간 왕위 승계가 정례화하기 전에는 더욱 그런 모습을 보인다. 덴지(38대)가 아들 고분에게 왕위를 넘기기 전에는 형제 간 승계가 관행으로 형제 간 암투는 일상적인 것이었다.

후계 왕 선임 시 일본의 권력투쟁이 한반도 국가에 비해 약한 배경에는, 앞에서 서술한 약체 왕권 외에 지토(41대) 이후 활성화된 상왕제도가 있다. 왕과 (복수의)상왕이 함께 재위하여 그나마 약한 왕권이 나

넘긴 기간이 꽤 길다. 125대의 일왕 계보에서 상왕은 54명이나 있다.

우리 왕은 권위·권력의 상징, 일본 왕은 권위의 상징

셋째는 왕의 지위와 권한에서도 양국은 적지 않은 차이를 보인다. 한반도 국가의 왕은 원칙적으로 권위와 권력을 모두 쥔다. 시대 상황에 따라, 권력을 행사하지 못하고 권위의 존재로만 처세하는 시기도 없지 않다. 권신에 의한 무인정권기, 붕당정치기의 유력 계파 신하들이 실질적인 권력을 행사하던 시기와 세도정치기 등이다. 물론 이러한 시기의 권력 행사 유형은 신하의 관계, 내외 정치 여건 등에 따라 다양하여 한 마디로 표현하기 힘들다.

권신과 유력 계파의 신하, 세도정치기의 유력 경화세족京華世族 등도 외형상, 왕의 재가를 받고 왕의 이름으로 시정을 펼치는 것이 일반적이다. 허수아비 같은 이도 있었지만, 한반도 국가의 왕은 제도적으로 권위와 권력의 주체로 이해될 수 있다.

이에 비해 일본의 왕은 권위의 상징이므로 의전 서열에서만 일본 최고의 우두머리였다. 왕이 권력의 주체로 인정되기 시작한 때는 아스카시대와 나라시대부터다. 이전에는 호족대표가 각 지역을 지배했기 때문에 옹립된 왕은 주요 호족 세력을 아우르는 포용력 있는 중재자요 상징적인 존재로 군림했다.

허약한 일왕은 오래 지속한 호족 국가 잔재?

아스카시대에는 대표들의 권한을 축소하고 왕의 권한을 강화하는 중앙집권화가 시도된다. 이 시대에 각지의 호족 중 상당수가 긴키 지역의 야마토 조정에 복속된다. 헤이안시대 중후반에 이르면, 다시 왕권이 약해지고 후지와라섭관가 등 유력 신하들의 발언권이 커진다. 이어지는 무인정권 칠백 년 사이에 왕은 허수아비 같은 존재로 전락하지만, 고시라카와(77대)나 고다이고(96대) 같은 왕은 정치권력자로서 일정 수준의 권력을 행사한다.

일본에서 왕과 왕제에 대한 관심이 높아진 때는 메이지유신 이후다. 이 시기 왕은 앞에 서술했듯이 신격화한 지존으로 유신 이전의 왕과는 비교할 수 없는 위대한 존재가 된다.

메이지시대부터 패전까지 77년, 사상 최강의 왕

일본에서 왕은 오랫동안 고귀한 윗분이라는 뜻을 담아 오카미御上로 불리면서 범접하기 힘든 권위의 주체로 이해된다. 그런데 메이지시대에는 주요 정책을 본인의 이름으로 결정하고 시행하는 등, 헌법상의 주권자이자 현실 권력의 최고 주체로서 위상이 완전히 달라진다. 패전 후 왕의 지위와 권력은 유신 이전 수준과 같거나 그보다 약한 수준이 된다.

지금까지 살펴보았듯이 일본 왕에 대한 인식은 역사적으로 한반도 국가의 왕과 크게 다르다. 무인정권기 전에도 다소간의 차이는 있었지만, 무인정권 이후 차이가 확대된다. 메이지유신 후 양국 왕제가 유사한 모습을 보이는 듯하지만 자세히 들여다보면 차이점이 적지 않다.

한반도는 일본에 병합되면서 왕제가 단절된 반면, 일본은 패전으로 왕제의 실체가 크게 달라지지만 외형상으로 왕제가 이어지고 있다.

2천 년대 왕제 인식 : 불필요(우리) vs 존속(일본)

왕제에 대한 오늘날의 양국 인식도 크게 다르다. 일본에서는 왕제 존속에 대한 긍정적 의견이 80% 이상인 데 비해, 한반도에서는 왕제의 필요성이나 부활에 대한 요구 내지 관련 인식이 아주 약하다. 현재에도 일본 왕은 '살아있는 친근한 오카미' 같은 존재로 이해되고, 국민 통합에 효소 같은 역할을 하며 추앙받고 있다. 그에 비해 한반도에서는 오백 년을 지속해 온 조선의 망국을 초래한 고종과 조선 왕실 관계자의 무능하고 책임감 없는 처신에 대한 원망과 비판이 여전히 크다. 이는 오늘날 한국인 다수가 왕제를 시대착오적인 구제도로 인식하는 것과 일맥상통한다.

우리, 왕제 폐지 77년 후 민주주의 급속 진전

궁금한 점은 역사가 오래된 왕제가 근대 이후 양국 민주주의의 도입과 발전 과정에서 어떤 정치체제로 변천하는가이다. 한국의 왕제는 일제강점기 이후 단절되고 일왕이 식민지 조선을 통치하는 주권자가 된다. 해방 후 미군 주도로 미국식 민주주의가 이식되지만 대통령이 왕처럼 처신하는 문제점이 지적되고 있다. 정부 수립(1948년 8월) 후 헌법에 따라 대통령 선거와 국회의원 선거가 주기적으로 시행되었지만, 선출된 대통령과 국회의원 다수가 한국의 민주주의 정착에 기여하지 못한다. 그러다가 1987년 6월 29일의 민주화 선언 후 신헌법 체제하에 대통령 직선제가 시행되면서 민주주의가 급속히 발전한다. 1910년의 국권 피탈로 왕제가 폐지된 지 77년이 지난 시점이다.

2016년 10월 이후 전개된 국민적 촛불시위의 여파로 국회와 헌법재판소 등 헌법기관이 2013년에 취임한 박근혜 대통령(18대)을 탄핵·파면한다. 이후 문재인 대통령이 민주적으로 선출되면서 한국의 민주주의가 성숙해가고 있음을 전 세계에 알린다. 우리의 현행 정치체제는 대통령제 민주주의 공화국 체제인데, 대통령에게 제왕적 권력을 허용하는 헌법을 개정하려는 움직임이 가시화하고 있다.

일본의 변칙적 민주주의, 군국주의로 변질

일본에선 메이지, 다이쇼, 쇼와시대로 이어지는 대일본제국 시절은 물론 패전 후에도 왕제가 지속한다. 1889년 제정된 대일본제국 헌법이 일왕주권을 천명하여 민주주의 원칙에 어긋나는 듯하지만, 선거로 뽑힌 국회의원 등이 정치를 주도하면서 현실 정치는 외형상 민주주의 방식으로 운영된다.

한편 일본 정부의 최종 의사결정 과정을 들여다보면, 패전 전의 정치체제를 권위주의 일왕전제로 규정하는 것이 올바른 접근이 아님을 확인할 수 있다. 하지만 15년 전쟁기에 왕의 통수권을 앞세운 군부가 정당 주도 내각 정치를 붕괴시키고 군부독재체제를 구축하여 군국주의 이념을 내세우는 등, 민주주의와 동떨어진 행동에 나선 것은 부정할 수 없다.

일본, 패전 후 상징 왕제 하 일본식 민주주의 체제로 진화

패전 후 일본은 연합국군사령부GHQ 맥아더 지휘 하에 자체 내각을 운영한다. 1945년 10월 시작한 헌법 개정 작업은, 시데하라 기주로 내각에서 1946년 2월 맥아더 초안, 3월 일본 정부안을 거쳐 헌법개정 초안이 마련된다. 이후 5월에 발족한 요시다 시게루 내각이 1946년 11월 일본국헌법을 제정, 공포한다. 상징 일왕과 주권재민이 명시되고 정치체제는 의원내각제 민주주의 입헌군주국 체제가 된다. 하지만 선출된 국회의원 다수가 보수 성향의 특정 정당(자민당) 소속으로 정권 교체가 거의 없는 등 서구식 민주주의로 발전, 정착하지 못하고 있다.

그 배경에는 왕의 전쟁책임 추궁, 왕제 폐지, 공정한 분배 강조, 약자 보호를 내세우는 좌파 정당에 대한 국민의 약한 지지와, 에도막부 멸망 후 지역 사회에 면면히 이어져 오는 영주-영민 의식 등의 봉건적 잔재가 있다. 선대가 훌륭한 정치인이라는 인식이 있으면, 후대 정치인이 설혹 그릇이 작고 흠결이 있더라도 그를 막부시대 영주인 '도노사마' 정도로 간주하고 2세, 3세 국회의원으로 밀어주는 분위기가 강하다.

마지막으로 정치체제의 변혁이나 분수령이 되는 정권교체 때, 구체제나 구 정권 인사에 대한 처리 방식에서 양국이 어떠한 차이를 보여주고 있는지를 살펴본다. 일본에선 이같은 정치 국면의 대전환기에 구 지배층 핵심부에 대한 인적 청산이 대부분 명확한 형태로 행해지는 반면, 한반도 국가에서는 일부 사례를 제외하고 인적 청산이 제대로 행해지지 않는다.

역사적 국면 대전환기의 인적 청산 : 우리(x) vs 일본(o)

일본에서는 12세기 후반의 가마쿠라 막부 개설 이후 무로마치 막부, 아즈치모모야마 시대, 도쿠가와 막부, 메이지 시대 개막과 태평양전쟁 패전 후로 이어지면서, 신권력자와 측근 세력에 의해 어김없이 구체제나 구시대 지배층 인사에 대한 전면적인(일부 부분적인) 인적 청산이 시도된다.[36) 배경에는 무인 중심 사회의 질서 체계 재정립 외에, 새 시대의 지배 질서 확립이라는 역사적 소명의식이 자리 잡고 있다.

한반도 국가에서는 고려 왕건이 보여준 신라 경순왕과 측근 세력에 대한 후대, 고려 무인집정 다수가 보여준 구 지배층 인사와의 협치, 망국을 초래한 조선 지배층과 그 자손 및 일제강점기의 친일파 세력에 대한 해방 후 대한민국의 미온적인 조치[37) 등에서 알 수 있듯이 인적 청산에 소극적이다. 조선 발족기에 행해진 고려 공양왕과 측근 세력의 처분이 역사적 청산의 두드러진 사례일지 모른다. 조선시대 전반기에 자주 행해진 대규모 인적 청산인 사화의 경우[38), 정치체제의 변혁 등 역사적 국면 대전환과는 거리가 먼 붕당 싸움의 성격이 강하다.

왕제 등 두 나라 정치체제에 대해 알찬 내용을 학습했다는 생각이 듭니다. 그동안 다른 점이 없지 않다고 생각해 왔지만 내용을 파악하고 보니 꽤 다르군요. 오래전의 얘기인데요. 백제와 일본의 고대 왕실이 한 가족처럼 지내던 시절이 있었다면서요. 한국과 관계가 양호하던 시기에 일왕 아키히토가 자신의 가계에도 백제계 조상의 피가 흐른다는 얘기를 한 것 같은데요.

재미있는 소재를 들고 오네요. 칼럼의 해설에서 다루지 않은 내용인데요. Erin의 말처럼 고대에는 백제 왕실과 일본 왕실이 인척관계에 있었지요. 백제 왕족이 일본에서 살다 돌아와 백제 왕이 된 사례가 있는가 하면, 백제 왕족의 후예가 일왕의 비가 되고 나중에 일왕의 친모가 된 적도 있으니까요. 400년대 초반부터 600년대 중반까지, 백제와 일본의 야마토 조정은 혈연으로 끈끈이 맺어진 관계에 있었지요. 사실 이 시기의 백제와 일본 왕조 관계에 대해서는 연구자들 사이에도 이견이 많습니다.

할아버지 얘기를 보충 설명해 보죠. 일본에서 살다 돌아와 백제왕에 오른 이는 동성왕(24대)이고, 50대 간무의 친모는 백제 무령왕(25대)의 후손인 다카노노 니이가사죠. 그녀는 덴지(38대)의 손자인 고닌(49대)의 비가 되어요. 아키히토(125대)가 얘기한 사람이 다카노노 니이가사인데, 그녀의 아들 간무가 이후 세대에 미친 영향이 보통이 아니죠. 그의 후손들이 왕실의 계보를 잇는 것은 물론이고, 왕족에서 신하로 내려와 유력 무사가문인 겐씨와 헤이씨의 통령統領으로 무인정권 시대의 리더가 되기도 하죠.

👩 아키히토가 왜 한국과의 관계를 언급했을까요? 지도층 인사를 포함하여 일본인들은 자신들의 조상이 한반도 국가와 연계되어 있다는 사실을 알면서도, 이에 대한 말을 자제하는 경향이 있다고 들었던 것 같은데요. 더구나 중국이 부상하고 한중 관계가 긴밀해지면서 한일 관계가 예전만 못하잖아요.

👨 2002년 한일 월드컵 개최를 앞둔 시점인 2001년 12월 18일 왕거 샷쿄노마石橋の間에서 행해진 기자회견에서 나온 말이죠. 한일 교류 활성화, 역사와 지리적으로 가까운 한국에 대한 관심과 생각 등을 묻는 질문에 답한 내용이죠. 그 무렵에는 위안부 문제가 진정 국면이고 독도도 문제로 부각되기 전으로, 일본 유학생 이수현의 살신성인적 행동(2001.1)으로 친한 감정이 일었어요. 아키히토 스스로도 한국에 대해 관심이 높은 것으로 알려져 있죠. 재위 중 기회를 만들어 방한하려고 노력하지만 실현되지 않죠.

👩 아키히토는 아버지 히로히토가 침략전쟁 시의 왕으로, 한국을 포함하여 아시아 여러 나라에 큰 피해를 끼친 사실을 잘 알고 있죠. 그래서 왕위에 오른 다음 구 일본제국주의의 피해를 입은 지역을 방문하여 사과나 유감의 메시지를 전해요. 말레이시아·인도네시아(1991년)·중국(1992년)·미국(1994년, 2009년)·싱가포르(2006년)·필리핀(2016년) 등이 대상국이죠. 남은 곳은 한국·호주·대만 정도이므로

우리나라를 찾아 한국인에게 사과하는 말을 하고 싶었겠지요.

👩 태평양 전쟁의 전범 이미지가 강한 아버지 히로히토와 여러 모로 다른 모습을 보여주는 아키히토네요. 히로히토도 우리가 가진 이미지와 달리 법적으로는 전범으로 처벌받지 않았어요. 패전 후 히로히토와 그의 아들 아키히토는, 일본이 일으킨 침략전쟁에 대해 솔직히 사과하고 반성하는 모습을 보였나요? 이 부분이 늘 궁금해요.

🧔 두 사람 모두 국가를 대표하여 솔직하게 사과하고 반성하는 모습을 보여주진 못했어요. 개인 차원에서 마음속으로 그러한 생각을 가지고 있었을지 모르지만, 이를 문서 형태로 남기는 것은 쉽지 않겠죠. 1946년 11월 시행된 일본국 헌법에서 왕의 위상이 상징 일왕으로 규정되면서, 정치 행위로 이해될 수 있는 발언과 행동을 할 수 없게 되었어요. 또 직설적인 표현보다 애매한 단어를 사용하여 에둘러 속마음을 전하는 일본인의 전통적인 언어문화 습관의 영향도 없지 않겠지요.

👩‍🦱 히로히토는 전두환 전 대통령이 방문한 1984년 9월 6일의 만찬 자리에서, "금세기 한때 양국 간에 불행한 과거가 있는데 이는 참으로 유감으로 다시 반복돼서는 안 된다고 생각합니다"라고 얘기한 바 있어요. 또 6년이 안된 1990년 5월 24일 노태우 전 대통령을 초대한 만찬 자리에서, 아키히토는 히로히토의 말을 되풀이한 다음

"우리나라로 인해 생긴 그 불행한 시기에 한국인들이 당했던 고통을 고려할 때 나는 애달픈 생각痛惜の念을 금할 수 없습니다"라고 말하죠. 두 사람의 말은 거기서 거기예요.

👩 정치권력이 없는 왕이라고 하지만 우리나라에서는 왕의 발언에 주목하는가 보죠. 제가 듣기로는, 왕 말고도 역대 총리나 관방장관 등 비중 있는 정치가들도 식민 지배와 그때의 악행에 대해 사과했다고 하던데요. 그들은 어떤 얘기를 했나요? 이들의 얘기는 왜 덜 주목받는 것일까요?

🎩 상징적 존재지만 일왕은 외교 의전 상 여전히 국가원수지요. 특히 히로히토는 식민 지배 시절의 절대권력자로서 책임과 무게감이 달라요. 역대 총리와 수석 장관격인 관방장관이 과거사 청산과 관련하여 얘기해 왔는데, 톤이 조금씩 달라요. 이전의 사과, 반성의 발언을 훗날의 총리나 관방장관이 부정하거나 약화시키는 사례도 없지 않았죠. 그렇다 보니 이들의 발언이 진정성이 담긴 것인지 의심받게 되고 지속적인 사과 발언 요구로 이어지죠. 일본 측에선 무리한 요구라면서 받아들이려 하지 않지요.

👩 첫 기록은 한일회담의 끝 무렵인 1965년 2월 서울을 찾은 외무장관 시이나 에쓰사부로의 발언입니다. "이동원 외무장관의 발언에 유의하면서 과거 관계는 유감으로 깊이 반성한다"는 거죠. 이후 스즈키 젠코 총리, 미야자와 기이치 관방장관, 나카소네 야스

히로 총리, 고노 요헤이 관방장관[39], 무라야마 도미이치 총리[40], 오부치 게이조 총리, 고이즈미 준이치로 총리, 간 나오토 총리 등의 발언이 있어요. 그런데 사과 수준이 높지 않은 선에서 같은 말을 되풀이하여 주목도가 떨어지죠.

👧 국가간 외교 수사의 영역이라 그런지 모르겠지만 쉽게 이해하기 힘드네요. 20세기 전반의 식민지 지배와 침략 전쟁에 대해, 앞으로 일본의 왕·총리·장관 등 유력 인사의 발언이 어떻게 나올지 궁금합니다. 독일의 아데나워·브란트·메르켈 총리 등이 피해국가와 희생자들에게 보여준 것 같은, 명확하고 분명한 사과 발언과 이를 입증하는 진정한 사후 대응 자세가 중요하지 않을까 싶습니다.

👧 후반부에 나오는 정치체제 변혁 등 역사적인 국면 대전환기의 인적 청산에 대한 이야기로 질문을 매듭 짓고자 합니다. 좌파 성향의 새 정권이 들어선 후, 인적 청산은 적폐 청산과 더불어 지속적으로 세간의 화두가 되어 있는데요. 물론 지금뿐 아니라 국면이 크게 달라지는 정권 교체기에는 언제 어디서나 나올 법한 얘기같기도 합니다. 역사적 관점에서 우리가 직면해 있는 인적 청산을 포함한 적폐 청산의 문제를 어떻게 볼 수 있을까요?

🎩 우리 역사에는 신권력이 엄히 대응해야 할 때인 왕조 교체나 시대적 대전환기에 유화적으로 대응한 사례가 적지 않아요. 구 신라와 조선 왕족의 처분이 대표적이죠. 이화위귀以和爲貴는 싸움보

다 대화와 타협으로 해결할 것을 강조하는 『일본서기』(17조 헌법의 1조)의 서술로 널리 인용되죠. 지금은 쇼토쿠 아닌 『일본서기』 편자가 중국 문헌 등을 보고 창작한 얘기로 알려져 있죠. 정치 상황에는 이화위귀와 그렇지 않을 국면이 있는데, 이화위귀 국면에 칼을 들이대어 많은 이의 목숨을 앗아간 사례가 조선의 사화지요.

🧑 조선의 사화는 훗날 재평가를 통해 잘못된 것으로 드러나 사건 관계자들의 입지가 역전되죠. 망국에 책임에 큰 구 조선 왕족과 친일파, 해방 후 정권의 유력자로 악정과 폐단에 책임이 큰 이들에게, 이화위귀로 대응하는 것은 옳은 접근이 아니겠죠. 시간이 지났지만 명예처벌과 재산몰수 등 다양한 응징 방안이 모색될 수 있겠죠. 과거사 정리를 포함하여 스스로의 역사를 바로 세우고, 이를 가르치지 못하는 민족과 국가에 밝은 미래가 있을까요? 적폐 청산, 만시지탄의 감이 있지만 더 이상 미룰 수 없겠죠.

함께 생각해봅시다

1. 왕(혹은 여왕)이 양국 역사의 품격에 어떤 영향을 미칠까요?

2. 역대 왕 중 어느 왕이 양국 역사의 품격에 가장 큰 영향(마이너스 포함)을 미칠까요? 왜 그렇게 생각하나요?

3. 왕제를 포함한 정치체제가 양국 역사의 품격에 어떤 영향을 미칠까요?

4. 왕제를 포함한 역대 정치체제 중 어떤 체제가 양국 역사의 품격에 가장 큰 영향(마이너스 포함)을 미칠까요? 왜 그렇게 생각하나요?

5. 새 시대 개막이나 정치 국면의 대전환기에, 구시대나 구체제 지배세력에 대한 인적 청산의 유무 내지 그 방식이, 양국 역사의 품격에 영향을 미칠까요?

6. 양국의 왕과 정치체제의 역사에서 아래 '싱격의 역사' 유형에 해당하는 시대나 장면을 찾아볼 수 있을까요? 유형은 중복될 수 있습니다.

유형I: 잘못된 정치·정책으로 역사적 비극과 대실패 초래(역사 암전·퇴보)

유형II: 역사적 사실에 대한 조사, 기록, 교육이 없거나 약함(역사 누락)

유형III: 역사적 사실의 미화 분식과 조작(역사 왜곡)

3부
—

한국인이
기억해둘
일본인 70인

👧 　지금까지의 학습과정에서 나온 일본인은 수백 명에 이르는 것 같습니다. 일본인 외에 한국인과 중국인, 서양인까지를 포함하면 천여 명에 이를지도 모르겠습니다. 그런데 이들 중 어느 정도를 기억해두어야 할까요? 국내 역사 인물 중 제가 기억하고 있는 이들은 그렇게 많지 않은 것 같거든요. 많이 잡아서 오십 명 정도 되려나요. 일본의 역사를 공부하면서 한국인들이 기억해둘 만한 일본인은 어떤 이들일까요?

👨 　앞에서 나온 인물들을 모두 기억할 수 있다면 좋겠지만 쉬운 일이 아니지요. 또 딱히 모두를 기억할 필요성도 약해 보입니다. 기억해 둘 인물은 일본의 역사에서 큰 업적을 남긴 정치지도자나 군인, 관료, 문화인, 그리고 한일관계에 두드러진 족적을 남긴 인물 정도가 아닐까요. 대학의 교양 일본사 과정을 마친 수강생도 평균 20, 30명 정도를 기억하는 것이 고작이므로, 칼럼에 등장하는

70인을 확실히 알고 있다면 평균 이상이라고 할 수 있겠지요.

👩 일본사 교과서는 수준에 따라 등장인물의 수가 달라요. 교양 일본사 수준인 중학 과정에선 5백에서 7백 명 정도지만, 고교 과정이 되면 훌쩍 늘어나 2천 명이 넘지요. 이에 비하면 칼럼에 소개된 70인은 극히 일부에 불과해요. 하지만 일본사에 큰 발자취를 남겨놓은 인물이 대부분 망라되어 있고, 한반도와 이런 저런 일로 연관성이 높은 이들이 다수 포함되어 있어 한국인이 기억해 둘 일본인으로선 적합하다는 생각이 듭니다. 물론 표준적인 일본인의 시각에서 보면 다소 치우친 선정 결과이겠지요.

👩 칼럼에 소개된 이들을 선정한 기준이 있는지요? 그리고 직업·지위와 시대별로 구분할 경우 이들의 분포는 어떻게 되나요? 일본인의 시각으로 같은 수의 역사적 인물을 선정한다면 어떤 부분이 많이 달라질까요?

🕵 선정 기준은 다음의 세 가지입니다. 문인, 무인 구별 없이 시대별로 활약하여 일본사에 큰 역사적 업적을 남긴 최고지도자, 이들의 측근으로 큰 업적을 남긴 이, 국가 간 교류나 지원 등의 플러스 측면 혹은 침략 전쟁이나 식민 지배 등의 마이너스 측면에서 한반도와 연관이 깊은 이들이지요. 70인을 직업과 지위로 나눠보면 문인 최고지도자 23, 무인 최고지도자 23, 귀족·관료·의원 15, 무인 6, 문화인 3 인이네요. 시대별로는 중세 이전 20, 근세 15, 근대

25, 현대(패전 후) 10인이네요.

👩 일본인이 자국의 역사 인물 70인을 뽑는다면 꽤 다른 결과가 얻어지지 않을까요. 한반도 연관으로 선정된 인물이 대거 빠지겠죠. 아스카 시대의 지도자, 임진·정유 전쟁기에 활약한 무장, 조선총독, 위안부에의 일본군 관여 인정 및 식민 지배 사과 관련 정치인, 한일협정 체결 관련 정치인, 군국주의 노선 및 태평양전쟁 개전 책임자 등이 그런 이들이죠. 일본사에서는 임진·정유 전쟁을 실패한 전쟁이나 역사적 의의가 약한 원정으로 간주하여 다루지 않거나 가볍게 다루는 경향이 없지 않아요.

👩 선정된 인물 중 다수는 정치·군사·학문·인권 등의 분야에서 활약한 이들인 것 같습니다. 각 분야에서 크게 활약한 이들이라면 일본사를 빛낸 위인들이겠지요. 교과서에 이름과 업적이 올라간 이들도 많겠고요. 물론 한국인의 관점에서 선정한 이들이 다수 포함되어 있으므로 위의 틀안에 들어가지 않는 이들도 일정 수 포함되어 있겠지만요. 70인을 일본사의 품격과 연결지어 생각할 때 어떤 얘기를 할 수 있을는지요?

👨 위인이라고 지칭할 수 있는 이들은 일본사의 품격을 높인 이로 분류되겠지만 그렇지 않은 이들도 있을 것 같습니다. 가령 태평양전쟁의 발발에 책임이 있는 마쓰오카 요스케, 고노에 후미마로, 도조 히데키, 쇼와 그리고 20세기 전반의 군국주의 노선 채택

에 책임이 큰 야마가타 아리토모, 가쓰라 다로, 데라우치 마사타케 등이지요. 패전 후에도 오랫동안 왕으로 재위하여 평가가 엇갈리는 쇼와를 예외로 하면, 거론된 이들이 일본사의 품격을 높인 위인으로 논의되는 사례는 당분간 없을 듯합니다.

할아버지가 거론한 이들이 일본사에서 차지하는 역할은 작지 않지요. 20세기 전반, 일본의 국가 노선을 좌지우지한 핵심 인물들이기 때문이죠. 지금은 태평양전쟁 패전 후 백년이 경과하지 않아 이들에 대한 평가가 좋을 수 없지요. 하지만 훗날 동아시아 지역의 정치, 군사 정세의 변화로 일본의 위상이나 정책 노선이 달라지면 이들에 대한 재평가가 이루어지고 일부가 위인 반열에 오르는 일이 발생할 지 모르지요. 아시카가 다카우지, 도요토미 히데요시 등도 시대에 따라 평가가 달라진 인물이죠.

선정된 인물 중에는 학문과 인권 분야에서 활약한 이도 포함되어 있지만 소수인 것 같습니다. 그런데 한 나라 역사의 품격을 높인 위인들 중에는 발명가나 탐험가, 과학자 등의 문화인이 적지 않을 듯합니다. 이 문제는 어떻게 이해해야 할까요?

위인 중에는 정치가·군인 외에 발명가·모험가·과학자·소설가·시인·사상가·작곡가·화가·조각가·배우·지리전문가 등 각 분야 문화인이 있죠. 이들은 대부분 역사의 수레바퀴를 앞으로 돌린 이들로서, 동 시대는 물론 후대에도 자국인이나 세계인으로부터 높은 평가를 받아요. 70인에 문화인이 적은 것은, 소수를 뽑아야 하는 제약 외에 문화인과 달리 정치가·군인 중에는 역사의 수레바퀴를 거꾸로 돌린 이가 적지 않고, 우리 입장에선 이러한 이들에 대한 역사적 이해가 중요하다는 판단이 있기 때문이죠.

👩 　시각에 따라 다를 수 있지만 역사 인물 중에는 반면교사같은 이들이 적지 않지요. 역사적으로 일본 및 일본인과 요소 요소에서 이해가 얽혀 있는 한국인의 입장에서, 이러한 이들을 찾아내 기억해 둘 일본인으로 구분해 놓은 것은 어쩌면 당연한 처사일지 몰라요. 또 이런 인물을 역사의 품격과 연관지어 얘기할 때는, 일본 외에 한국의 시점까지 고려해야 할지 모르죠. 문화인과 달리 정치가·군인 중에 그러한 이들이 제법 되어요. 물론 세계관이나 철학, 역사관에 따라 꽤 다른 주장이 전개될 수도 있겠죠.

👧 　70인의 선정 배경과 인물들의 분포, 선정된 인물과 역사의 품격 논의의 연관성, 정치가·군인 등이 상대적으로 많은 이유 등에 대해 잘 이해했습니다. 이제 70인에 대해 살펴보겠습니다. 칼럼에 소개된 내용 외에 〈표〉에는 70인에 대한 몇 가지 추가적인 사항이 정리되어 있는데요. 어떤 내용인지 설명해 주시면 고맙겠습니다.

🎩 　〈표〉는 70인을 다음의 여덟 가지 기준에 따라 분류하고 있어요. 친한/반한, 문인/무인, 한반도 이해관계의 대소, 침략자 여부, 최고지도자 여부, 일본 내 인기, 일본사 내 족적, 일본사의 품

격에 미친 영향입니다. 70인은 시대순으로 제시되고 있는데, 에도 막부 말기 이후 패전까지인 근대가 25인으로 가장 많습니다. 〈표〉는 할아버지와 엄마가 여러 사람의 의견을 들어 종합한 내용인데 반박받을 소지가 많을 것 같네요. 인물에 따라 이분법이나 삼분법적 대응이 힘든 사례가 많을 것이기 때문이죠. 평가표는 '참고자료일 뿐'인 것 같습니다.

👩 이같은 비판 우려에도 불구하고 〈표〉를 제시하는 것은, 해당 인물에 대한 한국인 독자의 직감적인 이해를 돕기 위한 것입니다. 제시된 평가를 자신이 내린 평가와 비추어 보면서 해당 인물에 대해 이해를 심화해 나가는 것이 바람직한 〈표〉 이용법이 아닐까요. 특히 일본사의 품격에 미친 영향에 대한 평가는, 다른 어떤 항목보다 예시 차원의 시도로 이해해야 할 것 같습니다. 기본적으로 이 책에서는 특정 인물이나 역사적 사안을 역사의 품격과 연관지어 논의하는 것은 자습과제로 돌리고 있습니다.

👧 친한/반한, 일본 내 인기와 일본사 내 족적에 대해서도 여러 가지 지적이 나올 수 있을 것 같은데요. 이에 대해서는 어떻게 답변하실 수 있을는지요?

🎩 좋은 지적이네요. 친한파다 반한파다 명확히 얘기하기 힘든 이들이 적지 않지요. 어떤 때는 친한파처럼 다른 때는 반한파처럼 처신하는 이들이 제법 되죠. 반대인 경우도 있고요. 인기는 조사

시점의 시대 상황 등 여건에 따라 큰 폭으로 바뀔 수 있어요. 일본 사내 족적도 어떤 분야에 무게를 두느냐에 따라 평가가 달라질 수 있겠죠. 또 평가자의 세계관과 역사관 등에 따라서도 꽤 다른 판단이 나올 수 있어요. 이같은 허점이 있다는 점을 사전에 알고 〈표〉를 보는 것이 필요하겠습니다.

🧑 양해를 구한다는 할아버지와 엄마의 언급에도 불구하고 논란이 적지 않을 듯싶네요. 엄마도 참여하였지만 평가 결과에 전폭적으로 공감하는 것은 아니에요. 큰 틀에서 이해를 같이 한다는 점에서 이 곳에 소개하는 거죠. 정리하면 〈표〉의 평가는 주관적인 판단이 적지 않게 반영된 것일 수 있다는 사실을 감안하고, 제시된 내용을 스스로의 평가와 비교하면서 생각을 정리해보는 기회로 삼으면 좋겠습니다.

👩 70인에 대한 평가와 해석시의 유의점에 대한 설명, 잘 들었습니다. 이를 기초지식으로 하여 70인에 대한 이해를 높이고 나아가 전원을 기억할 수 있도록 노력하겠습니다.

〈표〉 한국인이 기억해둘 일본인 70인

	일본어읽기 이름	한자읽기 이름	친한/반한	문인/무인	한반도 이해	침략자	최고지도자	일본 내 인기	일본 사내 족적	일본 사 품격
1	소가노 이나메	소아도목	친백	문인	중		○	저	소	
2	소가노 우마코	소아마자	친백	문인	대		○	저	대	
3	소가노 에미시	소아하이	친백	문인	대		○	저	소	
4	소가노 이루카	소아입록	친백	문인	대		○	저	소	
5	쇼토쿠타이시	성덕태자	친백	문인	대		○	최고	특대	◎?
6	덴지	천지	친백	문인	특대		○	중	대	△
7	덴무	천무	친신	문인	대		○	중	대	△
8	후지와라노 가마타리	등원겸족	친백	문인	소		△	저	중	
9	후지와라노 후히토	등원불비등	반한	문인	소			저	중	▼
10	간무	환무	친한	문인	대			중	중	△
11	후지와라노 요시후사	등원양방		문인	소		○	저	중	
12	후지와라노 미치나가	등원도장		문인	소		○	저	중	
13	다이라노 기요모리	평청성		무인	중		○	고	대	○
14	미나모토노 요리토모	원뢰조		무인	소		○	중	특대	△
15	호조 도키마사	북조시정		무인	소		○	저	중	
16	호조 요시토키	북조의시		무인	소		○	저	중	
17	호조 야스토키	북조태시		무인	소		○	저	중	
18	호조 도키무네	북조시종	반한	무인	특대		○	중	대	△
19	아시카가 다카우지	족리존씨		무인	소		○	저	중	
20	아시카가 요시미쓰	죽리의만	친한	무인	중		○	저	중	
21	오다 노부나가	직전신장	반한	무인	소		○	최고	대	○
22	도요토미 히데요시	풍신수길	반한	무인	특대	○	○	최고	특대	
23	도쿠가와 이에야스	덕천가강	친한	무인	특대		○	최고	특대	◎
24	이시다 미쓰나리	석전삼성	반한	무인	대	○	×	중	중	
25	가토 기요마사	가등청정	반한	무인	대	○	×	중	중	
26	후쿠시마 마사노리	복도정칙	반한	무인	대	○	×	저	소	
27	구로다 나가마사	흑전장정	반한	무인	대	○	×	중	소	
28	고니시 유키나가	소서행장	친한	무인	대	○	×	저	소	
29	후지와라 세이카	등원성와	친한	문인	대		×	저	중	
30	도쿠가와 이에미쓰	덕천가광	친한	무인	중		○	중	중	
31	도쿠가와 요시무네	덕천길종	친한	무인	중		○	중	대	△

32	도쿠가와 이에나리	덕천가(제)	친한	무인	중		○	저	저	
33	마쓰다이라 사다노부	(송)평정신	친한	무인	중		△	중	중	
34	미즈노 다다쿠니	(수)야충방	친한	무인	중		△	저	저	
35	아베 마사히로	(아)부정홍	친한	무인	중		△	저	중	
36	오무라 마스지로	(대)촌익차랑		무인	대	△	×	중	대	△
37	오쿠보 도시미치	(대)구보이통		무인	대		△	중	대	○
38	사이고 다카모리	(서)향융성	반한	무인	대	△	△	최고	대	○
39	기도 다카요시	(목)호효윤		무인	대		△	중	중	△
40	사카모토 료마	(판)본용마	반한	무인	중		×	최고	대	
41	이와쿠라 도모미	(암)창구시		문인	대		△	저	중	
42	이토 히로부미	(이)등박문	반한	문인	특대	○		중	특대	○
43	야마가타 아리토모	(산)현유붕	반한	무인	대	△		중	대	▼
44	가쓰라 다로	(계)태랑	반한	무인	특대	○		저	대	▼
45	후쿠자와 유키치	(복)택유길	반한	문인	중		×	고	대	○
46	구로다 기요타카	(흑)전청융	반한	무인	대	△		저	소	
47	고무라 주타로	(소)촌수태랑	반한	문인	대	○	△	저	중	
48	데라우치 마사타케	(사)내정의	반한	무인	대	○	△	저	중	▼
49	사이토 마코토	(제)등실	반한	무인	대	○	△	저	소	
50	후세 다쓰지	(포)시진치	친한	문인	대		×	저	소	
51	야마모토 곤베	(산)본권병위	반한	무인	중		○	저	소	
52	고토 신페이	(후)등신평	반한	문인	중		△	중	중	
53	미나미 지로	(남)차랑	반한	무인	대	○		저	소	
54	아베 노부유키	(아)부신행	반한	무인	대	○		저	소	
55	나가타 데쓰잔	(영)전철산	반한	무인	중		○	소	중	▼
56	사이토 다카오	(제)등융부		문인	중		×	저	소	△
57	고노에 후미마로	근위(문)마	반한	문인	대		○	저	대	●
58	마쓰오카 요스케	(송)강양우	반한	문인	대		△	저	대	●
59	도조 히데키	(동)조영기	반한	무인	특대		○	중	대	●
60	쇼와	(소)화	반한	문인	특대	○		중	특대	▼
61	요시다 시게루	(길)전무	반한	문인	대		○	고	대	○
62	기시 노부스케	(안)신개	반한	문인	중		○	저	소	
63	이케다 하야토	(지)전용인	친한	문인	대		○	중	중	
64	사토 에이사쿠	(좌)등영작	친한	문인	대		○	고	중	△
65	다나카 가쿠에이	(전)중각영	친한	문인	중		○	최고	중	○
66	나카소네 야스히로	(중)증근강홍	친한	문인	중		○	저	중	
67	고노 요헤이	(하)야양평	친한	문인	대		△	저	소	
68	무라야마 도미이치	(촌)산부시	친한	문인	대		○	저	소	
69	고이즈미 준이치로	(소)천순일랑	반한	문인	중		○	중	중	
70	아베 신조	(안)배진삼	반한	문인	중		○	중	중	

주 : 위 구분은 참고자료의 하나로 보는 것이 타당할 것임. 특히 일본사 품격의 경우 예시 차원에서 제시한 것임. 제고 ← ◎ ○ △ ▼ ● → 저하

한국인이 기억해둘 일본인 70인

인물명을 기억하는 것은 역사 이해의 첫 관문이다. 역사의 내용을 이해하면 되지 등장 인물의 이름을 외우는 것이 무슨 의미가 있느냐고 반문할지 모르겠다. 하지만 인물명을 거론하지 않고 역사를 서술하거나 논의할 수 있을까? 친구, 친지 등과 일본의 역사를 얘기할 때, 몇 사람의 이름을 거론하며 얘기하는 것과 그렇지 않은 것은 상황 전개에 대한 설명이나 설득력 면에서 큰 차이가 있을 것이다.

인물명 기억이 역사 이해의 첫 관문

문제는 이같은 말을 듣고 고개를 끄덕이더라도, 실제로 다수의 일본인 이름을 기억하는 것이 쉬운 일이 아니라는 것이다. 그래서 이하에서는 일본의 역사 인물 70인을 기억할 수 있는 한 가지 요령을 소개한다. 이 방식으로 수강생들의 기억력을 테스트해 본 결과는 놀랍다. 열 명 중 여덟 명 정도가 40인 이상, 그리고 다섯 명 즉 절반 정도는 70인을 모두 기억해 낸다. 정말일까 하고 생각하는 독자도 있겠지만, 아래의 설명을 읽고 스스로 테스트해 보길 바란다.

한 가지 양해를 구할 일이 있다. 여기에서는 일본인의 이름을 한자 읽기(한자의 한글읽기) 방식으로 표기한다. 가령 도요토미 히데요시를 풍신수길, 이토 히로부미를 이등박문과 같이 적는 것이다. 과거 국내에서는 이같은 표기방식이 일반적인 때가 있었다.

하지만 지금은 현지 발음대로 쓰는 일본어읽기(일본어 요미가나의 한글읽기)로 바뀌었다. 그래서 이 책도 그러한 기준에 따라 편집되어 있다. 그런데 여기 '한국인이 기억해둘 일본인 70인' 항목에서 굳이 과거 표기 방식을 들고 나온 데는 이유가 있다. 이름을 기억하는 데 이 방식이 유리하다고 보기 때문이다.

한자이름으로 인물명 기억

다소 번거롭지만 한자읽기로 먼저 기억해 낸 다음 일본어읽기를 연상해 나가면, 양쪽을 모두 알게 되는 일석이조의 학습 효과를 거둘 수 있을 것이다. 분명한 것은 시간이 지날수록 '일본어읽기' 이름은 길어서 기억하기 힘들어지는 데 비해, '한자읽기' 이름은 짧아 꽤 오래도록 기억할 수 있다는 사실이다. 사람에 따라 편차가 있어 일반화하기 힘들겠지만, 긴 이름보다 짧은 이름을 쉽게 또 오래도록 기억할 수 있다는 것에는 별도 설명이 필요 없을 것이다.

스토리를 통해 인물명 유추

70인을 외우는 한 가지 요령은 스토리를 기억하여 해당 인물명을 유추해 내는 것이다. 가령 다음과 같은 스토리를 생각해보자.

평원국 중하촌 마을은 좌전거리와 풍부한 물로 유명한 곳인데 리더 부재로 위기다. 사절로 뽑힌 정의태종족의 '직풍덕'이 석가복(승복)차림에 검은 소 등에 올라타고, 가뭄으로 고민이 큰 평원국 나라님인 '광종제'를 찾아가 자문역인 '소성'을 파견하도록 요청한다. 이때 직풍덕은 광종제에게 송수를 약속하는데 나중에 선행을 베푼 사실까지 알려진 다. 나라님을 찾아가던 도중, 태어난 이래 굶주림에 허덕이던 남자 어린이를 발견하고, 중하촌 암이산계에 자라는 복흑소 고기를 말린 사제포로 쑨 죽을 목판에 담아 먹인 것이다. 이 사실을 뒤늦게 전해들은 '광종제'가 부르르 떨면서 감동하여, '소성' 파견을 허락하면서 중하촌이 안정을 되찾는다. 이상의 스토리를 머리에 넣고 다음과 같이 암기하여 기억토록 한다.

소성(이) 천지무등(하여, 비할 데 없어) 불환양도(라, 바꿔주거나 넘겨주지 않더라) 평원 정의태종족의 직풍덕(이) 석가복(을 입고) 흑소등(에 올라 타) 광종제(를 찾아가) 송수(를 약속하니) 아대대서(아돼… 됐어 한다. 방문길에) 목판(에) 암이산계 복흑소(로 만든) 사제포(로 쑨 죽을 담아) 산후(굶주리고 있던) 남아(에게 주었더라) 영제(영민한 광종제가) 문(이 사실을 전해듣고) 송동(하니, 황송해하니) 소길안지(라, 약간 조짐이 좋고 안심되는지라) 좌전(거리) 중하촌(에) 소안(이 찾아오더라)

70인은 어떤 사람?

거론된 70인을 빠른 걸음으로 살펴본다. '소성'의 '소'는 소가씨 4대 즉 소아도목소가노 이나메, 소아마자소가노 우마코, 소아하이소가노 에미시, 소아입록소가노 이루카 등 4인이다. 도마하입은 '도막내어 한입에'로 기억한다. 소가씨는 500년대 전반부터 600년대 전반에 걸친 백여 년간 최고 권력 가문으로 군림한다. 왕비를 내는 집안으로 백제계 후손이다. '성'은 성덕쇼토쿠태자로 어머니가 소가노 우마코 여동생의 딸이고 아내도 우

마코의 딸인 백제계 인사다.

'천지무등'은 천지덴지, 천무덴무, 등원겸족후지와라노 가마타리을 지칭한다. 덴지는 나카노오에노오지와 동일 인물로 백제부흥군 지원에 나섰다가 실패한 후, 38대 왕으로 즉위하여 해안 방어를 강화하고 내정 개혁에 나선다. 덴무는 40대 왕으로 왕권을 강화하며 그의 아내와 자녀 등이 48대까지 97년간 왕에 오른다. 정사에서는 덴지, 덴무를 친형제로 보지만 일부에서는 덴지가 친백제계, 덴무는 친신라계로 출신이 다르다고 지적한다.

덴지는 네 딸을 덴무에게 덴무는 부인과 딸을 덴지에게 주는데, 보통 형제간에 일어나기 힘든 일이다. 양자는 라이벌 내지 경계 관계에 있었으며, 진신의 난과 덴무 즉위는 백제 멸망 후 당, 신라와의 관계 설정과 연관이 없지 않을 것이다. 후지와라노 가마타리는 덴지와 함께 다이카개신의 주역으로 꼽히는데, 사건 발생 후 행적이 다소 불분명하여 인질로 있던 백제계 인물이 거론되기도 한다.

4 왕 덴지·덴무·간무·쇼와는 한반도와 관련 깊어

'불환양도'는 등원불비등후지와라노 후히토, 환무간무, 등원양방후지와라노 요시후사, 등원도장후지와라노 미치나가의 4인이다. 후히토는 『고사기』와 『일본서기』를 펴내면서 쇼토쿠를 전설 수준의 영웅으로 꾸미고, 가공의 다이카개신을 만드는 등 고대사를 왜곡한 장본인이다. 가마타리의 둘째 아들인 그는, 헤이안시대 섭관정치의 주역인 후지와라씨 북가 등 후지와라 4대가의 시조다. 간무는 50대 왕으로, 앞 백 년에 걸친 덴무계 왕의 계보를 끊고 덴지계 왕의 계보를 잇는다. 도래인계인 생모 다카노노 니이가사의 지위를 높이고 도호쿠 에미시 정벌에 나서는 등 왕권을 크게 강화한다. 요시후사는 섭관정치의 첫 단추를 끼운 인물이고, 미치나가는 네 딸을 왕가에 시집보내 섭관정치를 정점에 이르게 한 인물이다.

무사의 뿌리는 한반도 이주민 정착지인 간토의 개발영주

'평원'은 무사로서 처음 권좌에 오른 평청성다이라노 기요모리과 그의 아들들을 물리치고 가마쿠라막부를 세운 원뢰조미나모토노 요리토모다. 무사의 주된 공급처는 간토와 도호쿠 지방이다. 이 지역에 일찍이 이식하여 토지 개간으로 개발영주가 된 이들이 훗날 무사의 주류가 된다. 이들 중 다수는 한반도 이주민의 후손이다. 물론 무사 가문의 뿌리는 거슬러 올라가면 신하로 내려온 왕족으로 이어진다. 하지만 뿌리만 그렇다고 할 수 있고 실제 무사의 다수는 개발영주의 후예들이다. 생존경쟁을 통해 살아남은 명문 무사 가문이 헤이씨平氏와 겐씨源氏이며 이 안에도 다양한 계파가 있다.

여몽연합군 침략 시 일본 측 최고지도자 도키무네

'정의태종'은 북조시정호조 도키마사, 북조의시호조 요시토키, 북조태시호조 야스토키, 북조시종호조 도키무네이다. 도키마사는 헤이씨 일족으로, 요리토모의 유배 생활을 감시하는 역에서 그의 장인이 된 다음, 초대 집권으로 장군가인 겐씨의 권력을 빼앗는다. 요시토키는 도키마사의 아들로 조큐의 난에서 고토바(82대) 지지군을 물리쳐 호조씨 장기 집권의 기반을 다진다. 그는 왕의 군대를 이긴 최초 무사로 기록된다. 야스토키는 요시토키의 아들로 무가법전인 어성패식목 제정으로 집권정치의 기반을 다진다. 도키무네는 23세와 30세때 여몽연합군의 침략을 물리친 8대 집권이다.

오백 년간 단절된 양국의 국교 이은 요시미쓰

'족의'는 족리존씨아시카가 다카우지, 족리의만아시카가 요시미쓰이다. 다카우지는 겐무의 신정을 펼친 고다이고(96대)의 군대를 물리치고 무로마치막부를 연 장군이다. 요시미쓰는 다카우지의 손자로, 남북조를 합치고 대명 무역으로 부를 축적하여 무로마치막부의 전성기를 이룬 장군이다. 중국과 고려에 일본국왕사를 파견하고 오백 년 만에 한일 국교를 정상화한다.

조선과 철천지 원수인 히데요시,
조선 유학 도입한 이에야스

'직풍덕'은 직전신장오다 노부나가, 풍신수길도요토미 히데요시, 덕천가강도쿠가와 이에야스으로, 센고쿠시대에 활거한 주변 군웅들을 정벌하고, 일본을 통일하여 최고권력자인 '천하인'으로 불리는 이들이다. 노부나가는 전국의 절반 정도를 정복하였을 뿐이지만 킹king의 이미지를 지닌다. 기독교 포교를 허용하고 외국 정보에 관심이 많은 개방적인 지도자로, 여론조사에서 늘 최상위에 랭크된다.

히데요시는 타협과 용인술에 능한 인물로, 일본을 통일하고 한·중·일의 골칫거리이던 해적(왜구)을 소탕한다. 기독교를 탄압하고 조선을 두 차례 침략하여, 국토를 유린하고 수많은 인민을 학살하여 조선의 철천지원수가 된다. 메이지시대 이후 군국주의가 일면서 그의 대륙 진출 시도가 높이 평가되고 인기가 회복된다.

이에야스는 '천하인'이 된 다음 전쟁 없는 긴 평화 시대를 연다. 이때 통치이념의 하나로 내세운 유학이 큰 효과를 낸다. 주변에 서양인 자문관을 두고 영국, 스페인, 네덜란드 등과 국서를 주고 받는 등 대외 교류에 나서고 조선과의 외교 관계 개선에 나선다.

'석가복'은 석전삼성이시다 미쓰나리, 가등청정가토 기요마사, 복도정칙후쿠시마 마사노리로 히데요시의 심복들이다. 문치파인 이시다에 비해 가토와 후쿠시마는 무단파로, 전투에서의 성과를 중시하여 임진전쟁 때 조선 측에 큰 피해를 끼친다.

'흑소등'은 흑전장정구로다 나가마사, 소서행장고니시 유키나가, 등원성와후지와라 세이카이다. 구로다와 고니시는 임진전쟁 때 쳐들어와 조선에 큰 피해를 끼친 장수다. 성향은 꽤 달라 구로다가 무단파로서 문치파인 고니시에 비해 총칼 의존도가 높다. 세이카는 정유전쟁 때 끌려간 강항에게 유학을 배워 일본 근세유학의 시조가 된다.

조선통신사가 만난 에도막부 장군 '광종제'

'광종제'는 덕천가광도쿠가와 이에미쓰, 덕천길종도쿠가와 요시무네, 덕천가
제도쿠가와 이에나리로 에도막부에서 장기간 재직한 장군들이다. 이에미쓰
와 요시무네가 막부를 안정시키고 개혁을 통해 재정기반을 강화한 반
면, 이에나리는 오랜 기간 친정을 펼치면서 재정을 방만하게 운영하여
막부 쇠락의 원인을 제공한다.

'송수'는 송평정신마쓰다이라 사다노부, 수야충방미즈노 다다쿠니으로 이들
은 노중수좌로서 막부 재정개혁에 나선다. 마쓰다이라는 이에나리 취
임 초기 6년여 개혁을 추진하지만 성과를 내기엔 기간이 짧았다. 미즈
노는 이에나리 사후 개혁에 착수하는데 과격한 조치가 반발을 사 2년
만에 물러나면서 개혁 효과가 미미해진다.

정한론으로 친구에서 적이 된 사이고와 오쿠보

'아대대서'는 아부정홍아베 마사히로, 대촌익차랑오무라 마스지로, 대구보
이통오쿠보 도시미치, 서향융성사이고 다카모리이다. 아베는 미즈노에 이어 노
중수좌가 되면서 반발을 산 개혁조치 대부분을 철폐한다. 또 서구의
개국 요구에 직면하여 고민하다가 개국을 결단한다. 오무라는 조슈번
의사 출신 병학자로, 기도 다카요시 지원하에 무사 집단을 군대 조직
으로 바꿔 근대 일본 육군의 원형을 제시한다. 오쿠보와 사이고는 사
쓰마번 출신으로 막부 타도와 신정부의 초기 개혁을 주도하는데, 정한
론으로 적이 되어 서남전쟁에서 싸운다.

'목판'은 목호효윤기도 다카요시, 판본용마사카모토 료마이다. 기도는 조
슈번 출신으로 막부 타도와 신정부 초기 개혁을 주도하며, 도사번 출

신의 료마는 앙숙간이던 사쓰마와 조슈를 동맹으로 연결하여 유신의 지렛대 역할을 한다.

'암이산계'는 암창구시이와쿠라 도모미, 이등박문이토 히로부미, 산현유붕 야마가타 아리토모, 계태랑가쓰라 다로이다. 이와쿠라는 공가출신 유신 공신으로, 이와쿠라사절단을 이끌고 1년 9개월간 서구 주요국을 시찰하여 메이지 일본의 진로 설정에 일조한다. 이토와 야마가타, 가쓰라는 조슈 출신으로 막부 타도와 신정부 정착과정에서 정치 발전과 외교, 헌법, 군제 정비, 한국 병합 등에서 활약한다.

조선 침략 주도한 이토 등 조슈번 인사, 한반도계?

이토는 정치 일반과 헌법 제정 및 외교, 야마가타는 육군 등 군부 개설과 군제 정비, 가쓰라는 정치 일반과 외교, 한국 병합, 정당 정치 분야에서 활약한다. 셋은 조선의 식민지 지배에 직간접으로 깊숙이 관여한 인사들이다. 그런데 이들의 출신지인 조슈번(지금의 야마구치현) 일대는, 백제 성왕(혹은 성명왕)의 셋째 아들 임성왕자의 후예인 오우치씨가 대대로 영주로 다스려온 지역이다.

강화도조약 협상 시 불평등 조약 강요한 구로다

'복흑소'는 복택유길후쿠자와 유키치, 흑전청융구로다 기요타카, 소촌수태랑고무라 주타로이다. 후쿠자와는 교육자 겸 지식인으로 사학명문인 게이오기주쿠대의 창립자다. 구로다는 사쓰마번 출신 군인으로, 이토와 힘을 합쳐 삿초 번벌 정치의 한축을 맡는다. 강화도조약 체결 시 일본 측 전권으로 참여하여, 메이지 신정부내에서 공식 논의되지 않은 불평등 조약 내용을 조선 측에 강요한다. 고무라는 하버드대 출신으로 외무장 관 재직 시 한국 병합을 주도한다.

'사제포'는 사내정의데라우치 마사타케, 제등실사이토 마코토, 포시진치후세 다쓰지이다. 데라우치는 조슈 번벌 출신의 육군대장으로, 조선총독 재임 시 무단정치를 행하고 귀국 후 조슈파 군벌의 실질적 리더가 된다. 사이토는 센다이번 출신의 해군대장으로 하세가와 요시미치 후임 총독으로 부임하여 문화정치를 펼친다. 사이토의 출신지 센다이번은, 무진전쟁 때 데라우치와 하세가와의 출신지인 조슈번 등으로부터 혹독한 공격을 받은바 있다. 후세는 인권변호사로서 일본 내 3.1 독립운동 관련자, 조선인 피의자의 권익보호에 앞장선다. 일본인으로서 유일한 우리의 건국훈장 수장자다.

유일하게 우리의 건국훈장 받은 일본인 후세

'산후'는 산본권병위야마모토 곤베, 후등신평고토 신페이이다. 야마모토는 사쓰마 출신 해군대장으로, 관동대지진에 따른 조선인 대학살 때 총리로 임명되지만 진실을 밝히지 않고 넉 달 후 물러나 은폐 주도 인물로 각인된다. 고토는 의사출신 관료로, 대만 총독부 민정국장 재직 시 타이페이시 도시계획을 주도하고 관동대지진 후의 도쿄 도시 재건을 주도한다. 초대 남만주철도총재 및 철도원 총재로서 조선철도 정책에 직간접으로 강한 영향을 미친다.

조선 철도에 직간접으로 영향 미친 고토

'남아'는 남차랑미나미 지로, 아부신행아베 노부유키이다. 두 사람 모두 육군대장 출신의 조선총독이며, 아베는 총리를 역임한 후 마지막 총독으로 부임한다.

'영제'는 영전철산나가타 데쓰잔, 제등융부사이토 다카오이다. 나가타는 육군 내 통제파를 대표하는 인물로 황도파 군인에 의해 살해된다. 이후 통제파는 도조 히데키를 위시하여 육군의 주도 세력이 된다. 사이토는 의회정치가 중단되고 군부가 발호하는 가운데, 의회에서 군부 발호의 부당성을 성토한 소수 소신파 의원이다.

'문'은 근위문마고노에 후미마로로 일본을 전체주의 노선으로 이끌어 중일전쟁을 일으키고, 독·이·일 3국의 군사 동맹을 추진한다.

해방의 물꼬를 터준 마쓰오카, 고노에, 도조의 오판과 눈물?

'송동'은 송강양우마쓰오카 요스케, 동조영기도조 히데키이다. 마쓰오카는 서구 국가 등이 일본의 만주, 중국 침략을 규탄하면서 관동군 철수를 주장하자, 일본수석전권으로 참석한 국제연맹 총회에서 탈퇴를 시사한다. 고노에 내각의 외무장관으로, 독·이·일 군사 동맹, 소일 중립조약의 체결 등 대 미·영 전략에서 오판하여 패전의 실마리를 제공한다.[41]

도조는 태평양전쟁 개전을 주도한 군부 강경파로 전쟁 시기 대부분에 걸쳐 육군장관과 총리를 맡는다. '신국 일본'의 헛된 믿음하에 군부에서 뚝심을 발휘한 또 하나의 마쓰오카, 고노에같은 존재다. 대미 개전 소식을 전해들은 마쓰오카, 대미 개전을 결정한 도조 모두 당일 눈물을 흘리며 안타까워했다는 얘기가 있다.

일제강점기 후반 20년의 일왕 쇼와, 전범에서 제외돼

'소길안지'는 소화쇼와(124대), 길전무요시다 시게루, 안신개기시 노부스케, 지전용인이케다 하야토이다. 쇼와는 일제강점기 시절의 왕으로 일본 군국주의의 상징이며 15년 전쟁기의 최고 권력자다. 패전 후 전범으로 처벌받지 않고 상징 일왕으로 40년 이상 재임한다. 요시다는 피점령 상태에서 국정을 안정시키면서 독립을 달성하고 많은 후배 정치가를 양성한다. 치안 유지를 핑계로 재일 한국인 전원의 본국 송환을 시도하나 맥아더의 반대로 좌절된다.

치안 유지 핑계로 재일 한국인 전원의 송환 시도한 요시다

기시는 패전 이전 내각의 각료이지만, 도조 내각 붕괴에 공이 있다는 이유 등으로 전범 처벌 대상에서 제외된다. 요시다가 체결한 불공평한 미일 안보조약을 개정하는 등, 독립 후 일본의 지위 향상에 기여한다. 이케다는 소득배증 계획으로 일본이 세계 2위 경제대국으로 성장하는 기반을 구축하고, 한일협정 체결 작업을 사실상 마무리한다. 하지만 그는 자민당 파벌정치의 씨앗을 뿌린 인물로 각인된다.

한일 회담을 마무리지은 이케다,
자민당 파벌정치의 산파?

'좌전'은 좌등영작사토 에이사쿠, 전중각영다나카 가쿠에이이다. 사토는 기시의 친동생이며 이케다와 라이벌 관계다. 장기간 총리로 재임하면서 일본을 경제대국으로 끌어올려 아시아를 대표하는 국가로 자리잡게 하고, 비핵 3원칙을 제창하고 '핵 없는 본토 수준의 오키나와' 반환을 성사시켜 노벨평화상을 받는다. 하지만 사후에 "유사시 오키나와에 핵을 반입할 수 있다"는 밀약이 드러나 그의 노벨상 수상에 의문이 제기된다.

패전 후 No.1 인기 다나카,
한반도 관련 사업으로 돈 모아

다나카는 미국보다 먼저 중국과 수교하는 업적을 남기고 열도 개조론을 내세워 인프라 구축에 기여하지만, 금권정치와 정·관·재 유착이라는 폐습을 남긴다. 록히드 사건의 피의자로 유죄 판결을 받는다. 상고심 심리 중 사망하여 공소기각 처리된다. 훗날 그를 상징하는 금권정치에 투입되는 막대한 자금의 종잣돈이, 자신이 운영하던 다나카 토건공업이 수임한 전쟁 말기 사업, 즉 이화학연구소 피스톤링 공장의 조선(대전) 이설(미완으로 종료) 사업에서 얻어진 것으로 드러난다.[42] 일본인들은 그를 전후 인사 중 가장 기억에 남는 인물로 평가한다.

군위안부와 식민지 지배 사과한 고노와 무라야마

'중하촌'은 중증근강홍나카소네 야스히로, 하야양평고노 요헤이, 촌산부시무라야마 도미이치이다. 나카소네는 파벌 보스가 아님에도 총리가 되고 장기집권할 수 있음을 보인 정치인이다. 덕과 정책을 바탕으로 중용의 정치력을 발휘한다. 재임 중 행정개혁을 추진하여 성과를 보이며 특히 민영화에서 큰 업적을 남긴다. JR, JT, NTT 등 일본을 대표하는 대형 공기업들이 그의 재임시절에 민영화되거나 민영화의 큰 틀이 구축된다.

고노는 자민당 총재를 지낸 인물로, 관방장관 재임 시인 1993년 군위안부 문제에 대한 정부차원의 조사를 토대로, 일본군이 이 문제에 조직적으로 관여했음을 밝히고 위안부 피해자와 관련 국가에 사과한다. 무라야마는 총리 재임 시인 1995년 8월, 우리나라와 중국 등 식민지 지배와 침략 등으로 고통을 겪은 국가와 국민들에게 정부 차원의 비교적 강도 높은 사과 성명을 발표한다. 그의 담화 내용은 이후 20년 이상 일본 정부의 공식적인 입장이 된다.

한류 흐름 끊고 혐한 분위기 조성한 고이즈미와 아베

'소안'은 소천순일랑고이즈미 준이치로, 안배진삼아베 신조이다. 고이즈미는 나카소네와 비슷하게 파벌의 지지 없이도 개인적 인기로 총리가 된다. 거침없이 내뱉고 말한 바를 실천에 옮겨 이전 총리에게서 찾아보기 힘든 모습을 보여준다. 높은 국민적 인기를 토대로 5년 이상 총리로 재임하면서 긴 불황기간 중 작은 호경기국면을 만들어 평가가 양호하다. 하지만 임기 중반 무렵 일기 시작한 혐한류 흐름을 방치하여 한일 관계에 찬물을 끼얹는다.

아베는 일본의 전후체제 개편을 기치로 내건 신보수 반동파 정치인으로 고이즈미 이상으로 장기집권한다. 중국과 한국의 부상 등 아시아 인국의 국력 신장에 대응하여, 인위적인 엔저 유도로 근린궁핍화 정책을 펼쳐 일본경제의 부활을 시도한다. 또 중국과 북한의 군사적 위협을 핑계삼아 군대 보유를 허용하는 헌법 개정을 꾀한다. 미국은 중국 견제의 필요성이 점증하면서, 일본에 헌법 개정 등을 통한 지역 방위 측면에서의 역할 증대를 요구하는 대신 경제를 일으키려는 아베의 정책을 지원한다.

사상가·과학자·작가 등 문화인이 대상에서 제외

이상으로 일본사에서 정치·군사적으로 리더의 지위에 있던 이들을 중심으로 70인을 선정하여, 그들의 활약상을 간략히 정리해 보았다. 선정된 70인 중에는 일본인의 시각에서 보면 "글쎄? 왜 이 사람이?" 하는 생각이 드는 이들도 있을 것이다. 이에 대해서는 "한국인의 시각에서 한반도와 역사적으로 인연이 깊은 인물을 다수 선정하다 보니 그렇게 되었다" "새 시대를 열고 한 시대를 풍미한 인물에 초점을 맞춰 선정하다 보니 대중에게 인기가 높은 사상가, 과학자, 작가 등 문화인이 대상에서 누락되었다" 라는 말로 변명할 수 있을지 모르겠다.

한반도 관련 인물을 집중 선정

실제로 일본인이 뽑은 위인, 영웅의 조사 결과를 보면, 여기에 선정된 이들 중 십수 명 정도만 포함되고 다수가 빠진다. 가령 역사 인물 중 인기가 높은 야마대국의 히미코, 헤이씨를 멸망시킨 미나모토노 요시쓰네, 막강 주군에 반기를 든 아케치 미쓰히데, 대검객인 미야모토 무사시, 충신장의 오이시 구라노스케, 막부 타도의 기폭제가 된 다카스기 신사쿠, 에도성 전투를 막은 가쓰 가이슈, 신선조의 히지카타 도시조, 대한해협 해전 영웅 도고 헤이하치로, 진주만 공격의 야마모토 이소로쿠 등은 여기에 들어 있지 않다. 하지만 여론 조사에서는 늘 이름을 올리는 이들이다.

명확히 할 점은, 여기서의 선정 기준이 해당 인물의 대중적 인기보다 역사적 존재감과 한반도와의 관계에 초점을 맞추고 있다는 사실이다. 이러한 관점에서 일본 내 비중이 상대적으로 낮을지 모르지만 후지와라 세이카, 고무라 주타로, 후세 다쓰지, 미나미 지로, 아베 노부유키, 사이토 다카오, 고노 요헤이, 무라야마 도미이치의 8인을 이곳에 포함시켰다.

👧 칼럼에 제시된 스토리텔링 방식은 잘하면 외울 수 있을 것 같네요. 다만 한자읽기 방식을 거치는 점이 다소 걸리네요. 그리고 우리 역사에 마이너스 흔적을 남겨준 이들이 많아 유쾌하게 외울 수 있을 것 같지는 않습니다. 물론 그럴수록 이들을 기억하여 한일관계와 한반도에 새겨진 아픈 역사의 흔적을 잊지 않는 것이 필요하겠지요. 인물을 문인/무인, 친한/반한, 한반도와의 이해관계, 침략자 여부, 최고지도자 여부, 일본 내 인기, 일본사 내 족적 등으로 구분하여 접근하는 방식은 초보자에게 꽤 도움이 될 듯합니다.

👧 그리고 앞에 소개한 70인은 한국인의 시점에서 선정한 일본인이라고 하셨는데요. 가령 일본인이 같은 수의 역사상의 인물을 뽑는다면 꽤 다른 인물들이 선정되겠지요. 그런 조사 결과가 있다고 말씀하신 것 같은데요. 어떤 인물들이 뽑히는지요?

🎩 민간방송인 日本TV가 2006년 5월과 2007년 3월에 방송한 프로그램이 한 예이죠.[43] 일본인들이 좋아하는 위인을 백 명 뽑는 내용인데요. 일본인 외에 서구인 등 외국인이 다수 포함되어 있어요. 그런데 이 안에는 문학가나 예술인, 스포츠인 등으로 일본 문화의 수준을 높인 각 분야 전문가가 꽤 많이 들어 있죠. 문화인들 덕분에 자신들의 삶의 질이 높아졌다고 느끼는 거겠지요. 이는 일본 문화가 중국, 인도의 그것과 더불어 동양을 대표하는 문화의 하나로 인정받는 것과도 연관이 있을지 몰라요.

일본인은 자신들에 대한 호기심이 강한 국민이라, 언론 매체 중심으로 역사상의 일본인에 대한 선호도를 곧잘 조사해요. 이때 일본 위인에 대한 서열이 매겨지기도 하죠. 조사때마다 순위가 조금씩 달라지지만 단골로 들어가는 이들도 적지 않아요. 사카모토 료마, 사이고 다카모리, 오다 노부나가, 도요토미 히데요시, 도쿠가와 이에야스 등이 대표적이죠. 이밖에 문화인 중에선 통쾌한 복수극인 충신장의 오이시 구라노스케, 신선조신센구미의 히지카타 도시조, 교육자인 후쿠자와 유키치 등이 단골이죠.

칼럼에 정리된 70인과는 꽤 다른 인물들이 선정되겠군요. 지금부터는 일본인이 뽑은 위인 중 어떤 이들이 70인과 중복되고, 중복되지 않는 이들은 어떤 이들인지에 대해 알아보았으면 합니다.

시대순으로 볼 때 중복되는 인물은 고대(12세기 후반, 헤이안시대까지)부터 중세(가마쿠라, 무로마치 막부 시대) 이전에 쇼토쿠태자, 다이라노 기요모리, 센고쿠시대(15세기 중반 이후 백여년)의 오다 노부나가, 도요토미 히데요시, 도쿠가와 이에야스, 막부말기(19세기 중반 20여년)와 메이지시대 초기(19세기 중후반)의 사카모토 료마, 사이고 다카모리, 오쿠보 도시미치, 후쿠자와 유키치, 이토 히로부미, 태평양전쟁 패전(1945년) 후의 요시다 시게루, 사토 에이사쿠, 다나카 가쿠에이 등 13인 정도가 있지요.

나머지는 칼럼에서 거론하지 않는 이들로 이들의 숫자가 훨씬 많네요. 시대별로 보면 고대부터 중세 이전이 히미코, 다이라노 마사카도, 아베노 세이메이, 무라사키 시키부, 미나모토노 요시쓰네, 잇큐 소준의 6인, 센고쿠시대가 센노리큐, 다케다 신겐, 우에스기 겐신, 아케치 미쓰히데, 사나다 노부시게(사나다 유키무라), 다테 마사무네의 6인이네요.

🎩 에도시대(1603년부터 265년)에는 미야모토 무사시, 아마쿠사 시로, 도쿠가와 미쓰쿠니, 마쓰오 바쇼, 오이시 구라노스케, 도쿠가와 요시무네, 히라가 겐나이, 스기타 겐파쿠, 이노 다다타카, 가쓰시카 호쿠사이, 니노미야 다카노리의 11인이 들어 있네요.

👧 막부말기에는 요시다 쇼인, 다카스기 신사쿠, 히지카타 도시조, 곤도 이사미, 가쓰 가이슈의 5인, 메이지·다이쇼 시대(1868년-1925년)에는 나쓰메 소세키, 미야자와 겐지, 도고 헤이하치로, 노구치 히데요, 아쿠다카와 류노스케, 요사노 아키코의 6인, 그리고 쇼와시대(1926년-1988년)에는 스기하라 치우네, 야마모토 이소로쿠, 마쓰시타 고노스케, 다자이 오사무의 4인이 들어 있네요.

🎩 엄마랑 두 차례나 돌았는데 다 끝내지 못했네요. 태평양전쟁 패전 후에는 구로사와 아키라, 우에무라 나오미, 데즈카 오사무, 시바 료타로, 미시마 유키오, 시라스 지로, 쓰부라야 에이지, 혼다 소이치로의 8인이 포함되지요. 나머지 인물로 가수, 배우, 바이크 레이서, 코미디언, 스포츠선수 등이 거론되고 있네요.

두 분이 여러 사람을 잇달아 들어주셨는데 거론된 분들이 많아 머릿속에서 제대로 정리되지 않는 것 같습니다. 텍스트와 중복된 13인을 빼고 나머지 분들을 간략하게 소개해주시면 좋겠습니다.

히미코는 3세기 야마대국 여왕으로 중국과 외교관계를 가진 지도자, 다이라노 마사카도는 헤이안시대 반란에 실패한 무장, 아베노 세이메이는 같은 시대 천문관격인 음양사陰陽師, 무라사키 시키부는 같은 시대 궁중 작가로 겐지모노가타리의 작가, 미나모토노 요시쓰네는 헤이안시대 말기에 헤이씨를 멸망시킨 장수, 잇큐 소준은 무로마치시대 임제종 스님, 센노리큐는 아즈치모모야마시대에 오다 노부나가, 도요토미 히데요시 측근이었던 상인 출신 정치가로 다도창설자이기도 하죠.

이어서 설명하죠. 다케다 신겐과 우에스기 겐신은 센고쿠시대를 대표하는 무장, 아케치 미쓰히데는 오다 노부나가를 암살한 무장, 사나다 노부시게와 다테 마사무네도 센고쿠시대의 유력 무장, 미야모토 무사시는 에도시대 초반의 유명 검호, 아마쿠사 시로는 다수의 희생자를 낸 시마바라 종교 반란 세력의 우두머리로 청소년이죠. 도쿠가와 미쓰쿠니는 미토번 2대 번주로 미토고몬 이야기로 유명하며, 마쓰오 바쇼는 배구하이쿠를 널리 퍼뜨린 가인, 오이시 구라노스케는 인기 높은 복수극인 충신장의 주역이죠.

도쿠가와 요시무네는 금서 완화로 학문을 진흥시킨 에도막부 8대 장군, 히라가 겐나이는 과학자요 발명가로서 일본의 다빈치, 스기타 겐파쿠는『해체신서』를 펴낸 의사, 이노 다다타카는 지리전문가, 가쓰시카 호쿠사이는 유명 부세화우키요에 작가, 니노미야 다카노리는 에도시대 후반의 사상가 겸 행정가지요. 요시다 쇼인은 막부 말기 사상가로 혁명을 꿈꾼 지사 다카스기 신사쿠 등의 정신적 스승이고요. 히지카타 도시조와 곤도 이사미는 막부 말기 교토 치안유지 조직인 신선조신센구미의 부장과 국장이죠.

두 분이 아직 거론하지 않은 이들은 메이지·다이쇼 시대 이후 인물들로 시기적으로 오늘과 가까운 시대에 살았던 이들 같습니다. 역시 아주 간단히 어떠한 인물인지 설명해주실 수 있을까요.

가쓰 가이슈는 막부 가신으로 신정부군의 에도성 무혈입성 협상의 주역이며, 신정부에서도 주도 세력과 보조를 맞춰 활약하죠. 나쓰메 소세키는 영국 유학파인 일본 근대 문학의 아버지, 미야자와 겐지는 동화『비에도 지지 않고』와『은하철도의 밤』의 작가, 도고 헤이하치로는 러일전쟁 시 대한해협 해전 제독, 노구치 히데요는 세균학자, 아쿠타가와 류노스케는 천재 소설가, 요사노 아키코는 가인 겸 작가, 스기하라 치우네는 나치스 위협에 놓인 유대인 구명에 나선 주 리투아니아 영사대리지요.

야마모토 이소로쿠는 진주만 공격을 지휘한 제독, 마쓰시

타 고노스케는 파나소닉의 창업주, 다자이 오사무는 『사양』, 『인간 실격』의 작가, 구로사와 아키라는 영화 『라쇼몬』의 감독, 우에무라 나오미는 일본을 대표하는 탐험가, 데즈카 오사무는 외과의사 『블랙잭』과 『아톰』으로 유명한 만화가, 시바 료타로와 미시마 유키오는 국민 작가로 불리우는 소설가죠. 시라스 지로는 패전 후 활약한 기업가 겸 관료, 쓰부라야 에이지는 『고지라』 등 특수촬영에 능한 영화감독, 혼다 소이치로는 혼다자동차 창업주이죠.

🎩 설명이 좀 길었는데 얘기를 정리해보죠. 우리가 얘기해온 위인과 영웅은 조사마다 조금씩 다르게 나올 터이고 가수나 배우, 스포츠 선수 분야는 특히 그렇겠지요. 그래서 가급적 이들을 제외하고 얘기하는 것이 좀더 의미 있지 않을까 싶어요. 다소 놀라운 것은 정치·군사 분야 리더 외에 사상가·과학자·작가 등 문화인이 다수 포함되었다는 점이죠. 우리나라에서 조사해도 유사한 결과가 나올지 궁금합니다만. 아무튼 일본인들이 이들의 존재를 높게 평가하고 있는 것은 명확한 듯해요.

👩 한꺼번에 너무 많은 이들의 이름이 나와 모두 기억할 수 있을지 자신이 없네요. 사실 일본인의 이름은 길어서 외우기가 여간 까다로운 게 아닙니다. 우선 70인부터 외우고 이어서 추가로 소개해 주신 이들에 대해서도 단계적으로 기억해 나가도록 노력하겠습니다.

함께 생각해봐요

1. 70인 중 일본 역사의 품격에 가장 큰 플러스 영향을 미친 이는 누구일까요 (복수 가능)? 왜 그렇게 생각하나요?

2. 70인 중 일본 역사의 품격에 가장 큰 마이너스 영향을 미친 이는 누구일까요(복수 가능)? 왜 그렇게 생각하나요?

3. 일본인이 선정한 위인으로서 70인에 들어가지 않는 이들 중, 일본 역사의 품격에 가장 큰 플러스 영향을 미친 이는 누구일까요(복수 가능)? 왜 그렇게 생각하나요?

4. 일본인이 선정한 위인으로서 70인에 들어가지 않는 이들 중, 일본 역사의 품격에 가장 큰 마이너스 영향을 미친 이는 누구일까요(복수 가능)? 왜 그렇게 생각하나요?

5. 어느 시대의 인물들이 일본 역사의 품격에 가장 큰 플러스 영향을 미칠까요? 왜 그렇게 생각하나요?

6. 70인 중, 아래 '실격의 역사' 유형과 관련 있는 이들은 누구일까요? 유형은 중복될 수 있습니다.

유형I: 잘못된 정치·정책으로 역사적 비극과 대실패 초래(역사 암전·퇴보)

유형II: 역사적 사실에 대한 조사, 기록, 교육이 없거나 약함(역사 누락)

유형III: 역사적 사실의 미화 분식과 조작(역사 왜곡)

4부

남은 과제와 유념 사항

👧 　지금까지 한일 양국사에서 공통적으로 찾아볼 수 있는 열 가지 주제에 대해 학습하였습니다. 그런데 저의 머릿속에는 여전히 "일본과 일본사는 쉽게 이해하기 힘들다"는 생각이 자리 잡고 있는 듯합니다. 제가 뭔가 잘못하고 있는 것일까요? 왜 이같은 생각이 들죠?

👴 　오히려 당연한 것 아닐까요? 40년 이상 일본에 대해 관심을 갖고 조사, 연구해온 할아버지도 알고 있는 것보다 모르고 궁금해 하는 것이 더 많을지 몰라요. 사실 일본인 자신들도 스스로에 대해 궁금해 하는 것이 여전히 많고, 그래서 "우리 일본과 일본사의 모습은 이렇다"라고 자신 있게　말하지 못하는 게 아닐까요? 그런데 외국인인 한국인이 일본과 일본사를 논하고 평하니 이 얼마나 가당찮은 일이겠어요. 하지만 학습과 도전 차원에서 시도해 보는 거죠.

👩 　할아버지 말씀에 동의해요. 처음부터 그 점에 대해서는 할

아버지나 엄마 모두 인식을 같이하고 있다고 할 수 있지요. 그럼에도 불구하고 Erin이 궁금해 하는 점에 대해, 적절한 답을 그것도 편향되지 않은 방향으로 내놓아야 한다는 생각에, 그동안 일본 안팎의 식자들이 내놓은 이런저런 주장을 취사선택하여 다수가 공감할 수 있는 답변을 모색해온 거죠. 이를 통해 일본과 일본사의 핵심을 간명하고 알기 쉽게 설명하고 꼭 알아 두어야 할 최소한의 정보를 제공하려 한 거죠.

남은 과제 1 : 역사적 사실과 다르게 서술된 고대사 바로 세우기

열 가지 주제에 대한 이야기를 마쳤지만 다루지 않은 이야기가 더 많을지 모릅니다. 관련하여 앞에서 여러 이슈들이 제시되었습니다. 여기서는 우리의 시각에서 장래 우선적으로 조사, 연구가 필요한 분야에 대해 여쭙고자 합니다. 이번 학습에서 쇼토쿠태자, 다이카개신, 견당사 등 고대사에 대해 부분적으로 다뤘지만, 고대사 분야는 여전히 모르는 내용이 많아 전문가 사이에서도 이견이 많다고 들었습니다. 고대사 연구에 대해 어떻게 보시나요?

이번 학습을 통해 Erin의 역사를 보는 눈이 꽤 높아졌네요. 지적한 대로 고대사 등 기록이 남아 있지 않거나 불충분한 시대에 대해서는 논란이 있어요. 실상 파악이 쉽지 않기 때문이죠. 실상 파악에는 양국 연구자 특히 일본 측 연구자가 책임감 있게 나서야 하고, 일본 정부(궁내성 등)와 지방자치단체 등의 협조도 필요불가결해요. 고대사 관련 유적과 유물 중 미발굴 상태인 것이 한반도보다 일본 열도에 훨씬 많기 때문이죠. 궁금증의 실마리를 풀어줄 단서의 많은 부분이 일본에 있다고 할 수 있어요.

사실 일본사 중 고대 부분은 역사적 사실과 꽤 다른 형태로 서술되어 있죠. 특히 한반도 관련 부분은 실제와 다르거나 왜곡되어 서술되어 있고, 일부 사안에선 한반도를 제치고 일본이 중국 대륙과 직접 교류한 것으로 서술되기도 하죠. 한반도를 거론했다가 한국 측에 꼬투리를 잡힐까 우려하여 정부나 학계 주도하에 때론 명시적으로 때론 암묵적으로 은폐 작업이 시도되고 있어요. 이같은 현실 인식을 토대로 고대사에 대해서는 일본 내 소수파 주장을 인용하여 설명한 곳도 없지 않아요.

일본인들도 2300여 년 전부터 한반도와 일본 열도의 인적 교류가 활발해져, 한반도에서 많은 이들이 넘어왔다고 서술하고 있어요. 그런데 언제 무슨 이유로 얼마 정도가 넘어 왔는지, 이후 열도 내 정착과정과 사회적 위상이 어떠했는지 등에 대해서는 체계적인 연구가 별로 없어요. 우리 조상의 족적을 확인하는 작업이기도 하므로, 일본인의 연구를 지켜보기만 할 것이 아니라 우리가 나서서 추진하는 것도 고려해봐야겠지요. 양심적인 일본 학자와의 공동연구 형태라면 더욱 바람직하겠지만요.

남은 과제 2 : 일본의 한반도 국가 대응-고대와 현대 비교

역시 고대와 연관된 내용입니다. 고대의 일본은 한반도 국가와 긴밀하고 때론 전략적인 관계를 유지해 오잖아요. 지금 한반도에는 두 국가가 들어서, 삼국시대와 남북국시대를 연상케 합니다. 여건이 다르긴 합니다만 일본 측의 대 한반도 국가 대응을, 삼국·남북국 시대와 오늘의 남북한시대로 구분하여 유사점과 차이점, 그리고 차이점의 배경을 비교해 보는 것은 어떤는지요.

흥미 있는 사안에 착안했네요. 역사적으로 한반도 국가는 일본과 다양한 형태의 외교 관계를 보여 주죠. 삼국시대의 백제, 고구려, 신라가 그렇고 통일 후 신라와 발해 역시 마찬가지죠. 신라는 799년 일본과의 국교를 끊지만 발해는 대일본 관계를 지속해요. 현대의 남북한 모두 일본과 교류가 있지만, 북측은 국교 정상화 전이라 비공식적 교류를 70년 이상 이어오고 있어요. 이같은 불균형 관계로 인해, 일본은 고대에 했던 것만큼 남북한 양측을 저울질하는 정책을 펼치지 못하고 있죠.

북한 정권의 불확실성 때문에 얘기하기 힘든 점은 있어요. 북한 정권이 향후 수십 년간 더 지속하고 그 사이 일본과의 국교를 정상화한다면, 일본의 남북한 대응이 크게 달라질 수 있겠죠. 고대처럼 양측과 유사한 수준의 외교 관계를 유지하되, 사안별로 협력과 대결 관계를 구분하면서 일본의 이익을 최대화하는 정책을 펼칠 수 있겠지요. 권내에 남북과 일본 외에 중국, 러시아, 미국 변수가 있어 고대보다 셈법이 복잡해졌어요. 문제는 핵개발 등의 각종 도발 행위로 북한 정권의 지속가능성이 보장되고 있지 못하는 점이죠.

🎩 14세기 중후반 이후 통신사가 오가면서 양측 국교가 정상화 되지요. 문제는 그 이전의 교류 실상이 명확히 정리되어 있지 않은 점이죠. 발해의 멸망으로 양측 간 국교가 완전히 끊긴 상태에서, 무역업자의 왕래 외에 의사 파견 요청과 왜구 금압 관련 등으로, 비공식 사절단이 양측을 몇 차례 오가는 정도가 알려져 있죠. 신라와의 국교 단절 후 고려말의 사신단 파견까지, 양측 교류가 어떠했는지를 정리하는 작업이 필요해요. 양국 교류사의 정리와 교류 증진 차원에서 우선 추진할 과제라고 할 수 있어요.

남은 과제 3 : 우리 지도층 등 각 층의 대일본 인식 변화 정리

👩 양국 간 이해의 증진에는 모호하고 왜곡된 부분이 많은 고대사를 재정립하고, 일본의 한반도 국가 대응을 고대와 현대로 구분하여 비교하는 작업과 국교 단절기의 교류 실상을 체계적으로 정리하는 것이 우선 필요하다는 얘기로 들립니다. 추가적으로 필요한 이슈로 어떤 것들이 있을까요?

🎩 역대 왕 등 우리 지도층의 대 일본 정보 수준과 인식의 변

화를 역사적으로 정리, 평가하는 작업이 고려될 수 있겠지요. 근대 백 년의 일본 인식에 대해선 제한적이긴 하지만 서울대 일본연구소 (2010) 등의 작업이 있어요.[44] 백제-왜 연합군과 싸운 신라 장수 김춘추, 여몽연합군의 고려 장수인 김방경, 임진전쟁 때의 선조와 류성룡, 조선말 일제침략기의 고종과 대원군, 명성황후 등이 지녔던 대 일본 정보와 인식, 그리고 이에 입각한 대응이 국가의 명운에 미친 영향을 체계적으로 정리, 분석하는 작업이 한 예가 되겠지요.

🧑 할아버지가 지적해 준 이외의 한반도 국가 지도자의 대일본 정보 수준과 인식의 변천을 체계적으로 정리해보는 것도 의미있는 작업이 아닐까요. 그동안 우리 지도층은 중국에 대한 높은 관심과 달리 일본에 대해서는 관심이 낮았어요. 왜구의 출몰과 노략질, 사신단 파견 등의 내왕, 어선 조난 시 등에만 간헐적으로 관심을 보였던 것으로 알려져 있어요. 스님과 유학자 등의 지식인과 무인, 상인 계층의 대일본 정보와 인식에 대해서도 고찰해볼 필요가 있지 않을까요.

남은 과제 4 : 도래계 야요이인 언어가 조몬인 언어를 못 바꾼 배경

🧑 답변을 들으면서 그동안 이러한 내용을 다룬 문헌이 없었을까 하고 생각해 보았습니다. 그게 사실이라면 새로운 책은 저 같은 사람도 이해할 수 있도록 쉽게 쓰여졌으면 좋겠습니다. 언급해주신 세 가지 외에 양국의 역사 이해 증진에 필요한 과제가 없을까요?

일본어에 대한 고찰이 필요하지 않을까요. 언어는 한 나라의 사회와 문화 이해에 필수불가결해요. 두 나라 언어는 비슷한 점도 많지만 꽤 달라요. 예상 가능한 질문으로, 두 지역의 초기 언어가 어떠했으며 어떤 경로로 초기 언어가 형성되었을까, 발전 과정은 어떻게 달랐을까, 백제·신라·고구려인과 왜·일본인 간의 의사소통은 어느 정도 자유로웠을까, 한반도 삼국인 간의 소통은 어떠했을까, 2천년 이전 한반도인의 도래가 일본 측 언어에 어느 정도 영향을 미쳤을까 등이 고려될 수 있겠지요.

지리적으로 인접하여 옛부터 인적 교류가 많은 두 지역의 언어가 왜 이렇게 다를까 하고 평소 궁금해 하고 있었죠. 한자 전래전 두 지역에는 고유의 말이 있었고 이것이 꽤 달랐겠죠. 한자가 들어와 같은 글자를 사용함으로써 문자 소통은 가능해졌지만, 말은 여전히 달랐겠죠. 궁금한 점은, 2천여 년 전을 전후하여 한반도 등에서 넘어간 야요이인이 토종 조몬인을 단기간에 소수파로 전락시키고 다수파가 되었다는데, 왜 언어를 바꾸지 못했는가 하는 것이죠. 지배와 동화를 위해 조몬인의 언어를 쓴 것일까요?

남은 과제 5 : 친일파, 계보 정리와 한·일 관계에 미친 영향 고찰

야요이인과 언어에 대한 얘기를 들으면서 더 큰 궁금증이 생기네요. 지배층이 한반도와 거의 같은 그룹이라면, 이후의 양국 역사가 왜 이렇게 달라지게 되었을까 하는 것이죠. 주제별 학습과정에서 부분적으로 나온 것 같습니다만 다음 기회에 좀더 체계적으로 공부해 보았으면 합니다. 화제를 돌려 평소 종종 사용하면서 신경이 쓰이는 용어인 '친일파'에 대해 여쭙고자 합니다. 부정적인 느낌이 들어서인지 일부에선 '지일파'라는 말을 쓰기도 하죠. 친일파의 계보 정리와 양국 관계에 미친 영향을 살펴보는 작업은 어떤는지요.

야요이인 중심의 일본 사회와 언어, 이후 전개된 역사와의 관계에 대해서는 앞으로 지속적인 조사, 연구가 필요하겠지요. 일본인 못지 않게 아니 그 이상으로 한국인이 관심을 가져야 할 사안일지 모르죠. 친일파의 경우, 개화기 이후에 대해서는 그동안 이런 저런 연구가 행해졌어요. 물론 좀더 체계적으로 정리하여 부의 역사를 청산하고, 후세대 교육 등에 활용하는 작업 등은 과제로 남아있지만요. 근대 이전의 친일파 내지 지일파에 대해서는 그렇지 못해요. 조사를 통한 실상 파악이 과제로 남아 있죠.

친일파는 일본이 강국일 때에 존립 의의가 확인되는데, 근대 이전의 일본은 특정 시기를 제외하면 강국이라고 보기 힘들죠. 한반도 국가에선 역사상의 일본을 늘 교린 대상국으로 간주해 오죠. 이렇게 보면 근대 이전의 친일파는 찾아보기 힘들거나 소수일 가능성이 커요. 가령 근대 이전에도 한일 교류가 활발했던 삼국 시대, 남북국 시대, 조선 중기 이후에는, 소수의 친일파가 활동했을 가능성이 있죠. 고대 이후 친일파와 이들의 행적에 대한 체계적인 조사가 이뤄지면 흥미있는 사실이 드러날지 모르죠.

남은 과제 6 : 추가로 검토해볼 만한 일곱 가지 주제

👧 　얘기를 들으면서 제 생전에 그러한 일이 이뤄질 수 있을까 하는 생각이 들었습니다. 위에서 향후 과제로 다섯 가지가 제시되었습니다. 이들 외에 양국의 역사를 이해하는 데 필요한 비교 고찰 주제로 어떤 것들이 있을까요?

🎩 　앞에서 엄마가 얘기한 바 있는 중앙정부 관료 등 인재의 선발과 관리 체계, 지방 통치와 관련한 중앙집권·지방분권, 신분제도와 지배계층의 통제 관리의 세 가지가 고려될 수 있겠죠. 이들은 정치, 군사 관련 사안이지요. 여기에 종교의 변천과 정치·사회문화에의 영향, 가족과 상속제도, 치안과 재판, 도시의 발전과 도시민의 생활, 상업 등 산업과 무역 등 다섯 가지를 추가할 수 있겠지요. 이들 주제는 나라의 기틀과 사람들의 삶의 형태에 영향을 미치는 것들이죠.

👩 　엄마는 여성의 삶과 삶의 질에 대한 비교 주제로 네 가지를 제안하고 싶어요. 먼저는 혼인과 관련한 주제지요. 일부일처제가 언제부터 시행되고 어느 정도의 강제력을 지니고 있었으며 계층별

로 어떠했는지, 그리고 이혼과 재혼에 대한 관행은 어떠했는지 등이죠. 다음으로 삶의 질과 연관된 주제로서 보건 위생과 의료, 양민층 대상의 초등 교육, 빈곤 구제 등 최저계층 대상의 복지 등이 고려될 수 있겠지요.

유념 1 : 빙기 도래 등 대자연의 순환이 양국에 미칠 영향

말씀해주신 주제들도 양국의 역사적인 차이를 알 수 있는 흥미 있는 사안이 될 수 있을 것 같습니다. 주제를 바꿔, 도입부에서 얘기한 바 있는 대자연의 순환이 미칠 영향에 대해 여쭙고자 합니다. 일군의 과학자는 머지않은 장래에 빙기가 찾아와 1만3천여 년 지속한 간빙기가 끝날지 모른다고 주장합니다. 또 빙기에는 한반도가 중국과 붙고 일본과도 육지로 이어지는데, 그 과정에 일본에서 거대 칼데라 분화가 일어나 많은 지역에서 사람이 살 수 없을지 모른다고 경고합니다. 예상되는 자연 변화가 양국관계에 어떤 영향을 미칠까요?

역사는 과거의 일을 정리, 기록하고 재음미하는 작업이라 미래에 대해서는 왈가왈부하지 않지만, 근자에는 과거를 미래와 연관지어 해석하려는 시도가 없지 않아요. 생각보다 빠른 시기에 빙기가 도래하여 자연 지형이 크게 바뀌면, 국경 획정과 거주지 남하 등 각종 문제가 부각되겠죠. 또 일본 열도에 큰 재해가 발생하여 인간의 생존 지형이 크게 바뀔 경우에도 국경을 넘어선 민족의 대이동이 일어날지 모르죠. 대자연의 변화가 적었던 지난 2천 년과 전혀 다른 대응책이 모색되지 않을까요?

👩 그간 10만 년의 빙기와 1만 년의 간빙기가 반복되었는데[45], 마지막 간빙기가 1만3천 년에 이르고 있죠. 빙기에는 온도가 지금보다 10~15°C 떨어지고 동해도 약간 줄어들어요. 국토가 늘지만 서해와 남해 일대에 사람이 살기까지 긴 시간이 소요되겠죠. 한랭화로 거주지 남하 현상이 나타나면 온난한 지역이 많고 긴 해안선을 지닌 일본의 지형적 가치가 높아질 수 있겠죠. 물론 그때까지 일본 열도에 거대 칼데라 분화 등이 없어야 하겠죠. 간빙기 전환과 달리 빙기 전환은 장기에 걸쳐 진행된다니 그나마 다행이죠.

유념 2 : 비교는 지피지기 수단, 다름이 곧 격차일 수 없어

👩 과거가 아닌 미래 얘기도 흥미롭네요. 여기서 마음에 약간 걸리는 것이 있어 여쭙습니다. 열 가지 주제에 대한 비교, 설명과정에서, 우리보다 일본이 더 낫게 서술되거나 평가되는 사례가 적지 않은 것 같습니다. 물론 그렇지 않은 주제도 있습니다만. 이를 두고 일부 비판자들이 "역사를 비교한다면서 우리 역사의 낙후와 저품격, 나아가 실격을 시사하며 민족적 자긍심을 손상시킨다"라고 지적할지 모르겠습니다. 맨 앞의 등장인물 소개 부분에서 할아버지

께서 잠깐 언급하셨습니다만.

🎩　　우리는 중국이라는 대국을 옆에 두고, 한반도 일대에서 일본 이상으로 오랫동안 민족국가로서 국체를 유지해오고 있어요. 사대이례事大以禮 자소이덕字小以德의 유교 질서가 얘기되지만, 민족의 저력이 있는 거죠. 역사가 긴 민족이나 국가에는 대부분 '실격의 역사' 시기가 있어요. 일본에선 20세기 전반의 15년 전쟁기와 이후 6년 반의 피점령기가 이에 해당하겠죠. 비교 고찰로 드러난 다름을 격차로 인식하여 '역사 비하' '자긍심 손상'과 연관 짓는 것은, 지피지기의 의의와 우리 역사의 소중함을 부정하는 거죠.

😊　　엄마는 일본사를 배우면서 일본사가 한국사와 꽤 다른 모습을 지니고 있다고 생각해 본 적은 있어요. 하지만 '한국사보다 나은 일본사'라는 생각은 떠올린 적이 없죠. 일본 방송에서는 태평양전쟁 시의 아픈 장면을 곧잘 이슈로 삼아, 어느 부분이 실격으로 이어지는 역사의 출발점이나 전환점이었는지, 그 배경과 경과를 따지며 복기해요. 품격이 떨어지는 시대나 장면이라고 외면하지 않는 거죠. 과거사지만 음미하여 실상을 제대로 알아야 한다는 생각이 강해요. 우리도 그렇지만 이들의 열정은 대단하지요.

유념 3 : 지피지기 백전불태, 지기지피 백년유친

에둘러 답변해주셔서 잘 이해했는지 자신이 없습니다. 정리하면 "상대방의 역사를 아는 것은 양국 관계의 유지와 개선을 위해 필요하다. 일본사를 이해하는 한 가지 방법은 유사한 주제에 대한 양국의 역사를 비교해보는 것이다. 비교 과정에서 드러나는 각종 차이는 다름으로 접근할 사안이 많다. 이들 차이를 격차로 해석하여 우리 역사의 비하나 실격, 민족적 자긍심 손상 등과 연관짓는 것은 현명한 접근이 아니다"는 뜻인가요?

그렇지요. 한국인인 할아버지와 엄마가 우리를 욕되게 할 리 없겠죠. 일본통인 할아버지는 아직도 가타카나 이름이나 지명을 쉽게 읽지 못해요. 그래서 "본시 일본 친화적이지 않아서 그렇나?" 하고 혼잣말을 할 때도 있죠. 평소 머리에 새겨두는 말로 '지피지기 백전불태, 지기지피 백년유친'이 있어요. 앞 문구는 손씨 병법에 있는 말이고, 뒷 문구는 할아버지가 붙여본 거예요. '나를 알고 남을 알면 상대방과 오래도록 가깝게 지낼 수 있다'는 뜻으로, 외교와 각종 교류를 통한 공존의 비전이죠.

할아버지가 언급하신 외교 등 교류 분야에서도, 전쟁과 마찬가지로 밀고 당기는 모습이 전개되기도 하죠. 다른 점은 한 쪽의 승리가 아닌 서로가 일정 수준의 이익을 얻는다는 것이죠. 자신을 알고 분수에 맞는 처신을 보이는 상대방을 몰아붙여 어렵게 하긴 힘들죠. 우리는 전반적인 국력에서 여전히 일본에 뒤지지만, 지난 150년간의 어느 때보다 양국간 격차가 줄었어요. 학습 과정에서 확인한 양국의 차이 중, 좋은 것은 유지, 발전시키고 안 좋고 떨어지는 것은 바꾸거나 고쳐 나가야 하겠지요.

유념 4 : 기품 있는 역사, 간단히 얻어지지 않아

이번 학습을 통해 한 나라의 역사를 장기에 걸쳐 품격 있게 유지하는 것이 간단한 일이 아니라는 것을 배운 것 같습니다. 우리가 장기간 상국으로 섬긴 중국만 해도, 여러 민족이 중원을 차지해 그들의 나라를 세우지 않았습니까. 그때마다 우리는 힘든 시기를 보냈고요. 한 민족이 같은 땅에서 오랫동안, 그것도 기품있게 나라와 국체를 유지한다는 것은 쉬운 일이 아니겠지요. 역사의 품격, 역사의 실격에 대한 마무리 말씀을 부탁합니다.

우린 앞에서 '실격의 역사' 유형 세 가지를 정의하고, 이 유형에 들어가지 않는 역사를 품격의 역사로 간주할 수 있다고 접근했어요. 주제별 논의에서도, 실격의 역사에 대해 그 여부와 배경 등을 명시적으로 언급하지 않고 말미의 자습 과제에서 다루도록 하고 있죠. 시대사조와 개인의 역사관에 따라 같은 사안이 달리 해석될 수 있는 점을 감안한 것이죠. 분명한 것은 지난 2천 년의 우리 역사에서 기품 있는 역사의 시대가 짧지 않으며, 이면에서 선조들이 흘린 피땀이 적지 않다는 사실이지요.

😀　이 용어가 거론된 배경에는 책의 주제가 호흡이 긴 양국 역사의 비교 고찰이라는 사실이 깔려 있지요. 혹자는 박근혜 전 대통령의 탄핵과 사법처리, 더불어 진행되는 적폐 청산 논의 등, 근자의 우리 정치 상황이 역사의 품격을 생각케 한다고 할지 몰라요. 월드컵을 개최하고 올림픽을 유치하며 메달에 관심을 보이는 것은, 나라의 품격 나아가 우리 역사의 품격을 높이려는 시도의 일환으로 볼 수 있겠죠. 물론 나라나 역사의 품격 논의는 스포츠 외에 우리가 학습한 여러 장면들과 연관되어 있겠지만요.

😀　질문에 꼼꼼히 답변해 주셔서 역사 이해에 큰 도움이 되었습니다. 특히 양국사의 차이점을 찾아내, 배경과 후세대에 미친 영향을 연관지어 설명해 주는 부분이 좋았습니다. 역사의 품격 논의는 신중히 접근해야 하겠지만, 학습 차원에서 시도해 볼만한 가치가 있을 것 같습니다. 실격의 역사도 지속적인 음미를 통해 배울 점을 찾아내는 것이 중요하겠지요. 또 실격의 역사보다 월등히 긴 품격의 역사 시대에 양국이 보여준 차이점을 잘 분석하여, 이를 미래에 발전적으로 이어가는 작업도 필요할 것 같습니다. 감사합니다.

함께 생각해봐요

1. 지난 역사를 돌이켜 볼 때, 양국 역사는 한마디로 어떤 품격의 역사라고 할 수 있을까요? 왜 그렇게 생각하나요?

2. 양국사에서 어느 시대(혹은 장면)가 가장 품격 있는 역사 시대(혹은 장면)라고 말할 수 있을까요? 왜 그렇게 생각하나요?

3. 양국사에서 어느 시대(혹은 장면)가 가장 실격의 역사 시대(혹은 장면)라고 말할 수 있을까요? 왜 그렇게 생각하나요?

4. 2와 3의 차이가 발생한 이유 내지 배경은 어디에서 찾아볼 수 있을까요? 그러한 이유나 배경이 오늘날에도 그대로 적용될까요? 그렇지 않다면 무엇이 어떻게 달라진 것일까요?

5. 양국사(한일관계사 포함)에서 얻을 수 있는 교훈을 어떻게 정리할 수 있을까요?

에필로그

🧑‍🦰   목 끝에서 금방이라도 튀어나올 것 같았지만 꾹 참았던 질문이 있어요. 공식적인 학습이 끝난 애프터 모임 자리니까 여쭤봐도 되겠죠? 품격이라는 말은 역사보다 개인, 가정, 가문, 직업, 기업, 조직, 사회, 국가 등과 연관지어 더 많이 쓰지 않나요? "남은 인생을 품격(혹은 품위) 있게 살겠다" "집안을 기품 있는 가문으로 만들고 싶다" "품격 있는 회사가 되기 쉬운가" "나라의 품격이 말이 아니네" 처럼요. 일상생활에서 종종 접하는 이들 '작은' 품격에 대해서는 어떻게 보시는지요.

🧑‍🦲   '작은' 품격이라는 말이 인상적이네요. 나라의 품격은 역사 못지않은 큰 품격이겠지요. 이들 품격은 양국 국민이 살아온 긴 역사의 발자취 곳곳에 알게모르게 새겨져 있다고 할 수 있지 않을까요. 지배층과 피지배층에 관계없이, 구성원들이 각 분야에서 기량을 갈고 닦아 수요가 있는 제품과 서비스를 볼품 있고 격식 있게 제

공하여 인정받고, 귀천의식에 속박되지 않고 취향대로 사는데 개인, 조직 등 모두가 묘한 조화를 이루는 사회가 품격 있는 사회이겠죠. 1부 학습동기 부분에 관련 얘기가 나오지요.

🙎 　연관된 얘기가 1부(역사의 품격이란?)의 '다른 역사와 낙후의 역사 구별해야'에서 일본의 나은 점을 소개하면서 잠깐 나오네요. 일본의 상인과 장인들은 예나 지금이나 직업에 대한 자부심이 강하죠. 대졸 자녀가 다니던 회사를 그만두고 가업을 잇는 사례가 많아요. 사회분위기가 각 분야 전문가를 우대하니 가업 승계가 당연시되고, 소비자가 그런 기업과 가게를 신용하는 등 우리에게 없는 사회관계자본이 갖춰져 있죠. 품격은 남이 주는 것이 아닌 스스로 만드는 거예요. 일본 사례가 타산지석일 수 있어요

🙎 　'작은' 품격이 뜻밖에 한 나라의 역사와 긴밀히 연관되어 있네요. 각 분야에서 작은 품격이 제각각 빛을 발할 때, 뭉쳐 빚어지는 한 시대, 한 나라의 역사가 비로소 기품 있는 역사로 평가될 수 있다는 말씀이군요. 짧지만 정곡을 찌르는 답변에 감사드립니다.

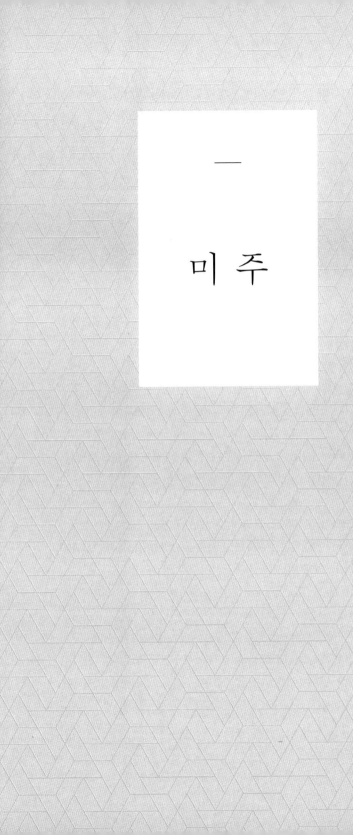

一

미 주

1) 大山誠一(1996)「'聖德太子'研究の再檢討(上)『弘前大学國史研究』100, (1996)「'聖德太子'研究の再檢討(下)『弘前大学國史研究』101, (1999)『聖德太子の誕生』吉川弘文館, (2003)『聖德太子の真実』平凡社, (2009)『天孫降臨の夢』NHK出版.

2) NHK(2013.2.15), BSプレミアム BS歴史館シリーズ英雄伝説(2)「聖德太子は実在したのか！？」, BS-TBS(2016.7.25.), にっぽん歴史鑑定「聖德太子は実在したのか」.

3) 森博達(1999)『日本書紀の謎を解く述作者は誰か』中公新書. 森博達(2011)『日本書紀成立の真実 書き換えの主導者は誰か』中央公論新社.

4) 가장 큰 다름은, 한반도가 중국 대륙과 붙어 있어 중화질서체계의 영향을 일본보다 강하게 받을 수밖에 없다는 지정학적 여건이다. 이로 인해 우리는 장기간 중국을 상국으로 받들고 왕은 중국 황제의 신하로 처신해 온다. 이 같은 차이에서 발생하는 제반 사실을 여건 차이로 인한 (불가피한) 현상으로 보지 않고, 양국 간의 격차로 접근하면 올바른 분석이라고 할 수 없을 것이다.

5) 영어에서도 양자의 의미는 확실히 구분된다. 상이나 다름은 dissemblance, dissimilarity, difference이며, 격차는 gap, differential, gulf 다.

6) 조정 관직인 영외관의 하나다. 줄여서 장군쇼군, 공방구보, 상양우에사마 등으로 부르기도 한다. 나라, 헤이안시대에는 도호쿠 지방의 오랑캐인 에미시 정벌을 위해 파견한 장군의 명칭이며, 가마쿠라시대 이후 막부 수장과 무사단의 동량을 지칭하는 용어가 된다.

7) 이는 왕이 무인집정을 국가의 통치대권을 행사하는 정이대장군직에 임명하는 의식을 지칭한다. 자신의 군사력으로 정권을 획득한 무인집정은, 봉건적인 토지소유와 법률에 근거한 지배체제를 구축한다.

8) Bishop Isabella Bird(1905), *Korea and her neighbours*, London, John Murray.『한국과 그 이웃나라들』이인화 역, 도서출판 살림, 1994의 p.52, p.62.

9) 정조가 충의위 배의 등 27명의 상소문을 접하고 행한 발언이다. "…농기구를 편리하게 이용하는 방법에 이르러서는, 우리나라 사람들은 더더욱 어두워서 복희씨나 신농씨 시대 이전과 다름이 없으니, 이에 대해서는 시경에 나오는 창고나 풀 베는 기구가 진실로 지금보다 나았을 것이다. 단지 그 가운데서 긴요한 것만 말한다면, 수차는 가뭄에 대비하기 위한 것이고 수레는 두 사람 몫의 일을 하기 위한 것이며, (중략) 그러나 예로부터 지금까지 이를 사용한다는 말은 들어보지 못하였다." 『조선왕조실록』(정조 22년 1798년 11월 30일자)

10) 중국에서는 만력조선역万曆朝鮮役이나 임진왜화壬辰倭禍 등으로 표기하고, 북한에서는 임진조국전쟁이라고 표기한다.

11) 이는 구미권의 일본사, 일본학 전공자가 필자의 다수를 점하는 英文日本大事典編(2006)의 표기법을 참고한 것이다. 『英語で読む日本史』講談社 バイリンガルブックス.

12) 그의 전투철학은 이른바 '7할 승리'로, 완전 승리를 거둘 때까지 싸우기보다 7할 정도 이겼다 싶을 때 싸움을 멈춰, 패한 적의 체면을 살려주면서 향후 예상되는 패자 측의 유한遺恨을 사전에 차단하는 전략이다.

13) 每日新聞(2006) 7월 여론조사.

14) 讀賣新聞(2004. 10.15-16), 「検証・戦争責任 読売新聞社による世論調査」.

15) 荒牧央・小林利行(2015), 「世論調査でみる日本人の戦後-戦後70年に関する意識調査

の結果からー」, 『放送研究と調査』 NHK, August, pp.2-17의 p.3, pp.7-9 참조.

16) 존왕양이론의 한 계파로, 일단 개국하여 외국의 기술과 문물을 배우고 받아들이며, 무역을 통해 군사력 등 국력을 키워 이들과 대등한 상태에 이른 다음 이들을 배척해도 늦지 않다는 사상이다.

17) 석가가 스승의 입적을 한탄하는 제자 아난다에게 들려준 말이다. "남에게 의존하지 않고 스스로 판단하며 불법仏法에 의지하여 사리를 분별한다"는 뜻이다.

18) 사쓰마번의 시마즈 나리아키라와 그의 동생 시마즈 히사미쓰, 조슈번의 모리 다카치카, 도사번의 야마우치 도요시게, 우와지마번의 다테 무네나리, 후쿠이번의 마쓰다이라 슌가쿠 등이 대표적이다.

19) 1868년부터 1889년까지 일본의 공적기관, 사적기관, 개인에 고용된 외국인 수는 2,690명이다. 영국인이 1,127명으로 가장 많다. 三枝博音·野崎茂·佐々木峻(1960), 『近代日本産業技術の西欧化』東洋経済新報社, ユネスコ東アジア文化研究センター(1975), 『資料御雇外国人』小学館.

20) 신역사학파 경제학자이자 독일 뮌헨대 박사인 후쿠다 도쿠조는 20세기 초 조선 경제를 '차금적 자족경제'로 규정하고, 조선이 역사발전단계에서 봉건제를 경험하지 못해 서구와 일본보다 천년 이상 늦었다는 정체성론을 주장한다. 이만열(2005), 『근현대 한일관계 연구사-일본인의 한국사연구를 중심으로』, 한일역사공동연구보고서 제4권 p.249. 정체성론은 일선동조론, 타율성론, 당파성론 등과 함께 식민사관을 구성한다.

21) 신채호 등이 주장한 역사 인식에 입각한 역사관으로, 일본 제국주의의 황국사관과 아류인 실증 중시 식민사관을 부정한다. 민족의 우수성과 자율적이며 주체적인 발전을 강조하고 민족사의 기원을 밝히려는 역사 운동의 성격도 지닌다.

22) 『삼국사기』(1145년) 기록의 많은 부분을 부정하는 등 실증적 뒷받침을 중시하는 역사관이다. 일제강점기에 이식된 역사 인식으로, 조선총독부 조선사편수회(1925년)에 참여한 일본인과 한국인 학자 등이 주축이 되어 구축된다. 이들은 『삼국사기』의 4세기말 이전 기록을 믿을 수 없고, 『일본서기』(720년)에 나오는 백제 근초고왕, 신라 내물왕 이후 기록만 믿을 수 있다고 주장한다.

23) 태극을 이理로 음양·오행을 기氣로 보는 이기철학은 남송의 주희에 의해 정립되었으며, 이기 개념은 성리학의 형이상학적 이론체계의 기본틀을 구성한다.

24) 18세기를 전후하여 새롭게 나타난 범유학적 탈성리학적 경향을 가진 학문을 지칭하며, 당시의 사회모순에 대한 반성을 토대로 한 왕도정치론적 특성을 지닌다. 실학자들 중 일부는 서학, 북학 등에 관심을 가져 자신의 학문과 연구에 활용한다.

25) 17세기 전반 이후, 중국을 통해 수입되는 서양의 사상과 과학기술 문물을 토대로 한 학문이다. 조선서학이라고도 한다. 이理 측면인 사상과 종교와 기器 측면인 과학 기술 영역을 포괄한다. 한역 학술서(서학서)의 대부분은 중국에 진출한 예수회Society of Jesus 소속 선교사들의 저작이다.

26) 강명관(2016), 「경화세족과 실학」『한국실학연구』 32권, 특집2 '실학'을 다시 생각한다, 한국실학학회, pp.297-315의 p.305 참조. 그는 경화세족을 "정치권력에 대한 접근가능성이 매우 높은 17세기 중반 이후의 서울과 경기, 충청도의 사족"으로 정의한다. 유사 표현으로 경화사족, 경거사대부, 경화거족, 근경학인 등이 있다.

27) 원 저자는 독일인 의사 쿨무스로 책명은 *Anatomische Tabellen*이다. 1722년에 초판이 나오고 이후 네덜란드어 등의 번역서가 나온다.

28) 이들과의 직접적 연관은 약하지만, 국학자인 요시다 쇼인도 "조선을 공격하여 과거에 그랬던 것처럼 인질을 잡고 공물을 바치도록 하고, 북으로 만주 남으로 대만, 여송呂宋제도를 접수하여 진취의 기상을 보여야 할 때" "국력을 길러 조선, 중국, 만주로 쳐들어가 종속시켜야"라고 주장한다. 山口県教育会編(1934-1936), 『吉田松陰全集』 岩波書店, 1986年復刊, 全10巻 중 第1巻 pp.350-351. 「유수록幽囚録」, 옥중에서 제자들에게 보낸 편지.

29) "도의적으로 천하를 한 집안처럼 만든다"는 뜻으로 일제의 한반도와 대륙 침략을 정당화하기 위해 종종 사용된다.

30) 서양어 서적을 직접 일어로 번역한 최초 번역서다. 번역은 마에노 료타쿠, 정서는 스기타 겐파쿠가 맡아 1774년 간행되었다. 본문 4권 부도 1권이다.

31) 강명관(2016)에서 비슷한 역사인식을 찾아볼 수 있다. pp.298-299. 그는 조선의 유교국가 체제를 '사족체제'라고 부른다.

32) 서구의 보편적 인권과 대립되는 집단주의(혹은 공산주의), 서구 자유 민주주의 정부와 대립되는 권위주의 정부, 시장 중심 자본주의에 대립되는 정부주도 자본주의(산업정책 등) 특성을 지니며, 개략적으로 유교 영향권 국가의 그것과 겹친다.

33) 김상준(2011), 『맹자의 땀 성왕의 피』 아카넷. 김상준(2014), 『유교의 정치적 무의식』 글항아리 등 참조.

34) 안행雁行행태론이라고도 한다. 경제발전을 설명하는 안행경제발전론flying geese model으로 후발국이 선진국을 따라잡는 발전과정을 설명한다.

35) 5·4운동 이후 유학 연구를 계속하면서 당시 도입된 서양사상에 유가사상을 덧붙여, 유가사상을 현대적 사상으로 전환시켜 보려는 학파를 지칭한다.

36) 일본에서는 문인 지배의 헤이안시대가 끝난 12세기 후반 이후, 670여년 지속한 세 차례의 막부와 30년의 쇼쿠호오다-도요토미 정권에서, 규모 차이는 있지만 구시대 인사에 대한 인적 청산이 시행된다. 가장 엄격한 청산은 12세기 후반 가마쿠라막부 발족시의 헤이씨, 14세기 전반 무로마치막부 발족시의 호조씨 등 구 지배 무인 세력에 대한 것이다. 19세기 후반의 메이지유신기에는 구 막부 지도부에 대한 부분적 청산 외에, 막부를 지지하는 도호쿠 지방 무사 세력에 대한 엄한 청산이 시도된다. 태평양전쟁 패전 후에는 연합국군 주도하에 전쟁 책임자, 군국주의자 및 극단적인 국가주의적 지도자 등에 대한 인적 청산이 행해진다.

37) 1910년 조선을 병합한 일본은, 구 조선 지배층에 대한 인적 청산 대신 왕위 허용과 귀족 인정(76명) 등의 우대 조치에 나선다. 1948년 발족한 이승만 정권 이후 김대중 정권(1998년)까지도 구 조선의 친일파, 일제강점기 부역자 등에 대한 제대로 된 인적, 물적 청산에 나서지 못한다. 김영삼 정권(1993년) 이후 부분적으로 시도되던 친일 반민족행위 진상 규명 작업은, 노무현 정권(2003년)에서 본격화하여 일제강점하 친일반민족행위 진상규명에 관한 특별법(2004년 3월)이 제정된다. 이후 조사대상자 선정과 조사를 통한 친일반민족행위 결정, 진상규명보고서 발간이 행해진다. 이명박 정권(2008년)에서 친일반민족행위자 재산의 국가 귀속에 관한 특별법(2011년 5월)이 제정되어 물적 청산을 위한 토대가 마련된다. 하지만 인적 청산과 물적 청산 모두 미흡한 상황에 있다.

38) 조선시대에 발생한 사화는 역사적인 과거사 정리 차원에서 행해진 정의로운 조치가 아니다. 사감과 간계에 의한 정치 보복이나 권력 투쟁의 성격이 강하다. 조선 중기에 이르러 과거사 정리 차원에서 4대 사화에 대한 재조명이 행해지고, 가해자와 피해자의 입장이 역전된다. 정의롭지 못한 가해자가 명예처벌 등의 형태로 응징되고, 정의로운 피해자가 신원되고 추증된다. 강정인·장원윤(2014), 「조선의 과거사 정리담론 : 4대 사화를 중심으로」 『한국 정치연구』 제23집 제2호, 서울대학교 한국정치연구소, pp.1-25의 p.4. p.19.

39) 1993년 8월 4일 발표한 "위안부관계 조사결과 발표에 관한 고노 내각 관방장관담화"의 일부다. "1991년 12월부터 조사해왔는데… 조사결과 장기에 그리고 광범위한 지역에서 위안소가 설치되어 많은 수의 위안부가 있었던 것이 인정된다 (하략)."

40) 1995년 8월 15일 무라야마 도미이치 총리가 각의결정을 통해 내놓은 담화로 통상 '무라야마담화'나 '전후50년 담화'로 알려져 있다. 이후 내각에 인계되어 일본정부의 공식적인 역사 견해로 이해되고 있다. 담화문 중 식민지 지배와 침략 관련 부분의 일부다. "…의심할 여지가 없는 이 역사적 사실을 겸허히 받아들여, 여기에 다시금 통절한 반성의 뜻을 표하고 마음으로부터 사과한다는 생각을 밝힌다. 또 이 역사가 초래한 내외 모든 희생자에게 깊은 애도의 뜻을 바친다."

41) 마쓰오카 요스케는 1941년 12월 8일 일본이 미국과 전쟁을 시작했다는 소식을 전해 듣고, 눈물을 흘리면서 가까운 친구에게 이렇게 내뱉었다고 한다. "삼국동맹 체결은 '내 일생 최대의 어리석은 짓'이었다는 사실을 이제 와서 통감한다". NHK(2015. 12. 3) BS1, 昭和の選択 第1回 「開かれた戦争への扉-日独伊三国同盟の誤算-」.

42) NHK(2016.12.7), BSプレミアム アナザーストーリズ 「そして田中角栄は首相になったー44年目の証言」. 이 사업으로 다나카는 90억엔(당시 금액 1,500만 엔) 상당의 현금을 확보한다.

43) 日本TV(2006.5.7., 2007.3.30.)의 「초대형 역사 아카데미-사상 최초! 1억 3천만 명이 뽑은 일본인이 좋아하는 위인 베스트100」이다.

44) 서울대학교 일본연구소(2010), 『일본비평』 제3호, 그린비.

45) NHK(2015.11.22), BSプレミアム 地球事変 GIGA MYSTERY 「氷河期」

역사의 품격

초판 1쇄 인쇄일 2017년 12월 05일
초판 1쇄 발행일 2017년 12월 12일

지은이 배준호
펴낸이 양옥매
디자인 송다희 표지혜
교정 임수연

펴낸곳 도서출판 책과나무
출판등록 제2012-000376
주소 서울특별시 마포구 방울내로 79 이노빌딩 302호
대표전화 02.372.1537 팩스 02.372.1538
이메일 booknamu2007@naver.com
홈페이지 www.booknamu.com
ISBN 979-11-5776-505-8(03910)

이 도서의 국립중앙도서관 출판시도서목록(CIP)은 서지정보유통지원 시스템
홈페이지(http://seoji.nl.go.kr)와 국가자료공동목록시스템
(http://www.nl.go.kr/kolisnet)에서 이용하실 수 있습니다.
(CIP제어번호 : CIP2017032822)